JN315387

イザベラ・バード

旅に生きた英国婦人

パット・バー
小野崎晶裕　訳

講談社学術文庫

目次

目次

イザベラ・バード

旅に生きた英国婦人

序文

イザベラ・バードという、聞いただけでも心が浮き立つようなその名前は、怖いもの知らずで、彼女自身も述べているように「どんなことにも手を出し、どこへでも足軽く飛んでいく」女性を見事に言い表しており、三十年間にもわたってアジアやアメリカ大陸の遠隔地を旅し、十九世紀後半のもっとも有名な旅行家として高い評価を受けている。彼女が、落ち着いた性格で常識から逸脱することなく敬虔《けいけん》で尊敬措《お》くあたわざるといった意味合いを持つビショップという名の男と結婚したのも、至極ふさわしいものだった。というのは、あまり知られていないが、地元でのイザベラは信心深い牧師の長女であり、エディンバラの博愛主義を遵守する淑女であり、同地の立派な医師の妻になった後まもなく寡婦になったからである。

イザベラとビショップはもっぱらイザベラの都合で気づまりな二人旅をしたが、イザベラはビショップに対してしばしば苛立ち、うんざりし、ビショップの方はイザベラに対して気掛かりで不満が高じ、何となく後ろめたいような気分に陥ることがあった。

イザベラは旅行家であり、作家であると同時に類《たぐ》い稀《まれ》な冒険家であったことから、その方面でスポットライトを浴びており、この物語のきっかけとなったのもその点だが、彼女が真価を発揮するのは実に四十歳を過ぎてからのことである――絶頂への転換を経験する端緒になったのは後半生のことで、晩年型の典型的なケースだといえよう。

というわけなので、私がこの本を書くに当たって彼女の絶頂期から始めたとしても、あながち見当違いではあるまいと思う。二点だけ確かなことがある。第一点はイザベラが誕生した一八三一年から説き起こし、幼少期を通じて成長していった足跡を逐一辿って――田舎の牧師館のソファに横たわる病弱な少女時代のイザベラ、聖歌学や宗教学を学ぶ生徒としてのイザベラ、種々の慈善事業に携わって勤勉に働くイザベラを――紹介したとしても、イザベラほど活力のある熱烈な意志の持ち主を語るには、あまりにも退屈で生気のない書き出しとなってしまう。

第二点は今述べたような理由があるにしても、どんな人にとっても、いかに単調で生気に乏しい前半生であっても単にそれだけの理由で捨て去るということは認めがたいことであり、それについては第五章でイザベラの初期の人生の基本的なパターンの概略をなぞってみた。その時期はスリルも冒険もない日々だったが、静かな生活の中にそれなりの実りある有意義な毎日であった。

しかし私はイザベラが自分の天職に目覚めた時期からこの本を始めたいと思う。彼女の二冊目の著書『ロッキー山脈踏破行』に対する書評の中で『スペクテーター』誌の評者はこう評している。

「イザベラ・バードは理想的な旅行家だ。彼女は自分が見たものを正確な言葉を用いてあたかも読者が眼前に見るかのように思わせる素晴らしい能力を持っている……これまでバードほど巧みに表現できる冒険家はいなかった」

彼女が書いた八冊の分厚な著書を再読してみると、私はこの評者は誠に当を得た指摘をしたものだと思う。何故ならこれらの著書の中に描かれている彼女が見聞してきた土地や人々が、ヴィヴィッドに生きており、元気溌剌《はつらつ》として鮮やかによみがえってくるからである。そして読み進むにつれて、過ぎ去った過去に対する関心と郷愁がそくそくと読者の胸に迫ってくる。この度私はイザベラが旅した世界を再現するために、イザベラ自身の著書と手紙を参照しており、特記のない限り引用は全てイザベラ自身のものである。

それを補うために、私は彼女と同時代の他の人々が書き残した著書を活用したが、これがこの本の内容を豊かにするのではないかと期待している。それらは彼女の人生に関わった人々や場所についての余計なおしゃべり、情報、緒言、あとがきなどであるが、それによってペースの変化や異なった視点から見たものが明らかになることだろう。その他に公開されていない何通かの彼女の手紙を引用したが、これらの手紙がイザベラの複雑かつ深刻に分裂したコンプレックスを窺い知るよすがになるかもしれない。私はこのテーマについて私自身の二、三の解釈を試みたが、これはあくまでも推量の域を越えるものではない。

イザベラの道徳観、社会政治上の態度は、彼女が生きたヴィクトリア時代に忠実に則ったものであり、伝統や尊厳というものに対する感覚は現代的感覚からすると、いささか幻滅を感じるほどである。彼女は幅広い視野を持った哲学的素養で自己を正当化することもなく、同時代の因習を静かに一歩わきに退いて眺めていたが、それでもヴィクトリア時代の淑女としては、こうした因習からの逸脱ぶりは驚くべきことである。

言うまでもないことであるが、当時はまさにエネルギーにあふれた時代であり、数多くのイギリス人女性がはるか遠方の地に赴いたものである。彼女たちはしばしば夫の後に従って不承不承「付属品」としてイギリス帝国に属している辺境の入植地についていったのだが、ときには健康の回復、素晴らしい景観、あるいはエキゾチックな戦利品を求めて、一八七〇年代までにはすでに世界中ほとんど至るところに足跡を残している世界各地を旅行する人々の跡を辿っていった。

だがイザベラはこうしたすでに踏破された道筋を心して避け、横浜、シンガポール、上海などの旅行家の人気地域からは嫌悪感を抱いて逃げ出した観がある。実際、彼女は帝国そのものも避けた。彼女が冒険旅行に行かずに記録も残さなかった東洋の大国はインドのみであることには重大な意味がある。イザベラ・バードは要するに十九世紀後半の多彩な旅行者の一群に属していたのであり、彼らは皆風変わりなところはあるが一つの点で共通していた――自国の文明化された社会によって押しつけられた束縛に感情的に激しく反発するという生来の変わらぬ気質である。彼らと同様にイザベラは慣例に従わない旅をしたのだが、説明するにあたっては、慣例に従った言葉を使ってその旅行体験から得た「豊富な知識」の価値を強調した。

しかしその方面の努力は永久に残るだけの価値があると強調することもできないし、またその必要もない。今日では彼女が自分の人生を旅に重ね合わせ、その話を遺憾なく後世に伝えたという単にそれだけの理由で、彼女の人生の物語自体に価値があり面白いということが判然としてきた。人生とは仕事のことである。そして彼女の仕事は地球の隅々にまで旅をし、他の誰よりも素晴らしい冒険の経験をすることであった。こうして彼女の最初の冒険旅行がここに始まった。

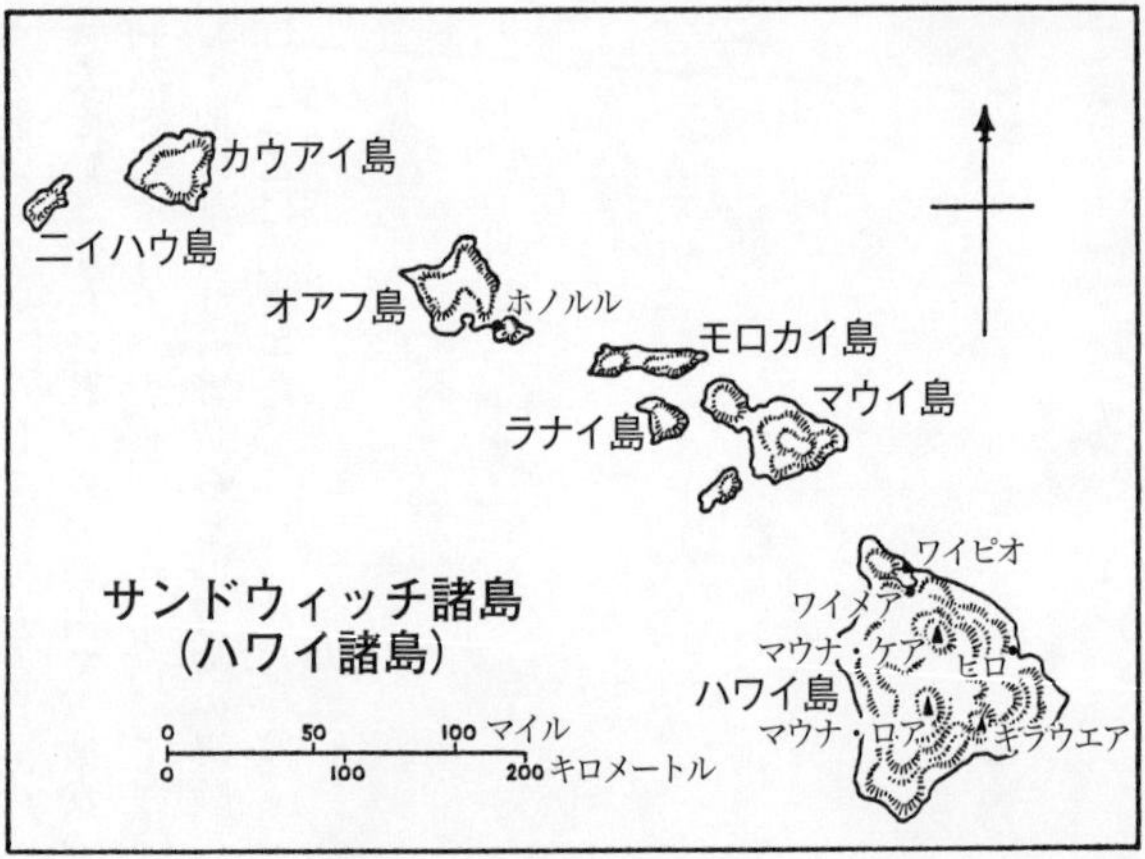
カウアイ島
ニイハウ島
オアフ島
ホノルル
モロカイ島
マウイ島
ラナイ島
ワイピオ
ワイメア
マウナ・ケア
ヒロ
ハワイ島
マウナ・ロア
キラウエア
サンドウィッチ諸島
(ハワイ諸島)
0 50 100 マイル
0 100 200 キロメートル

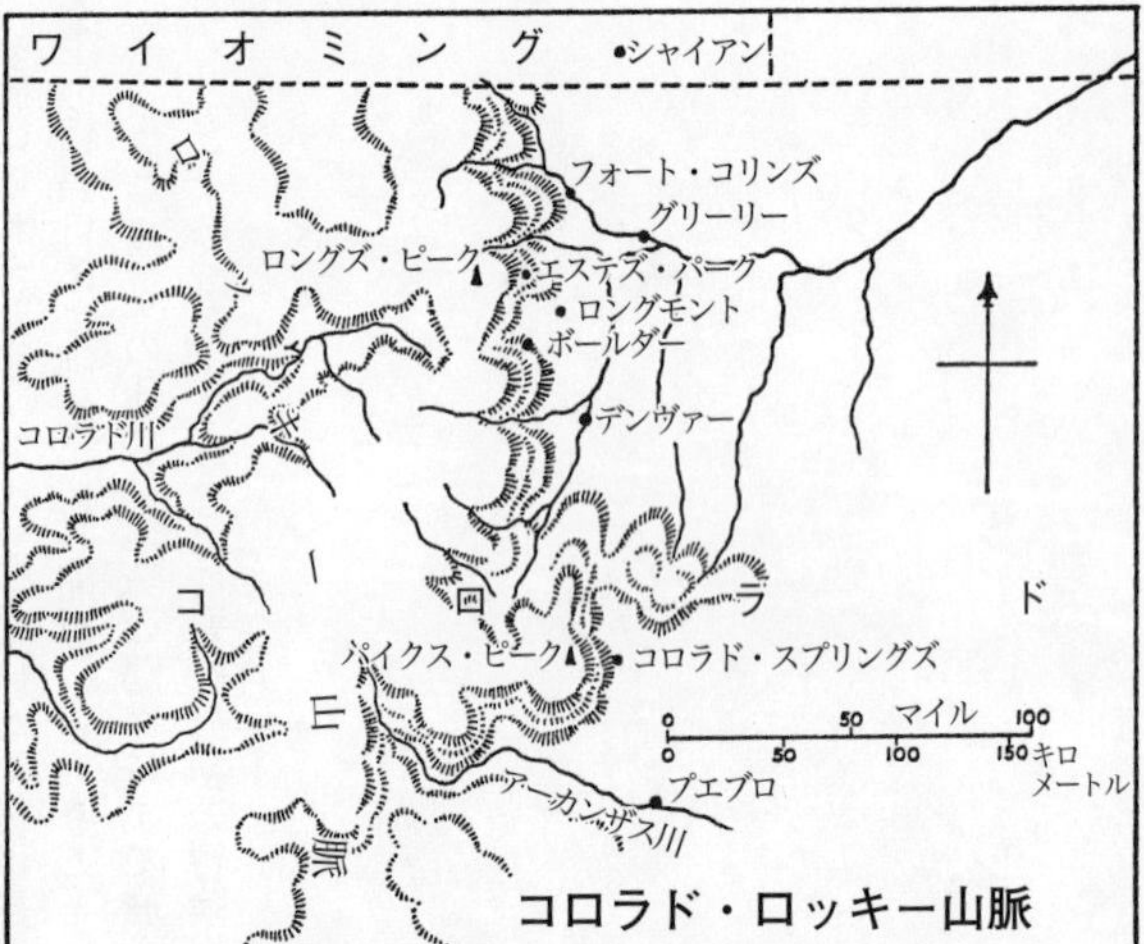
ワイオミング
シャイアン
フォート・コリンズ
グリーリー
ロングズ・ピーク
エステズ・パーク
ロングモント
ボールダー
デンヴァー
コロラド川
コロラド
ロッキー山脈
パイクス・ピーク
コロラド・スプリングズ
0 50 マイル 100
0 50 100 150 キロメートル
プエブロ
アーカンザス川
コロラド・ロッキー山脈

第一章　サンドウィッチ諸島——神に祝福された島

Ⅰ

一八七二年の真夏、おとなしそうで知的な風貌をしたずんぐりした体型のイギリス人のオールドミスが、病んだ心身を治療するためにオーストラリア行きの船に乗り込んだ。それまでのこの女性の半生は、ヴィクトリア時代の中流階級に属する牧師の義務に忠実な娘として、平穏無事な生活を送っていた。彼女は幼少時代から勉強熱心で針仕事や音楽を学び、教会の日曜学校の運営に携わってきたが、慢性の背骨の病いに悩まされ、この持病は生涯彼女につきまとい苦しめることになった。この女性、イザベラはうら若き女性として教区の貧者を救済するために諸々の慈善事業を行い、難解な詩句を研究し、背骨の底部にある繊維性の腫瘍を切除した後、ソファに身を横たえて回復を待つ間も、聖歌学や道徳上の義務についていくつかの論文をものした。

この頃、彼女はアメリカとヨーロッパに旅行に出かけたことがある。これはごくありふれた旅行だったが、彼女の健康回復にあずかって一時的に大いに力を発揮したように見えた——このことから、旅行こそが彼女の心身を回復させる万能薬だと思い込んだに違いない。

三十代のイザベラは体調不良でいつも背中の痛みに悩まされ、未婚の妹ヘンリエッタとともにエディンバラの高級住宅街に住み、そこでインテリの友人たちと交流した。

だがイザベラは尋常ならざる女性である。このような普通の生活では物足らず、エネルギーと熱情にあふれ、進取の気性に富んだ彼女のような女性にとって次第にあきたらなくなってきた。年齢ももはや四十歳である。持病に加えて不眠症と精神的抑圧が彼女を襲ってきた。彼女は自分の年齢を意識し、満たされず、いらだち、不機嫌になり、挫折して失意のどん底にあって精神的崩壊寸前にあるような気がしてきた。船出した日に彼女は日記にこんなことを書き留めている。「生きてある全ての日々、彼は闇の中に食し、痛苦とともに尽きざる悲しみと怒りがいやましていく」。

最初の頃は旅による回復という試みは大失敗かと思われ、オーストラリアから故国に宛てた手紙にはさらに病いが重くなり、痛ましい憂鬱症が彼女の心をふさぎこませていたことを読み取ることができる。彼女は以下のような病状に苦しんでいたものらしい。

「骨の痛みは手足をチクチクと針やピンで刺すような痛みを伴う神経痛が原因です。それに耐え難い不安と消耗感、眼の充血、のどの痛み、両耳の後ろの腺から漏出する液などで悩みは尽きません」

彼女は臭化カリウムを日に三錠服用したが効果はなかった。

「年中体が震えて、いわれのない恐怖感で圧迫され……本当にみじめな有様です。背中は前よりも良くなったのですが、今度は頭の方が具合悪くなり、疲れ果てて口をきく気力もありません。……私は人々の役に立ちたいと思っているのですが、それが原因で疲れきっているとは思いません。人々は私に関係なくいつも元気一杯なのです。私はときどき何か気晴らしの瞬間があればよいと思います。今の生活はそれほどまでに目的がないのです」

こうした悲惨で不幸な内容の手紙を受け取るのは、その後幸せ一杯の手紙を受け取ることになるヘンリエッタ、通常ヘニーと呼ばれていた妹であった。ヘニーは温順な性格の有徳な魂の持ち主で、その人生の役割は姉イザベラの放浪の道しるべになり、イザベラが帰ってきたときの火の番人になり、その最良の著書にインスピレーションを付与することであった。イザベラが全身全霊を傾けた努力は、この妹に自分が見たものを見せ、やってきたことを分け与えるということであった。ここに、イザベラの手紙が光彩陸離たる輝きを発する原因がある。これらの長々しいとりとめもない個人的な識見あふれた手紙は、多かれ少なかれ戦時報告書のようなものであり、ヘニーのもとに送られると、その内容はごく親しいヘニーの女友達の間で回覧された。帰国すると、イザベラは必ず「手紙の中の大量の個人的情報を削除し」編集する習慣があった。そしてそれに歴史的あるいは政治的情報を添付し、完璧を期してから一冊の本として刊行してきた。

イザベラが旅をしているときは決まってそうだが、屈託がなく魅了されている際に出された手紙は遊びたわむれている風情があり、一方、めったにないことだが憂鬱症に悩まされているときに書かれたものは締まりがなく、とげとげしく不機嫌な様子が読みとれる——たとえばオーストラリアからの手紙がそうで、この大陸は彼女からすると見るほどの価値はないように思われたらしい。「ここは殺風景でぞっとするような国です。見るだけでも嫌な木の葉が垂れ下り、富の対象になるのは子牛ぐらいしかいません」と彼女は書いている。アカシアは下水管のような臭いがし、ヤグルマソウはエジプトの疫病のように彼女には見えた。ゴムの木はその色が「街で生長したほこりにまみれた柳」とそっくりだ。灼熱の暑気のために体中に発疹ができ、髪の毛が抜け落ちた。

その上、この不幸な国の住民は彼女の精神を活気づけるようなものはほとんど持ち合わせていなかった。「ここで生まれ育った若い婦人たちは皆ヒステリーに悩まされているようにみえる」と彼女は言い、仕立屋は彼女の衣服をめちゃめちゃにし、牧師は情けない口論とゴシップ話にふけり、外国人居留者のほとんどは「気がきかず、ぶよぶよに太った」者ばかりだった。写真家でさえも全く能力に欠け、その男の撮った彼女のポートレートは――髪の毛がまばらで着ている衣服は曲がって体に合わず――あまりにひどいので彼女がまるで心を病んだか自殺志願者のように見えるほどだった。こんな写真を送るくらいなら、いっそ故国に帰った方がましだと彼女は思った。だがイギリスへ帰って何をしようというのか？　それが問題だった。

彼女はヘニーにこう記している。

「私はスコットランドの霧のたちこめた空が大嫌いなのです。それでもエディンバラの私たちの家の他に選択の余地はあるのでしょうか？　家も周りの環境もあまりにもみじめなので、ふさぎこみがちな自分を、このような陰鬱な環境下に置くのは危険です。私たちは良い環境にある家を一軒持てるほどの余裕もないし、そうかといって集合住宅のトイレは問題外です」

それでは小さい家ならどうだろうか？「あまりに手のこんだ家」はどんなものでも手が届かないが、日当たりの良い客間は気持ちが良いに違いない。あるいは、イギリス淑女としての役割もあきらめるべきだというのだろうか？

「もし私の背中の病気さえなければ、召使い小屋がもっともよいと私は真剣に思っています。粗野な手仕事をしても、因習的な習慣から解放されて目新しい経験をした方がよいのではないでしょうか」

そしてイザベラは旅を続けた。希望を持つ一方でやけにもなり探索の旅に出た。自由と何か新しいもの、荒々しくも本物で魅力的な利点を持つ、これまでとは異なる経験を探す旅だ。そして荒涼とした年の最後の頃になると、とうとう彼女は以下のような状況の下で意気消沈してしまった。

「ぎらぎらと白熱に輝く太陽がニュージーランド諸島のオークランドの真上から照りつけ、オネハンガから続いている白く輝く街道に沿って、ほこりをかぶった木々とカラーが熱でしおれているのが見えます。汚れた茂みの中に身を隠したセミは、耳が聞こえなくなるほどやかましい鳴き声を発し、神経に障るその声が勝ち誇ったように周囲の空気を震わせています。庭だと思われるほこりまみれの囲い地にはしなびたゼラニウムが熱気に耐えてところどころに生えています。旗はそよとも動かぬ大気の中で力なく垂れ下り、日射病で倒れる寸前の人々が機械的に仕事をこなしているようです。犬はだらしなく舌を垂らし、歩道を覆うアーチの下の日陰でぐったりと寝そべり、歩道の石と家のレンガは太陽熱で熱くなり、まるで自らが熱を放射している様子です。すべての自然が熱に溶け出したようで、薄汚れ、呻き苦しみ、あえいでいる感じです。今日は二週間にわたる暑さのピーク時で、太陽が万物を焦がし、ほこりを舞いあげ、固くなってひび割れた水気のまったくない乾ききった大地は、やがて日暮れて燃え立つような日没にそよ風も吹かぬ油を流したような海がそれにとって代わり、息詰まるような蒸し暑い夜がやってくるのです」

オークランドの港でイザベラは旧式の外輪船「ネバダ号」に乗り込んだ。この船はボイラーの調子が悪く、船板の継目から水が漏れ、マストが傾いているというおんぼろ船であった。カリフォルニア行きの船で、そこは山から吹いてくる風は涼しく趣きがあるということであり、開拓者のタフで真実の生活は健康に大いに有効だということを彼女はかつて耳にしたことがあった。トラブル続きの航海だった。出航して二日目には大きなハリケーンに遭い、この船はもう少しで難破する前までいった。また、たまたまデクスターという名の若い男性の乗客が重病に陥り、甲板室で彼の母親と一緒に彼を看病することになった。エンジンの調子は不安定で「一日に十回から十二回もの割合」で機関の管が詰まり、そのつどエンジンが一時停止するのだが、不思議にもまた動きだすという具合だった。船室はネズミで一杯で、上甲板から吹きつける波でいつも洗われた食堂で蟻やゾウムシのたかった食物が給仕された。

しかし、この正真正銘の危機に遭遇したときのえも言われぬ緊張感、熱帯の夜明けと嵐のドラマ、それに自己責任のない大洋の大波に翻弄されるがままの賑やかな生き方はひどく活気あふれるものだった。イザベラの体調が突如として良くなり、精神が開花したのはまさにこの時であった。彼女は手紙でこの時のことをこう知らせている。

「やっとのことで私は大好きなものを手に入れました。古い海の神に私の身も心も魅入られてしまったのです。今後、体はどこにいても、心は海の神とともに生き続けることでしょう。……それはまるで新しい世界、自由で新鮮で、気楽で何の制約もない生き生きとした世界であり、あまりにも興味あるものがあふれているので寝る時間も惜しいほどです。

翌日のことを心配し憂慮することなく、ベッドに入るや否やたちまちに眠りに入り、翌日も何ひとつ思い煩うことがないことを知っているので熟睡する――ドアベルもなく、『奥様どうぞ』という言葉もないし、悪口を言うことも請求書もない。どんな種類の要求もなく、誰もが知っているなすべきことをやろうと無駄にあがくこともない。とりわけ、しきたりや服装に一切神経を使うことがないのです。もし私の衣服がぼろになったら、ピンで止めればよいだけです。……私はしばしば気宇壮大になって若返り、まるで二十一歳の乙女に還ったような気がします」

この気苦労のない羽がはえたような雰囲気の中で、目的地などはどうでもいいような気になってきた。そういうわけだったので、同室の息子が重病で気が気でない母親にカリフォルニアに行かずにサンドウィッチ諸島（訳注　ハワイ諸島の旧称）で一時下船するように懇願されたとき、イザベラは一も二もなく承諾した。

「この若者の唯一の生きる希望はホノルルに上陸することであり、母親は私に一緒に下船するように強く勧めました。そこには誰も見知った人はいないということなので、私は同意することにして、その結果としてサンドウィッチ諸島を見ることになったのです」

II

サンドウィッチ諸島（現在はアメリカのハワイ州になっている）は、当時天国に一番近い島、あるいは「神に祝福された島」「エデンの島」、つまり一八六六年にマーク・トウェインが書いたように、「もっとも平和でゆったりとしており、日光は燦々《さんさん》と降り注ぎ、香りがよく夢見心地の聖域であり、悩み深い疲れた魂を癒してくれる場所として地球上で求め得る中で最高の避難所である」と考えられていた。イザベラが訪れたのは一八七三年一月のことであったが、まさにその言葉どおりの島であった。彼女は小柄な体を華麗な色彩の風景の中に優雅できちんとした服装に包んで降り立ったが、冷静沈着な外面の下には蘇った二十一歳のエネルギーがふつふつと燃えたぎり、精神は嵐のように高ぶっていたのである。

ネバダ号がホノルルの港に近づくと、カヌーが波の上を滑るようにやってきて歓迎した。裸の現地人が青い海に浮き漂い、珊瑚礁の周りで漁をしていた漁師は手を叩いて歓迎の意を表している。苦しい試練の後だったので、ネバダ号の乗客は船の高い甲板の上から皆リラックスし楽しそうに海面を見下ろし、堅固な緑の丘を頼もしそうに眺めやり、「音節のはっきりしないふにゃふにゃした言葉で」彼らに笑いかける波止場にいる人々に微笑みを返した。「彼らは男女ともに濃い褐色の肌をしてふくよかな感じで、ちぢれた黒髪が日に輝き、褐色のキラキラと光る大きな眼を持ち、象牙のように白くてきれいな歯並びをしています」。

彼らの色彩感覚は豊かで――「女性はプリムローズ、スカーレット、ライラックなどの花柄をあしらったゆったりした衣服を身にまとい、男性はいきなバンダナをのどに巻き、女性のように熱帯の花で花輪を編み、頭、麦藁帽子、首、手首、さらに腰の回りに飾っています。すぐ近くに『外国人女性』もいるのですが、小枝模様のついたモスリンの服を着、綺麗な帽子をかぶり、ごてごてした飾りを意に介する風でもなく、のんびりした様子で、そのファッションは奇妙でひどく悪趣味です」とイザベラは書き記している。

その日は全世界が光を発し、優しく輝いて見え、「楽しく友愛と親切に満ちあふれて」彼女を迎えたように思った。到着した時の暖かい受け入れは、幸せそのものであった。イザベラはその後何度も触れているが、その時ほどの真心のこもったもてなしを受けたことは、地球上でめったにあるものではないと繰り返している。見知らぬ人の要望が心地よくかなえられ、真摯な友愛が惜し気もなく発揮される十九世紀後半のサンドウィッチ諸島は、やはり天国に近いものだったのかもしれない。

イザベラが当地に着いた時、彼女は誰一人知る者とていない単なるイギリスの女性にすぎず、彼女の後年の旅に益することになる現地政府高官宛ての公式紹介状すらなかった。彼女のコメント次第では困ったことになるかもしれないと思わせるような威光もまだ身についていなかったし、後年なら、記事で誉めてもらいたいという思いから好意的反応を引きだしていたはずの、人を射すくめるような眼力もまだ備わっていなかった。サンドウィッチ諸島の入植者たちはイザベラの人柄が気に入り、自分たちの家庭に招待し、ときにはその心の内を打ち明けることもあった。彼らは彼女の旅行の計画を一緒に練り、馬やラバ、あるいはガイドを提供してくれた。彼らはイザベラのエネルギーと何でも受け入れようとする真剣さと熱意に心打たれたのである。彼女はヘニーにこう書き送っている。

「こんなに人に好かれるということは、なんと癒され、感謝の気持ちが湧いてくるものでしょう。私自身の気持ちが落ち着き、優しく楽しい人間に生まれ変わったように思います」

こうして穏やかになり、新たに寛大な気持ちを取り戻したイザベラは、ここで友人になったデクスター家を助けるために約三週間ほど滞在するよう決心したのだが、実際には七ヵ月も居着くことになった。最終的に島を去ったのも、その主な理由は、いつまでも永遠にここに居たいという圧倒的な思いに負けそうになったからである。

当時、オーストラリアやニュージーランドから時々回ってくるネバダ号のような臨時船以外に、サンドウィッチ諸島の独立王国間の交流はほとんどなかった。これら諸島間を行き来し、諸島とサンフランシスコ間を連絡する太平洋郵便船が来るのは大体月に一度くらいで、少数の捕鯨船と軍艦が出入りし、貿易風が吹いている時に二、三の大型帆船が風を巧みにあやつって航海しているだけである。

この多島海にはハワイ人が前年に建設したホテルが一軒しかなかった。羽のようなタマリンドが風で揺れ動くと、食事の度ごとにもいでくる新鮮なグアバ、バナナ、メロン、ストロベリー、ライム、マンゴー、パイナップルなどが積み重なっているダイニングルームのテーブルの上を横切って明暗の影が落ちかかる。ベランダでは人々が藍色の光がヌーアヌ渓谷を覆って次第に深まっていく光景を何時間も眺め、かすかに聞こえる物音に耳を傾けているが、これは恐らく港に停泊している船上の音楽隊の奏でる音楽か、あるいはコネティカットかリヴァプールから来た海軍士官、羊飼い、砂糖園経営者とその家族、引退した捕鯨船の船長などが集まっているところから聞こえてくる話し声であろう。

そこは気楽で互いに尊重しあい、社交的な雰囲気だったが、デクスター夫人の息子を看病したことがあったイザベラにとってはそれほど魅力的ではなかった。「私は保養所が好きではないし、その類の生活は苦手なのです」と彼女は不意に個人的な拒否反応を示した。それはハワイ人に対してだけでなく、贅沢な宿屋、国際的なメニュー、冷暖房つきのベッドルーム、さらにはカクテルラウンジにも向けられた。また、その拒否反応は、世界中に広がりつつあった新たな階層の期待に応えるために発達してきたガイド付きの旅行にも向けられた。新たな階層というのは中間層、すなわち、それなりに豊かで、地球各地を旅して歩く西洋諸国の人々のことだ。イザベラの偏見は、しかし、将来の結果から見れば間違ってはいなかった。彼女はロッキー山脈の丸太小屋やマレー半島のジャングルのヤシの葉で作った仮小屋に宿泊し、チベットのテント、ペルシアのキャラバン、日本の田舎の宿屋、クルド人の馬小屋、朝鮮の修道院、あるいは中国の平底船で夜を過ごしたからである。

その直接の結果として、ホテルのベランダに据えてある安楽な籐椅子から立ち上がり、よく知られていないハワイの島へ行く船に乗り込むことにした。最初の夜は現地人の草ぶきの屋根の小屋に泊まったが、床は泥を固めたもの、枕は木生シダの綿毛である。

サンドウィッチ諸島への航行も危険な目に遭ったが、ひとつの島から他の島へ行く際の不安に比べればものの数ではなかった。

四百トンのスクリュー船「キラウエア号」は細い水路を辿って漸進していくのだが、その姿はまるで「岸に沿って航行する二級品の石炭船」のようであり、その来歴は、他の船と同様、波乱万丈だった。言い伝えによると、この船は頑丈な船底を持っているので多島海の至るところにある珊瑚礁で底をこすっても平気だというのであったが、一八七三年になってもまだよたよたしながら航行しており、イザベラはこの伝説の船に乗るという体験をすることになった。

キラウエア号はオアフ島のホノルルからハワイ島のヒロまでの二百マイルを航行するのに約三日ほどもかかり、その途中、風上に向かうと波に漂っている感じだった。機関は頻繁に調子が悪くなり、そのつど停止してしまう。熱帯の青い海上で立往生している船は、午後になると眠っているように見え、舵がギーギーときしむ物憂い音と、甲板上の天幕が絶え間なくデッキポールに当たる単調な音が聞こえてきた。嵐に遭遇すると海水がダイニングルームの天窓から流れこんでくるが、こうした中でも胃が丈夫で食べられる人にはゴム長靴をはいた愛想のいいマレー人の乗組員が台所から美味しいカレー料理を運んできてくれる。ハワイでもっとも早く刊行されたガイドブックには、「キラウエア号の旅の大きな特徴は、ハワイの現地人の家庭生活を直接体験し観察することができることである」と誇らしげに吹聴してあった。

　このことはまさに避けがたい事実であった。というのは、ガイドブックに記載してあるように、現地の乗客は「特別料金を取る外国人専用の後甲板へ否応なしに集まり——その数があまりに多いので彼らは横になることもままならず、大勢の男女、子供」、それにイザベラはすぐに気づいたが「犬、猫、マット、ポイ（訳注　タロイモ料理）を入れるヒョウタン製のボウル、ココナッツ、パンノキ、干し魚などが所狭しと固まっていた」からである。

　日があるうち、現地人はポイを指ですくい取って口に入れ、干し魚と腐敗したココナッツオイルの悪臭を漂わせ、一緒に乗っているペットに向かってくすくす笑ったり、猫なで声であやしたりしている。その相手は「いかにも憎々しげで目が見えない赤い鼻をしたマルチーズテリア」がもっぱらだ。夜になると彼らは空いたところがあればそこにマットを敷いて横になり、運行する星をじっと見上げている。

　イザベラは日中、現地人の家庭生活を興味を持って観察したが、日が沈むと船室に割り当てられた段ベッドの中に「性別、人種の区別なく乱雑に」押し込まれてしまった。彼女は眠りこけている乗船客の中からハワイの総督ライマン氏、アメリカの女性旅行家、中国人のアフォン氏、マウイ島の総督ナハオレルア氏などが居るのを確認したが、翌朝になって彼女がナハオレルア氏の頭を踏み台代わりに使っていたと言われた。その他の乗客としては、「ロブスターのような邪悪な赤黒い目をし、二インチもある触角を持っている」ネズミほどの大きさのあるゴキブリがいた。二日目の夜は、イザベラはデッキで現地人と一緒に過ごし、三日目の朝になってようやく一行はヒロ港に入港した――ここは真珠のように輝く三日月形の砂浜であり、太陽の下で黄金色に光っているヤシの木が生い茂って縁取っている。

周囲の光景は日没時にはピンク色に、夜間は月光に照らされて銀色に変じ、セイヨウキョウチクトウ、ジャスミン、トケイソウなどの芳香が周囲に満ちあふれている様子。耳朶《じだ》を打つのは打ち寄せる磯波の静かなリズム、陽気なパタパタという足音、サトウキビやバナナの葉がこすれるかすかな物音などである。ハワイは一言で言えば南海の魅惑的な夢がかなえられたところであって、一八七三年にこの島に刺激され惹きつけられた安楽に暮らす人が、今日でも住んでいる島なのである。しかし、当時は甘美な夢と現実とのギャップがはるかに小さかった。

この島の「行政の首都」(この用語を用いるのはあまりふさわしくないのでいらいらするが)ヒロは、大きな村であり、海岸に面して二、三の店があり、三つの教会、裁判所、白く塗った下見板の壁を持った家、それに光沢のあるパンノキとククイノキの間に生い育っているように見える現地人の小屋がある。その店で売っているものは灯油ランプ、あぶみ、ペパーミント、釣り針、桶、撚糸《よりいと》などであり、角状の鐘楼を備えた堂々たる建物はカトリック教会、あとの小さいふたつの教会は木の尖塔のついたつましいニューイングランド風のプロテスタント教会である(これはそれぞれ外国人用と現地人用になっている)。

裁判所の前の芝生には保安官、裁判官、総督、暇な紳士たちがいつまでもだらだら続くクロッケーに打ち興じている。彼らと外国人入植者（全部で三十名ほどだが）は、白く塗った家に住んでおり、きちんと整理された客間は貝殻、水彩画、つる植物などが飾られ、マニラ製マットが床に敷きつめられ、細かいメッシュのカーテンがベランダから入ってくる風をはらんでふくらんでいる。島に居留している外国人の多くはアメリカ人で、やがてイザベラが気がついたように、「アメリカの風俗習慣の影響」が次第に蔓延し、「アメリカ人が政治を取り仕切って裁判長の職や高位高官に就任していた」。

それにもかかわらず、当時の特色をかもし出していたのは、やはりハワイの原住民であった。外国人居留者に言わせると、「原住民はまるでいたずら盛りの子供のようなもので――無責任で陽気、ぼんやりしていてあどけなく、当てにならず、面白い」という。空腹になると、彼らはパイナップルやココナッツの木を揺さぶるだけで取って食べ、ポイのヒョウタンから汁を啜る（発酵させたタロイモの根を焼いた粥状のものはライラックのような色をしていて柔らかく、製本屋の糊のような酸っぱい味がするとイザベラは言っている）。暑い時には長い上着を脱ぎ捨ててすぐ近くのプールに入って遊び戯れ、元気一杯の時にはサーフボードで砕ける波に乗って海岸沿いに飛び跳ねたり、肥えた荒馬にまたがり砂浜を駆け回ったりする。疲れれば緑豊かな木陰に入って眠るだけである。彼らの音楽は快適な調子で叩く革の太鼓、鼻笛と普通の笛で成り立っている。言語は基本語が十二文字しかないもので、歌うように柔らかく発音される。ダンスはかの有名なフラダンスで、刺激的かつ扇情的なもので世界中に知れ渡っている。というわけで、サンドウィッチ島の住民は無邪気で魅力的であり、それに比べて、一八二〇年に上陸したアメリカの宣教師の厳しい指導の下に倫理的に苛酷な規範を強いるアングロサクソンの清教徒とは正反対の極にあるといえよう。

後年になってイザベラはこの両者の劇的で危険な対決の詳細を知ることになった。だがこの時にはヒロに上陸するだけで十分だった。アロハの挨拶の合唱、キッス、レイの花輪などで歓迎された後、イザベラはアメリカの保安官ルーサー・セベランスの家に招かれた。ハワイにはホテルというものがないので、立派な外国人居留者が尊敬すべき外国人を自宅でもてなすことになっていたのである。イザベラはたちまち誰とでも親しくなり、とくにホストのセベランス家は気に入った。クロッケーをしていない時にはルーサー・セベランスは馬にまたがってサトウキビ園まで遠出し、捕鯨船員や酒の売買に油断なく気を配り、局長の帽子をかぶって、郵便の配達をしている局員の管理をしていた。セベランス夫人は他のハワイ在住の外国夫人同様に、夫よりもはるかに多忙のようであった。というのは、中国人の料理人以外に召使いがいないので、夫人自らが「白いひだ飾りのついた綺麗な部屋着を着て部屋の掃除」を楽しんでいたからである。

ここには「不快なモーニングコール」もなく、夕食後に手提げランプを持っておしゃべりをするためにベランダの窓際に集まってくるだけである。「ドアベルは一切なく（イザベラはとりわけドアベルが嫌いだった）、召使いが訪問客の名前や主人の不在をしかつめらしく告げることもありません」とイザベラはヘニーに書いている。仕立屋もなく、したがって「洗練されたファッション」を競うこともないので、「婦人がストッキングに気を使うこともありません」と続けて書き足している。そのために面倒な繕いものをすることもなく、馬車道がないので馬車もないし、隣家と張り合ってきちんとした身支度をする必要もない。この島には泥棒がいないので、ドアに錠をかけることもない。「カーペットもないのでほこりもたたず、お湯さえ必要ではないのです」とイザベラは言う。自由がふんだんにあるので、居留民は暇を持て余し、「読書、音楽、合唱、稽古ごと、絵画、シダのプリント、手芸、ピクニック、乗馬クラブ」などに没頭している。

一方、現地人も同様にあまり厳しい仕事につくことはなく、サツマイモ料理と鶏が戸外のかまどで焼きあがる間、数時間も花輪を作ったり、砂浜をぶらぶら歩いたりしていた。この牧歌的な風景は、イザベラもすぐに気がついたようにつまらない粗野な一面を持っていたが、かけねなしの情熱のうねりにたちまちに呑み込まれてしまった彼女は、「あらゆる面でハワイ人と同化したい」と望み――この発見が彼女の将来の旅にどれほど役立ったか計りしれない。

イザベラは馬が好きだった。彼女の初期の伝記作家であるアンナ・ストッダートは、簡素な上っ張りを着た五歳のイザベラが、チェシャーの小道を大きな荷車引きの馬に乗っていたことをはっきりと記憶していると記している。それにしても、イザベラは虚弱な子供だった。背骨の病いのために活動が制限され、長い距離を歩いたり馬に乗ると、いつでも辛い思いをした――もっとも、その時の乗馬の仕方はレディにふさわしい片鞍乗りではあったが。こんなわけで、ヒロで短時間の乗馬の後、彼女は必ず背中の痛みに襲われ、一度は是非見てみたいと思っていたキラウエア火山に馬に乗って行くことは到底不可能だと思わざるをえなかった。ルーサー・セベランスが言うように、彼女に必要なのはメキシコの鞍だったのは確かである。メキシコの鞍は全く男性用であって、真鍮の突起のついた飾りがついており、前方に大きな握りがあり、大きな木製のあぶみが長いあおり革と固い防具で覆われ――しゃれた座部は、牛に焼きごてを当てたり牡牛を狩るために広い草原を疾駆する荒々しい男どものために作られていた。

しかしハワイの険しい道を馬に乗って行くには、誰でもこの鞍を用いざるをえず、女性も例外ではない。そのために股を広げて座れるように、「トルコの女性が身につけるようなズボンとくるぶしまで届くきびきびしたドレス」でできた特製の「乗馬服」が考案された。これはまさにうってつけのものなので、イザベラの友人がタータンの毛織物で作ってくれた。それを身にまとうことによって彼女は初めて馬にまたがって乗ったが、そのように乗れば容易に速駆けすることができることに気がついた――そうすると、一方側に不自然に身をよじって乗らずに済むのである。「火山を見ることが、たったひとつの私の最大の望みだったので、それまで強烈に縛りつけられていた偏見に打ち勝てたのです」と彼女は急いで読者に断っている。

だがひとたび偏見が破られると、彼女は何マイルもいろいろな馬でこの乗り方を試みた――それらはアラブの牡馬、日本の荷馬、ペルシアのラバ、チベットのヤクなどである。さらにイザベラはいわゆる「ハワイの乗馬服」なるものを数年かけて改良し、身につけたが、それでもズボンはスカートの下にはいていたので完全に隠されていた。そしてある程度大きな町に入る時には、必ず当時の婦人がしたように片鞍乗りになって街道を馬に乗って行った。それがイザベラのやり方で、彼女は因習打破を唱える種類の人間ではなく、必ずしもそう判断されない限り、しきたりにとらわれない柔軟な姿勢を貫いたのである。ハワイでは難癖をつける人の目がなかったので、イザベラは彼女の乗馬服に以下のようなものをつけ加えた。「古ぼけたニュージーランド製のブーツ」、じゃらじゃら鳴るメキシコ製の拍車、オレンジ色のタコノキの実で編んだ花輪、それに「粗末な幅広のつばのついたオーストラリア製のハットで、これは日除けと雨傘を兼用していた」。

こうした服装で現地の警官の馬にしっかりとまたがり、メキシコの鞍の後ろに青い毛布を皮ひもでくくりつけてイザベラは探険の旅に出たのであった。彼女は猿が群がる木の下や、マンゴーの葉と炎のようなハイビスカスと空のように青いサンシキヒルガオが咲き乱れる中をゆっくりと馬を走らせた。彼女はシダとぶどうの木のからまった峡谷を水をはねながら通り抜け、ヤシの木の下で一時休憩をとった。ガサガサ揺れる堂々たるヤシの木は、植物乳、油、食物、マット材料などを供給し、「曲がって隆起した円筒型の幹が薬局のすりこぎのように地面から突き出し」、下生えの上方に琥珀《こはく》色の葉が聳《そび》えたっている。イザベラはまず最初にセベランス夫人の親戚が所有しているサトウキビ農園に行ってみることにした。ここの島でサトウキビを栽培するのは全く投機的行為であった。

「キリスト教の布教と捕鯨は、今は過ぎ去ってしまいました」とイザベラは言う。「今では人々は砂糖の話で持ちきりです。ハワイ人はアメリカ市場での一セントの上下のニュースで一喜一憂しています」。マーク・トウェインがハワイに来た時、ここは霜が全く降りないので、「サトウキビにとってオフシーズン」はないということに気づいた。当時存在していた農園で肥沃でない土地でも「一エーカー当たり一万三千ポンド」の収穫が見込まれた。彼はあらゆるものの価格を書き留めていたので（これは彼の習慣だった）、当時のドル価格で計算した結果、少しばかりの努力とノウハウを心得ていれば、ハワイは「砂糖業界でトップの位置を占める」だろうと予測した。

彼は全てをこんな風に計算した。農園の労働に従事させるために、中国から安い労働力としてクーリーを受け入れる。そうすれば白人は自らスコップを握ることなく、監督するだけでよくなるだろう。砂糖をサンフランシスコに運ぶには貨物船を雇えばよいし、「質の悪い糖蜜」（当時は豚の餌であった）を蒸留し、ウィスキーにすれば立派な副産物になる。こうしたことは多少とも正しい時期というものがあるが、マーク・トウェインが思ったほど迅速には進まなかった。というのは、ハワイ島人が生来無気力なせいもあり、かつアメリカの課す輸入税が重い負担になっていたからである。アメリカとハワイ間の互恵貿易協定が結ばれたのは、イザベラがハワイに来た後三年を経てからであり、それ以降サトウキビ農園経営はうまみのある仕事になった。

しかし一八七三年に存在したのはわずかに三十五の農園であり、イザベラの見解によれば、「現在のところ、経営面でやっとのことで水面から頭を出している状態のところは二、三ヵ所にすぎません」とのことであった。とはいうものの、彼女が滞在したオノメア農園を描いた至福の喜びに満ちた絵によれば、少なくとも経営者は半ば封建時代の中で自立しているようなものであった。オノメアのオースティン判事夫妻は斜面に建っている広々とした木造家屋に住んでいたが、下の方の谷間には草ぶきの屋根の小屋を集めた村が静かにたたずみ、後ろの丘には帯状の森林が「広大な草原とサトウキビの畑」に影を落としていた。監視人、簿記係、サトウキビの精製係、機械工などの小さな家が囲い地の中に散らばっており、中国人がやっている一軒の店と、サトウキビの搾り汁が「薄い緑色の滝」となって桶に流れ込み、その後、華氏百五十度（摂氏六十六度）に熱せられて赤茶けた泡となって、油状に煮えたぎっている製造所がある。

イザベラが母屋のベランダをぶらぶら歩いていると、海岸に波の寄せるかすかな音や、決して霜が降りることのないサトウキビの茎のサラサラと風に囁く心の浮き立つような音が聞こえ、棚の上のトケイソウ、馬のひづめで飛ばされた砂の混じったほこり、熟れすぎた糖蜜などの匂いが鼻につき、敷地内に生じている大騒ぎを見ることができた。「監視人、白人、黒人、現地人などが馬に乗って速駆けし、あらゆる方面の使い走りが行きかい、粉をひく製粉所の物音や峡谷を流れる水の音の中をゴロゴロという音をたててサトウキビを運ぶ馬車が通っていく」という光景である。

砂糖の入った鉄の枠をはめた小さい樽を積んでゆっくり歩くラバの行列が、順風を待ってホノルルへ行くスクーナー船が繋留されている下方の砂浜の入江に向かって行く。年間六百トンの砂糖がこんな風に製造所から運ばれ、サトウキビの葉はラバの餌になり、絞りかす（汁を絞りとられた後、乾燥させた茎）は、太陽に干してさらに乾燥させて燃料にし、銀色の房状のものは日除け帽になって労働者がかぶっている。収穫工程はあらゆる段階で美しく、手順は申し分なかった。

敷地の中央にオースティン家が居を構えており、陽気な四人の息子たちが裸足《はだし》で走り回っていた――彼らは典型的なハワイの居留民であるとイザベラは思った。「顔は東風に吹かれて肌が荒れていることもなく、風采を取り繕う心配もないのでしわも寄らず」、暇が十分にあるので「心根が優しく、文化的で気持ちがよく」、皆正直者で、愛想のいい旅人が求めれば、「客人用の寝室を提供し、簡素な食事を一緒にとる」という具合だった。

食事といえば、食物は健康には良いが質素なもので――サツマイモ、輪切りにしたグアバ、それに言うまでもないが、糖蜜の入ったホットケーキなどである。それに彼らのおしゃべりは外国人から見れば興味深く、びっくりするような内輪話で、イザベラが好むようなものだった。その話というのは、ネズミが急に増えたためにそれを駆除するためにインドからマングースを輸入した話とか、中国人の働き者のクーリーの習慣などの話で、彼らのうちの何人かは賃金の半分を博打《ばくち》に使ってしまい、残った金でアヘンを買ってしまうとか、それほど勤勉ではない現地人は気楽そうな顔を苦悩でしかめながら、どうでもよいようなことを理由にして仕事から逃れようとするといった話である。

ある日、昼食の時にオースティン氏がイザベラに、美観で有名なワイピオ渓谷に行くべき

てくれると言った。このラバは器用なラバで、足を揃えて困難な道でも滑り下りることができるという。この旅は五日間続き、途中で是非一行に加わりたいというデボラの従兄にあたるカルナという名の若者が一緒になり、素晴らしい冒険旅行になった。

「この若者の行動はどうやらまともではなく、常軌を逸したところがあるようです。衝動的で自分を抑えることができず、ハンサムな顔はまるで森から出てきたばかりでまだ慣らされていない動物のように見えます。彼は大声で話し、ひっきりなしに笑いこけ、単調な旋律の歌を口ずさんでいるのですが、それはタムタムを思わせる異教の感じがするものです。彼はサドルから身を乗り出し、片足でぶら下がり、果物を取るためにぐずぐずしたり、そうかと思うと急に馬の耳や鼻を叩いていきなり走らせ、『ハローシュ』と聞こえる妙な叫び声を上げて私のラバを打ち、狭い道を通る時に私をひっくり返そうとしたりします。……彼の態度は馴れ馴れしく、私に近づくと私の帽子をかぶり不思議そうに『寒いな』と言うので、この哀れな若者が震えているのに気づきました。食事の際には、彼は鶏肉の入っている私の椀に手を突っ込み、私のビスケットを半分も食べてしまうのです」

とイザベラは書いている。彼は「全く注意力がなく、無責任な人間」で、エディンバラ出身の淑女であるイザベラがこれまで一度も会ったことのない人間だった。

しかしそれにもかかわらず、「彼に悪気はないのだ」と彼女は穏やかに判断し、面白い人間がいると結論づけた。イザベラは感情的で神経過敏なところがあり、現代社会のストレスに弱い面があったが、このように厄介な行動に直面しても全く動じないという冷静さも持ち合わせていた。彼女は見たこともない滑稽なシーンに遭ってもしばしば知らんふりをしていたが、現地人が彼女をからかっているのだということに気づいていた。しかしそんな時でも彼女は絶対にいらいらしたり警告を発したりせずに、品のいいユーモアで包みこみ、からかいを鎮静させた。

だが現地の環境に初めて身を置いた最初の夜、彼女は平静さを保つのに苦労した。泊まる予定になっていた「ボラボラという名の現地人の家」に着くかなり前から土砂降りの雨で彼らはずぶ濡れになっていた。豚を飼っている中庭をピシャピシャ音をたてて進み、彼の家に行ってみると、そこは見捨てられた汚いバラックで、すでにあらゆるがらくたが積み込まれてある。それは「マット、箱、竹、鞍、毛布、輪縄、ココナッツ、タロイモ、バナナ、キルト、フライパン、ヒョウタン、ポイの束、センネンボクの葉、骨、猫、鶏、衣類」という雑多なもので、さらに驚いたことに全身に入れ墨を入れたしわだらけの裸の老婆と一緒に、「流れるように輝く黒髪」をした十二歳の少女がおり、「バラ色のシュミーズ」を着た二人の若い女性が赤ん坊をあやし、ボラボラ自身が客をもてなすために夕食用に鶏をつぶしていた。

闇が深くなり牛の脂を石のくぼみに入れたものに点火すると、ぶつぶつと音をたてて燃える脂が光を発する。その光を頼りに女どもは薄気味悪い闖入《ちんにゅう》者に遠慮会釈のない眼差しを注いできた。イザベラがほっとしたのは、カーテンが張られてこうした執拗な茶色の眼差しからさえぎられ、プルという間に合せの寝台に横になってからである。プルというものはハワイに生育しているシダの葉で、絹のような繊維に似ている。外国人がやってきて「輸出」という言葉が島民に行き渡る前までは、彼らはそれをキルトの詰め物に用いたり、伝統的に伝えられている死体の防腐保存処理に利用していた。一八五〇年代から七〇年代にかけて、「輸出」の意味が浸透すると、彼らは森に入って繊維の束を集めてきて枕や寝台の詰め物の原料として海外に送り出した。だからプルの寝台というものは寝心地のよいはずだったのだが、イザベラは一睡もできなかった。彼女は破れた窓の下に寝ていたのだが、その窓からびしょ濡れになった五匹の山猫が次々に彼女の上に飛び降りてきたからである。「もし六匹目が入り込んできたなら、私はこんな災難に平然と耐えることはできませんでした」とイザベラは記している。山猫は垂木にしっかりと結びつけてある牛の乾燥肉をねらって盗みに入ったのだが、そのうちの一匹が肉を取り落としてしまったので、その物音に現地人は皆目を覚ましてしまった。そこで彼らはごそごそ起きだして煙草をふかしたり、ポイを食べたり談笑しているうちに、蒼ざめた雨もよいの夜明けが草ぶき屋根の小屋の上に訪れてきた。

イザベラとデボラ、それにカルナは早朝に出発し、曲がった角を持った半ば野生の牛の群れがヒロの市場に連れていかれるところを速駆けで通り過ぎた。この牛の群れは村を通ってカウボーイに率いられていくところであった。途中、金魚の泳いでいる池、タロイモが植えてある区画、今が満開のオレンジやコーヒーの果樹園などを過ぎると、川べりで現地の女たちが水の中に胸までつかりながらラっぱ形の籠を持って小エビを捕っているのに遭遇した。小エビは生で食べると素晴らしく美味で新鮮そのもの、頭を口にくわえて中の汁を吸っていると、吸っている人の白い歯の間でピンク色の尻尾がまだぴくぴくしている。この光景はイザベラにとっては嫌悪感をそそるものだった。

翌日、彼らはワイピオ渓谷に急激に落下する壮大な滝に出会った。そこでイザベラは連れと別れ、川に沿ってなまぬるい水のところまで歩いて行き、のどまで深さのある川を渡ったが、この時、「この光景が現実のものになった」と彼女は心から納得した。大量の水量が流れる轟音は、ハワイの至る所で耳につく――打ち寄せる高波が砂を洗い、チロチロと流れる村の小川と小さい滝の先には美しいが危険な絶壁がある。そこは火山岩による切り立った険しい箇所で、絶壁の頂上から谷底までしばしば四千フィート（約千二百メートル）ほどもあり、海岸線の表面に深い割れ目を作っていた。当時絶壁を渡る橋はなく、旅行者は急斜面の道をジグザグに滑って行き、浅瀬を渡って向こう側に這い上る他なかった。

イザベラ一行は何度かこれを繰り返して進んで行ったが、雨が降り止まず激流はますます深く流れも速くなり、帰路の途中にハカラウ峡谷というもっとも峻険な箇所に着いた。「轟音は耳が聞こえなくなるほどで、その光景は身もすくむほどです。一週間前には二本の細い小川が流れていたところで、合流点に一軒の家とほどよい庭があったところなのですが、今では奔流が渦巻いて泡立ち、グラスゴーのクライド川の二倍ほどの川幅になっています」。カルナは相変わらず曲芸じみた乗り方で馬を御していたが、イザベラはデボラに引き返そうと懇願した。だがこの少女は家に行こうと言い張り、「急げ、急げ、それ急げ」というようなことを言ってがむしゃらに突っ走って行く。彼女が乗っている馬は力の強い大きな馬だったが、イザベラの方は蹄鉄のついていない慣れていないベッシー・トゥインカーと呼ばれているラバで、前日に買ったものだった。この旅はベッシーの最後の旅になるに違いないと思ったので、イザベラはココナッツの束を鞍から切り離して、負けじと突っ込んだ。ベッシーは激流に驚き、水をはね上げ、もがき、荒い鼻息をついて川を泳ぎ、デボラは近くの岸に打ち寄せる砕け波にさらわれそうになって何度も金切り声をあげた。イザベラは波に打ち叩かれ、目眩《めまい》がし、耳が聞こえなくなって陸地を目指して進んでいくと、やっとのことでベッシーが対岸にひづめをひっかけて上がることができた。デボラの逞しい馬もほうほうの体で陸地に辿り着き、彼らは無事に上陸することができた。これはいかにも無鉄砲というものである。だが危険という止むに止まれぬ蠱惑《こわく》的な匂いがイザベラを興奮させ、肉体的なストレスにも十分に耐えられたのである。

その直後に他の旅行者も何人か峡谷に着いたが、「これと同じような危険を冒すくらいなら、二日間の足止めの方がよい」とイザベラは独善的に記している。衣服を乾かし休息をとった後、イザベラは穏やかだが、閉所恐怖症を引き起こしかねない、ヒロの親しいセベランスの家に立ち寄った。

「縫い物を中心とする楽しい集いがあり、声を出して本を朗読している紳士がいます。ベランダではシダのプリントをしたり、繊細な音楽を奏でる夕べと社交的な昼食会があり、日曜日の夕方には皆が知っている賛美歌が歌われています」

これを見ると、礼儀正しい居留民の生活に行き渡っている社会的雰囲気はアメリカの宣教師に主導されたものであり、ヒロにいる宣教師の長老は、イザベラも付き合いを楽しんだタイタス・コーンという男だった。コーンは、一八三五年にサンドウィッチ諸島にやって来た開拓者の宣教師である。彼はフィデーリア・チャーチという旧姓を持つ奥床しい婦人を細君として伴ってきた。今では彼は敬うべき牧師として現地人の尊敬を一身に担い、格子のあるベランダの日陰に憩い、リラックスしながら訪問客に、ハワイの内部に入りこんで一ヵ月に及ぶ「布教」の旅をしたという来たばかりの頃の冒険について話すのを好んだ。その頃は慣らされた馬がほとんど存在しなかったので、彼は徒歩で布教して歩いた。荷物はヒョウタンが二つ（ひとつは食物、もうひとつは聖書が入っていた）のみで、武器といえば熱烈で説得力のある神の言葉だけである。彼はロープを伝って絶壁を滑り下り、泡立つ急流を泳ぎ渡り、一週間に三十の村で三十回の説教をしたという。マーク・トウェインは苦々しい調子でこう書いている。

「伝道師たちは数えきれないほどの困難をものともせずにやって来た。さらに天国がいかに美しく至福であるか、そしてそこに入るのはいかに難しくほとんど不可能であるかと説くことによって、島民を永遠にみじめな状態に追いやり、哀れな島民に地獄がどれほどみじめな場所であるかを説き、そこに行くのは簡単だと説教した。

気晴らしに漁をしたり、常夏の島で日陰でごろごろして過ごし、自然の恵みによって働くことなく食を得るのに比べて、一日中働いて五十セントを稼ぎ、それによって明日の食料を購《あがな》うということが何という喜びであるかを説いた」

言うまでもないことだが、タイタス・コーンは布教活動をイザベラに話したわけでもなく、彼女も布教活動をそのように見ていたわけでもない。旅の途中で会っただけであり――彼女は人との出会いを楽しんだ――その中には多くの「改宗していない野蛮人」がいて、彼らを無条件に非難することはイザベラの性に合わなかった。しかし彼女はキリスト教が慈善心に富み有益な信条をあまねく広げたことを深く信じており、その道徳的影響は測り知れず、たとえば白人が入植してくる前の諸島に蔓延していた無秩序、自然のままの状態よりははるかによいと思っていた。だから彼女は、コーンが精神的な小道を突き抜け栄光ある歓喜へと導いた長老派の先駆者として話す内容に共感したのである。一八三〇年代後半から四〇年代にかけての「偉大な信仰復興」によって、福音者のメッセージが春雨のように諸島に浸透し、谷に豊かな稲穂を実らせたように改宗者が生まれた。

この復興運動がハワイに起こったということは、コーン自身の情熱と寛大さに負うところが大きい。彼が来る前の福音伝道者は排他的で教条的な伝統を引き継ぎ、その内容はニューイングランドの委員会に提出したハワイにおける伝道に関する報告書の中に典型的に表われている。

「ここでは入信への勧誘は続いており、入信しなければというプレッシャーは非常に強いものがあるようです。もし目の前にある教会に入ることが、救済の保証になるのであれば、人々を思い止まらせることはいけないことです。しかし、人間の心に対する正しい知識や神の特性の発見があれば当然持つはずの、深い罪の意識や自分が無価値な存在であるという意識があまりにも希薄なため、入信申し込みのほとんどすべてを棚上げしておいても、それが特段悪いことのようには感じないで済むのです」

入会に対するこのような苦痛に満ちた厳しい要求のために、当然のことながら多くの島民が資格がないとあきらめたが、コーンは後世の歴史家が「改宗に向かわせる大安売り政策」と名付けた方策を駆使して改宗させていった。彼の説教はきわめて感動的で雄弁で信仰復興を促す響きがあり、彼に共鳴する島民はそれに応えた。

「コーン師がこの激動の時代について話すのをあなたも一度聞くことができたらよいのにと思います。ヒロとプナ地区の大多数の人々は福音に耳を傾けるようになり、若者は山に登り、神の愛や、やがて訪れる良き人生についての説話を病人や老人に話してやるようになりました。後に彼らは洗礼を受けるようになったのですが、儀式用の水は洞窟のポタポタ滴る水しかなかったということです」とイザベラはヘニーに知らせている。彼らは全身全霊をあげてキリスト教に帰依し、新しい約束とタブーを守った。彼らは煙草園を廃し、煙草の葉を海に投げ入れ、パイプを火の中に投じ、発酵させた酒を流してしまった。コーンの言葉によれば、「これで頭に神を頂いた偉大な禁酒社会に生まれ変わった」のである。

ただし、性的な放縦を除去するのはたやすいことではなかった。現地人の小屋の多くは、ボラボラの家と同様に部屋がひとつしかなく、コンスタンス・カミングズ夫人（イザベラの数年後にやって来たスコットランドの旅行家）は、「男も女も、少年も少女も、毛布のような大きな草の褥《しとね》にくるまって一緒になって乱雑に寝ている」と注意深く指摘している。といっても、この習慣によって人口増加の問題が生じたわけではない。もし赤ん坊が都合の悪い時に生まれたり、望まれていなかったり、ひどくうるさかったりすると、両親はカミングズ夫人が説明したように、「家の床になっている土を掘り、泣きわめいている赤ん坊をそこへ入れ、小さな布の切れ端を口に入れて黙らせてしまう。そして床とマットを元に戻して静けさが戻ると、家庭生活は旧に戻る」というわけである。

裸のままでいるということも、新たな罪であると規定された。それについてイザベラはこう記している。「宣教師の夫人が毎日女と子供を集めて、文明社会の習慣と勤勉を教育し、牧師の言うことに耳を傾け、帽子を編み、衣服を織って身につけるようにと指導しました」。こうした白人との接触によって、やがて人々は白人の感情を害しないように肌着を身につけ、古い山高帽をかぶるようになった。この激動の時期に数百人の島民が説教に耳を傾けるためにヒロに集まり、宣教師の審査を受けた。そこで志願者が受け入れられ、集団洗礼を受けることになったが、その有様をコーンはイザベラにこう話した。

「一八三八年の七月の第一日曜日、千七百五名に達する元異教徒が洗礼を受けた。彼らは列と列の間に人が通れるだけの間隔を開けて一列に土間に座り、ライマン師（もうひとりの有徳な宣教師）とコーン師が彼らの間を通り過ぎながら深くうなだれた頭に水をふりかけて『父と子と聖霊の名の下に洗礼をほどこすものなり』と言いながら、感激して涙を浮かべている数百名の人々に洗礼を行い、万国教会の同胞として認めた」

しかし、キリスト教によって示された新しい生活は確かに健全で寛容ではあったが、新たな複雑さと軋轢《あつれき》をもたらしたのである。一八四〇年にいくつかのフランス・カトリック教会がホノルルで伝道を開始し、現地人に煙草や酒を控えることも、服を着るなどということも全く不要であり――要は信徒集会に参加し、救われるべき祈りを捧げることだと説教した。後になってモルモン教徒もやって来て、コーンに言わせれば「彼らは群れをなして入り込み、エジプトを襲ったカエルのように島中至る所に広がっていった」という。

そして一八六二年、ヴィクトリア女王と誼《よしみ》を通じていたハワイの王室による保護を得て、ホノルルの主教を自称していたスターレー博士を長として監督教会が設立され、これが英国教会の体制を明確に引き継いだのだが、不可避的にニューイングランドの熱烈な原理主義との衝突を招くことになる。だがコーンの激しい憤りはカトリックに向けられた。というのは、コーンは自分たちが設けた新しいタブーがカトリックによって破られることを危惧したからである。この敵意はカトリックが勢力を伸ばすに従って強まっていった。コーンはかつて救済への鍵を自分だけが所有していた村へ行き、「多くのローマ・カトリック教の信者」についてこう話した。

「聖書を読んだことがあるかと彼らに尋ねると、彼らは勿論読んだと答え、神よりも聖母マリアに対する祈りが書いてある小さな教理問答を私に示した。私はその中のひとり、自称教師に戒律にはいくつの戒めがあるのかと聞くと、十戒だと言う。だがよく読んでみると、第二戒を取りのぞき、第十戒を二つの部分に分けて十戒にしていることが分かった」

ある日の夕暮時、コーンが「説教」を終えて馬に乗って家に帰ろうとしていると、田舎のカトリックの神父と改宗者に出くわした。神父は大声でコーンを侮蔑し、「ペテロこそが教会の最大の礎なり」と怒鳴りつけた。「いや、それは違う。イエスこそがそれなり」と怒鳴り返し、激論は果てしなく続いた。この島の日没時に、この光景は情けないものだった。黒いローブをまとった神に仕える二人の男が、互いにこぶしを振り上げ、憎しみをあらわにして馬上で怒りに震えているのを見て、現地人は口を開けたまま当惑して黙って立ちすくんでいた。

教会内部の分裂が島に不和をもたらしたことを嘆き、ベランダにいる年老いた長老の声はいらだった。イザベラはしばしば実りのない宗派間のいさかいを残念に思っていたので、長老の話に同調したが、十戒に関するにわか作りの解釈に疑念が湧き、こんなことをしてののしり合っていても、改善に役立つことはないだろうと思った。彼女はそう思ったが口には出さなかった。そんなことをしても何の役にも立たない。彼女は輝く太陽の下で、気楽で幸せな気分で一杯だったのである。コーンの考えをどこかへそらせた方が楽しいし、親切にもなるだろう——たとえば島の不安の種である火山に対する警戒予報などは、彼はその筋のエキスパートでもあるし、サンドウィッチ諸島の王がハワイを訪問するための差し迫った準備でもあるだろう。

ハワイの君主制は、イザベラも言っているように「もはやヒョウタンやポイを作ったり、鳥の羽で着飾ったりする首長の時代とは異なり」、正当に「文明化された合法の王であり、ヴィクトリア女王と同じ」で、忠誠を一身に受けた存在なのである。「ヒロの良民はシダと花で家を新しく装い、衣服を織り、礼儀作法や余興に関する不思議な審議会を開いています。それはまるでビュードやトバモリー（訳注　ともにイギリスの地名）と同じように王族の権威も地に墜ちつつあるようです。共和国の自由と安楽という観念と、君主に対する尊敬に起因する現実的な服従に折り合いをつけようとする試みは、面白いと思います。君主は人民の意志と神の恩寵によって支配しているのですが、結局は王の気配りによって万事うまくいっているようです」とイザベラは言う。

ある朝早く、王とアメリカ海軍の上官が乗った装甲艦がヒロ湾に到着し、開花したヤシと日光に輝く黄金色のバナナの房をつけた、ずたずたに裂けたバナナの葉をかきわけて進んできた。バルコニーと階段はスマートな帽子とボンネットをかぶった人々で押し合いへし合いし、王が船から下り、王の子供たちが色彩のきらめく中を嬉しそうにはね回ってくるのを見ると、海岸では馬に乗ったり着飾ったりした現地人が大騒ぎし、素晴らしいバンダナを振り回して大歓迎した。その間、ウパという名の陽気な大男の現地人が大きなドラムを叩いている。王はルナリロという音楽的な響きの名前を戴いていたが、ヒロに来るわずか三ヵ月前に王座に就き、約一年後に死ぬ。

彼は三十八歳の寛大で有能な人物であり、自由な立憲君主制を信奉しており、古い専制政治を改革しようとしていた。ある歴史家によると、古い制度は「暗殺を適度に取り入れた」

ものであったという。ルナリロは「とりわけ」「皆に愛され」た「人民の最良の友」であり、先代のカメハメハ五世が後継者が決定する前に死んだ後、正式に王座に登ったものである。あいにく彼はそれまでの王室の家族と同じく、「飲んでいる時は機知にあふれ、正気の時は賢明」であったとカミングズ夫人は書き記している——そして彼はしばしば機知にあふれた状態を好んだ。

ところがその日、ヒロに滞在していた時の王は改革精神に燃え、非の打ちどころのない行動をとろうとした。筋骨たくましい彼の褐色の体は、「灰色のベストを着、同じく青い縞の入った灰色のズボンをはき、前裾を短く斜めに裁った短い茶色のコートをはおった一種の狩猟服のようなものを身につけて厳粛に人前に現われた」。イザベラがヘニーに書いているように、これは物凄いいでたちだったが、幸いなことに明るいレモン色のアマランスや先端の尖ったレフア、紫やクリーム色のトケイソウなどの花輪に隠れてしまったので、衆目にさらされることはなかった。王はコーン師を儀礼訪問し、ライマン神父のいるミッション・スクールのフルート演奏に忍耐強く耳を傾け、臣下からの膨大な贈り物を寛大に受け取った。古くからのハワイの習慣であるこのホークプと呼ばれる贈与祭は、陽気で感動的であった。翌朝、裁判所で贈与祭が行なわれたが、その模様は以下のようである。

「十時前に群衆が低い芝生の土手の周りに集まってきました。現地人も外国人も、あらゆる方面から馬に乗って駆け付け、ボートとカヌーがヒロ湾を走り回って活気づけ、バンドが演奏し、外国人は少人数をものともせずにこの特別の日にしつらえた晴れ着で精一杯着飾ってベランダの上の方に頑張っています。……高い竹竿の上にハワイの国旗がへんぽんと翻って、芝生への入場を示す小さな入り口を飾り、巨大な政府の長旗は数マイル先から目にとまり、星条旗が近くの農園にゆらめいているのが見えます」

十時になると、王が一行を引き連れ、それと一緒にハワイの外国人の行政官が低いベランダに現われた。すると数千人にものぼる群衆が集まってきたが、手ぶらの者は一人もいない。

「女性の多くは足を縛りつけた生きた鶏を持ち寄り、次から次へと重ねて置いていくので、鶏は暑い太陽に照らされ熱気で気を失ったままどんどん積み上げられていきます。男たちの中にはオレンジ色の花のレイで飾った豚を連れてくる者があり、王の面前でひっきりなしにブーブー鳴き、あまりうるさいので後ろの方に引っ張られ、数百個の運びこまれた綺麗な袋の中身は、ジャガイモ、卵、タロイモなどです。何百キロにもなろうかというバナナの房を竹の棒で二人でかついでよろめいている男たちがいたり、ヤマノイモ、ココナッツ、オレンジ、玉ネギ、カボチャ、まだ熟れていないパイナップル、トケイソウの素晴らしく大きな実などが運び込まれてきます。二、三人の乙女が王に選りすぐった花束とメリテルプテス・パシフィカの高価な黄色い羽のレイを捧げました」（メリテルプテス・パシフィカは王家を象徴する鳥として知られた光沢のある黒い鳴き鳥だが、不幸なことに両翼の下に黄金色の美しい羽が一本ずつついている。この美しい羽を現地人は命がけで集めて輝かしいレイにしたり、王のためのマントに織ったりするのである。ルナリロが一年後に死んで埋葬された時、

副葬品として用いられたマントは十万ドルの値打ちがあったという）

裁判所のバルコニーに現われた王は、丘のようにうずたかく積まれた贈り物に目をやって感謝の気持ちを述べ、人民に向かって「汝《なんじ》ら、英知の限りを尽くし、道徳心に満ちた習慣を身につけよ」と訓示をたれた（ここで万歳三唱）。そしてこうまとめた。

「現時点では余は政府アドバイザーとして四人の外国人に指示を仰いでいる。しかし、今余の前、この旗の下に集まっている若者の中に誰であれこの地位にふさわしい人材がいれば、余は彼らにその役職を与えよう」

これを聞いた人民は王の明確な意思表示に最大の歓呼で応えた。実際、ハワイに対する外国の影響は甚大であったが、必ずしも望ましいものばかりではなかった。もちろん理に適ってはいた。外国人は立憲政治の実現にヨーロッパの機構をモデルにし、それを機能させるために訓練された役人を連れてきた。従ってハワイの閣僚の多くは、アメリカの法律家、宣教師、ビジネスマン、教員などであり、彼らは新しい部署の長として当時としては破格の年間四千ドルもの俸給を得ていたのである。

ヨーロッパの公的生活につきものの追従が、制度とともに入り込んできた。宮廷ガーデン・パーティが催され、厳かに身ごしらえした大臣がかしこまった細君と連れだって出席し、メレンゲ菓子を上品につまんでいる。彼らと一緒にいるのは、それまでの部族の首長たちで、肩章や金モールをつけた厳《いか》めしい軍服を着ていた。後になってイザベラはホノルルでこのようなパーティに出席したことがあるが、そこでは「茶とアイスが召使いによって高級磁器を使って馳走され、給仕はそれにふさわしいお仕着せを身につけていた」。

言うまでもないことだが、島民はそれまで召使いや給仕よりもはるかに豊かに暮らしていたのである。有効な教育制度は宣教師によってもたらされ、最高裁判所、警察、多くの病院などができたが、利益を産むかどうか不分明な競い合っている教会、王室費、多数の家政婦、さらに国債（これはハワイ・ホテル建設によって負債額が倍加した）などの問題がある。こうしたことに対する反対意見が起こるのは当然のことで、イザベラが出席した会合で一人のアメリカ人の居留者がアメリカによる諸島の即刻併合を大っぴらに主張したのを耳にしたが、彼女は「ハワイ人のためのハワイ」を望んでいるという島民のかすかな意見を感じとった。ルナリロが裁判所のバルコニーでスピーチをして訴えたのは、まさにこの排外ナショナリストの目に見えない底流なのである。

しかしこの時点ではこのテーマが追求されることはなかった。ルナリロがヒロにアメリカの軍艦で連れてこられ、原則として外国人居留者による外国人居留者のための計画を公的に課せられたからには、このテーマを進めることはほとんど不可能であったろう。たとえばライマン神父の「晩餐会」にイザベラが公式に招待され、王に紹介されたということも、この方策のひとつの例である。だが非公式にだが、イザベラは前日にシダ採集旅行の途中で王に会っていた。馬車道の曲がり角で、臣下を従えた王がだしぬけに彼女の前を横切っていったのである。「私がこれら見知らぬ人たちに不意に出会った時、彼らが私に無遠慮な眼差しを注ぐのを意識しました」と彼女はヘニーに書いた。

「私は自分がブルーマー型のズボンをはいて両股を開いて馬に乗っていることに気がつきましたが、彼らは多分女性がこんな恰好で馬に乗っているのを見たことは一度もなかったのでしょう。そう思うと、どこか他のところに行ってしまいたいと思いました」

そこで彼女は馬の向きを変えてパンノキの木立に入って身を隠した。王はそのときの出来事を忘れたふりをしたか、あるいは「ライマン師のうんざりするほど退屈なパーティ」で、黒い絹の衣裳を身につけ、さらさらと衣擦れの音をたてて拝謁した小柄な女性のことなど眼中になかったのかもしれない。王はメランコリーな大きな暗い目をしたハンサムな男性で、頬髭を「イギリス風」にカットしているので、口元が上品に隠されていた。彼がイザベラにイギリスの君主制と議会の拒否権について熱心に質問している間、ライマン師の少年合唱団がベランダで歌っているのが聞こえた。「ライマン師は王を正しく導こうとしているようですが、私は王が彼らの手から離れた時、どんな反動がくるのか恐れています」とイザベラは言う。

しかし王は外国人の手中からまだ脱していなかった。保安官の夕食パーティに初めて参加したイザベラはその準備を喜んで手伝い、セベランス夫人、中国人のシェフ、それにココナッツをすりつぶすのが上手い「中国人の囚人」と一緒にぶっ通しで三十六時間も働いて料理を作った。彼らが作ったのはプディング、ドロップ、カスタードなどだが、イザベラはこっそりとシェリー酒を入れた大きなトライフル（デザートの一種）を作った（セベランス家の人々は、多くのアメリカ人と同様に酒を飲まない連中だった）。このトライフルは思いもかけず好評で、夕食が済んだ後、洗練された目隠し遊びや揺れ動く手提げランプの下でダンスが踊られ、「王が私にベランダの上でポルカを教えてしんぜよう」と言ったとイザベラは書いている。誰もが、王でさえもこのパーティを楽しんでいるとイザベラは思った。従順な島民が目を丸くして外に立ちつくし、庭のフェンス越しに覗き込んでいた。

王がイザベラに会うことを楽しみにしていたのは明らかである。彼は翌日の午後、ワイメアに向けて出立しようとしている旅の道中の安全を祈願する旨の言葉を伝えてよこし、ヒロを立つ時には汽船まで一緒について来て「荷物運びを手伝ってくれた!」からである。「私はこの王はとても興味深く、魅力的に思えます。だが発言に関して言えば悲しいほどに優柔不断であり、何事であれ確信していることはほとんどないように見えます」とイザベラは故国への手紙に記している。

不幸なことに、王は自らにとって不利益になることを正しいと信じこみ、翌年、アルコール中毒によって昂進した結核で死去した時、宣教師の言い分によれば、彼は誤った方向に導いた「邪悪な白人」の犠牲になったということだった。

Ⅲ

ハワイの風下側に延びている高度二千五百フィート(約七百六十メートル)のワイメアの台地を訪れるまで、イザベラはしばしば「邪悪な白人」と言われている数多い入植者がいることをほとんど知らなかった。こういった者たちは宣教師、教師、法律家、あるいはビジネスマンのいずれでもなく、また彼らとは似ても似つかない人間だった。イザベラが到着したのは、粗野な牛飼いが住んでいる地方だった。冷風が牧草地を吹き渡り、「昼夜を問わず日に何回か耳にしていた、蹄鉄をつけていない馬が草原を走り回っているドシンドシンという音は、ワイメアでは聞くことがありません」。

草原の緑色の基底から巨大な二つの火山が盛り上がり――マウナ・ケアとその向こう側にあるマウナ・ロア――が空中に聳え立ち、草原と海の間に草木のない荒地が燃え上がっているように見えた。

「水も果実もなく、太陽の下に荒涼たる風景が浮かび上がっています」

イザベラが滞在したのは、汽船が停泊している海岸からラバの轍《わだち》のついた道を十マイルほど登り、灼熱の地を横切っていったスペンサー氏の牧羊場である。こぎれいに整ったヒロの住宅に比べると、スペンサーの家はいい加減なもので、足下には雌鶏とかポイの入っている容器から勝手に食べている赤ん坊などがおり、ノミがプルという仮寝台に入り込んでいた。スペンサーは混血の細君と住んでいるタスマニア人で、居留者の多くに見られる空威張り屋で、屋外活動を好むひとりだった。イザベラに言わせると、「彼らは勇気と忍耐を称賛し、とりわけ陽気な人々」ということだった。イザベラはスペンサーの家で気楽に過ごした。とくにずんぐりしたスペンサーの義母が気に入った。彼女は巧みに英語を話し、白人をからかうのが好きで、白人というものは「意地が悪く、気難しく、口うるさく、みじめな人種だ」というのである。イザベラは――キルトを作り、花を集め、日除け帽を編み、「おしゃべりし、風呂に入り、乗馬をし、「訪問」をするという家庭の主婦の気苦労のない日常生活を見ているうちに、なるほどそうかもしれないと思った。

ワイメアの生活によって、イザベラはニューイングランドの道徳は確かにある程度の現地人に根づいたかもしれないが、逆の作用も及ぼしたのではないかと推測した――居留者の中には、よく考えずに恥じらうこともなく、「ハワイ人になりきって」しまった者もいたのである。これらの男どもは捕鯨船員、牛狩り、羊毛刈り、農場監督員などが職業で、やってきたことは牛の群れから子牛を引き離したり、射撃したり、牛の皮の手入れやもっとも元気のいい種馬の隔離などである。彼らはこの島のロマンチックな浜辺にたまたま流れついて、見たものが気に入って現地の女と住み着いてしまうのである。その中にはリヴァプールから来た元キャビンボーイ、ミシシッピー川の水先案内人、一八四九年のゴールドラッシュに馳せ参じ「一度も金を見付けられなかった」砂金掘り師、中西部出身の農場手伝い人、ロンドン生まれの旅回りの印刷労働者、カナディアン・ロッキーのわな猟師、世界のあらゆるところから来た元船乗りなどがいた。

その結果、「ワイメアの道徳的雰囲気は決して健全なものではなく、以前から続いていたはなはだしい不道徳と常軌を逸した放縦」は、新しい裁判所が科す法的罰則によってやや抑制されたが、「ワイメアの人々はまだ十分にその域に達していない」とイザベラは感じた。それに加えて、「原住民に対する完全なキリスト教化への大きな反動がまさにこの島に生じ、この疑い深い対立が宣教師に対する非難中傷になって拡大していった」のである。

イザベラが示唆したように、この「対立の影響」はハワイで捕鯨産業が隆盛になり始めた初期において、より激しかった。マーク・トウェインが来た一八六六年でも話題は捕鯨一色で、彼は生き生きした描写で本場の元気のいい話を伝えている。当時、捕鯨の利益配分について激しい論争があり、一般船員と高級船員間の収益の割合に関して「長期利益配当」か「短期利益配当」かで揉めていた。捕鯨というものは、リスクの大きい仕事である。乗組員は固定給を支払われるのではなく、マッコウクジラの油とかオホーツクや北極の鯨のひげなどが売れた時の純益に応じて賃金を得るのである。マーク・トウェインが指摘したように、乗組員はかなり低い賃金しか入手できなかった。というのは、運賃、消耗品、制服（船員が購入する）などが賃金の支払いの前に計算して差し引かれるからである。

今では捕鯨業者はどこかへ行ってしまったが、享楽的で道徳規準を持たない「無垢な」現地人と、彼らを進歩的未来のためにキリスト教化し、「文明化」しようとする人々との間の基本的な対立はまだ残っていた。「邪悪な白人」が言うには、宣教師が島民に衣服を着せたり学校へ行かせたりすることによって、彼らの伝統を破壊してしまったために、悲惨な状況に陥り、数が減ってしまったのだという。確かに島民の人口は減少していったが、その原因は道徳心のない外国人によってもたらされた性病と粗悪なウィスキーであると宣教師は主張している。白人が住み着いて以来、島民が減少していったのは疑問の余地がないが、主な原因の中に島外移民（若い男が捕鯨の出稼ぎに行ってしまう）の問題、天然痘の流行、ハンセン病の蔓延、それになかんずく母親が乳幼児を育てる際の不注意があげられる。泣き止まない幼児はもはやリビングルームの床下に埋められることもなく、誰でも欲しいという人があれば、喜んでくれてやってしまうのである。これらの要因が重なった結果、一八七三年には五万二千人の人口しかなく（二十年前には八万五千人いた）、イザベラは打ち棄てられた村落や耕作されることのない畑地、現在の住民の数を考えると大きすぎる教会と学校などにしばしば行きあたった。彼女が下した結論は、このようなものである。

「白人こそがこの島に、ゆっくりとだが確実な破滅の道を開き、他方で文明化と将来のよき生活のための知識と技術を授ける道を準備したのです。こうした天恵と呪いの相反する影響が、この五十年間続いてきたのです」

しかしワイメアの平原はあくまでも広々とし、空気は澄み渡り、畜牛が点在している上空を雲が悠然と流れていくのを見ていると、他の人間がいようがいまいが関係なく、単に自分がそこに「いる」ことだけで十分という気がしてきた。スペンサーの羊飼育場を出発した最初の朝、イザベラは八時前にワイピオ峡谷の絶壁の頂上に再び登り、魅力あふれる周囲を見下ろした。

「深みのある青がどこまでも続き——だらだらと螺旋状に登りになっている道を青い靄《もや》が朝の静寂を破って立ち上ってくる様は、動かずにじっと眺めていたいほど趣きのあるものです。露に濡れた緑を背景に海岸の岩がきめの粗い黄金のように輝き、ゆっくりと流れる銀色の川が、轟く大波の打ち寄せる太平洋に嫌々ながら流れこんでいくのが見えます」

それから数日間、彼女は人里離れた海岸線を馬に乗って徘徊《はいかい》した。近隣の村落にとって幹線道路のようになっている川に出会ったので、元気一杯に馬を御して川に入り、水が馬の腹のあたりでピチャピチャいっている中を足を馬の首まで上げて進んでいくと、二隻のカヌーと子供と犬が何マイルにもわたって彼女の後ろについてきて、パチャパチャと水しぶきをあげていた。高度二千五百フィートの絶壁までゆるい勾配を登っていくと、道幅が一層狭くなってきたので、左足をあぶみからはずして岩壁にぶつからないようにし、右足は崖っぷちにぶら下げて進んで行った。その間、はずれた石がうんざりするほど跳ねて虚空に落ちていった。ある箇所までくると、道は完全にふさがっており、馬から下りて行くにも下りる場所がなく、驚異の離れ業だった。

「私はどうにかこうにか馬から滑り下り、鞍の向きを変えないように注意して馬の後足にすがって馬の後ろ側に回りました」とイザベラは説明している。そしてさらに狭い登り道を馬の尻尾につかまりながらやっとのことで命からがら登っていった。イザベラはワイメアの冒険旅行について、楽しそうに全部書いているように見えるが、その頃意味合いはまったく異なるが、絶壁の登攀《とうはん》と同じくらい目がくらむような経験をした。このことは彼女の本には書かれていないのだが、ヘニーには手紙で知らせている。彼女がスペンサーのところにいた時に出会った「ワイメアの住民」の中にウィルソンという名の牛追いや道路工夫、あるいは何でも屋がいた。彼について「彼は素敵な気のいい辺境の住人」であるとイザベラは書いていた。ウィルソンはイザベラがスペンサーのところにいる間（彼女は断続的に数週間滞在した）、スペンサーを訪れるのが習慣になっていた。ウィルソンとイザベラは一緒に乗馬を楽しみ、羊毛の値段とか牛の飼育、ハワイの不安定な将来のことなどを話し合った。

彼はイザベラの健全な常識、控え目なユーモア感覚、恐れを知らない勇気などが気に入り、スペンサーのところに行って彼女に会うことが楽しいと思うようになった。イザベラはあまり衣裳を持っていなかったので、時折「黒い絹の安っぽいジャケット」を着ていたが、「カササギやアヒル、鶏、大工のベンチ」などが雑然と入っている部屋にいると、これはいかにもグロテスクに見えると彼女も認めざるを得なかった。いずれにせよ、ウィルソンはこの小柄なイギリス女性を好きになったようで、ある日イザベラは次のような書き付けを渡された。

「私の友人であるウィルソンがあなたに交際を申しこみたいと執心しているのだが、まだ知り合ったばかりなので躊躇しています。私が言えることは、彼の性格がきわめて良いことと、この島ではもっとも心の優しい男だということだけです――スペンサー」

ウィルソンという男は初めこそははにかんでいたかもしれないが、はにかみ屋に特有の無骨な忍耐強さも持ち合わせており、やがて強引に求婚するかのように見えた。彼はイザベラに、彼女が口をきくのを聞いた途端に「最高に強烈な印象」を受けたのだと話し、「彼が私と話したこの夜ほど気持ち良く幸せな気分になったことはなく、私の編み棒を見ているうちに懐かしい思いがつのり、カナダにいる母親のことを思い出したと言いました」。

それを聞いてイザベラは笑いだしそうになった。というのは、彼女はウィルソンの思い込みが長く続くとは信じられなかったし、それにとくに母親と比較されたことはあまり嬉しくなかったからである。「彼が尊敬に値する人間であるのは確かですが、あまりにもひとりよがりなのです」と彼女は驚いている。この自分勝手な思い込みが激しいので、自分が嘆いているところをイザベラは見るべきだとウィルソンは決めつけた。「彼は私を騙すことはできないと言い、自分は女たちに粗野だと思われていると言いました。もっとも、この表現はワイメア特有の意味が含まれています」。イザベラは「そのことを考えると、恐ろしくなってしまいます」とつけ加えている。

とにかくこの話がうまくいかない理由を五十もあげることができるとイザベラが言ったところ、彼は笑みを浮かべながらイザベラの上に上体をかがませ、その理由のひとつひとつを論駁する用意があると言う。「彼は素晴らしくハンサムな男性です。あなたでなかったら何と言っていたか、それは分かりません」とイザベラはヘニーに書いている。彼女は彼に社会的背景の違いや「紋切型の思考」などを話そうとしたが、慈悲深く思いとどまり、故国に「生活費を稼ぐために」（これは厳密に言えば本当ではなかった）帰らなければならないと言い訳し、ホノルルに着いたら手紙を出すと約束した。

「今は行かないでくれないか。ここにとどまって私のことを好きになれるかどうか試みてほしい」と彼はかなり感傷的に懇願した。だが彼女はとどまらなかった。彼女の全生涯を通じて、親しい人間と少しでも関係がもつれそうになったら逃げろというのが彼女の直観だった。彼女自身、部分的に気づいていることだが、時には愚痴を言ったりするが（どちらかと言うと罪悪感を覚えるのだが）、その人が目の前にいると感情が不安定になるのであった。

だからウィルソンから逃れるために島から離れて直ちにホノルルに行き、「殺風景な北方」へ向かおうとした。そこへ行けば愛する妹にも会って慰めてもらえるという確信があったからだ。

　しかしホノルルは文明化された彼女の故国の余裕のない嫌な思い出をもたらしただけだった。当時でさえも「主要都市らしい賑わいと、落ち着きのない快適さ」が漂っていた。汚れたヤシの木に沿って――バナナの木陰に覆われ、欲しいものは何でも買える街路があり――たとえば婦人用の上質な黒い絹、ミルクポット、シャンデリア、帆のチェーン、火山の「風景」写真、ポリネシアの戦争記念品、あるいはメロン味のするアイスクリームなどが手に入った。ローカル記事を掲載した四つの新聞が発行され、社会の大騒ぎを記事にする記者は最低水準の生活も維持できなかった。

「訪問は朝食時に始まりますが、訪問を受けたり返礼したり、王宮の宴会などがあり、いつ終わるのか私には分かりません。……列強の高官によるパーティ、乗馬パーティ、ピクニック、ベランダでのパーティ、それに教会の団欒《だんらん》の会と午後の晩餐会、戦艦の甲板上での夕食会などが延々と次から次へと絶え間なく続くのです」

　これら全てのことに対するイザベラの反応は、神経症と頭痛が再発したことだった。日光と風にさらされてそれまで血色が良くソバカスが浮いていた顔色が、以前のように血の気の失せた老け顔になってしまった。ハワイの制度枠組みについて研究したり、行事やハワイの将来計画に関する講義に出席したりしているうちに、イザベラはそれまで「思い通りで放埓《ほうらつ》な生活」をしてきた「野性の健康に適した生活」へ帰りたいものだと思った。「私は人々の間にいると、不確実な未来に対する不安と常時つきまとう失望に襲われ、大抵の場合に抑圧を覚えてしまうのです」と彼女は説明している。「私は健康的で形式ばらない程度に文明化された人々が好きで、そこにいれば健康にどれほどよいか分かっていても、誰もいない静かな世界にいるときほど楽しいことはありません」。

彼女が頑固なノスタルジアと自己懲罰感に打ちひしがれていた時、体調も良く幸せにしているというヘニーからの手紙の入った小包みが届いた。これで命綱を確保したと彼女は思い、良い方向に吹いてきた風向きをつかまえようと、この後四ヵ月諸島に滞在することに決めた。そこで六十トンのスクーナー型帆船ジェニー号に乗りこんだ。この船は現地人、牛、獣皮、砂糖、糖蜜などが満載されており、カウアイ島周辺を航行するものである。病弱な息子と一緒にホノルルで立往生しているデクスター夫人が、イザベラが立ち去っていくのを見送っていた。それを見て、イザベラはこう書いている。

「デクスター夫人は私を憐みました。というのは、キャビン・ハッチを見下ろしているデクスター夫人がとても辛そうに見えるからです。しかし不運は楽しみを追求する中で耐えていかなければならないものだから、同情を受けるべきものではないのです、とデクスター夫人に言い含めました」

イザベラの生涯をかけた旅の原則の一つであった。もっとも後年になって、彼女は時折それを忘れてしまったのだが。「島の庭園」と呼ばれているカウアイは遠距離にぽつんとあり、ハワイの荒々しい火山活動もなければオアフ島にある洗練されたところもないところである。他の島の住民から田舎者と呼ばれている五百人程度の現地人は、森林の多い肥沃な土地に点在しており、この時期には貿易風で冷やされ、暖かい日光が降り注いでいた。カウアイに住んでいる外国人はごくわずかしかいなかったが、その中に諸島で会った誰よりも魅力的で風変わりなシンクレア家とイザベラは親しくなった。イザベラの著書には、この一家にイザベラが関心を抱いたことや、手紙にも彼らがいかに魅力的であったかということが書いてある。

シンクレア家はカウアイに初期に入植した一族の家系で、女家長は七十二歳の未亡人である。

「彼女はスコットランド風の容貌をした婦人で、非常に有能で聡明で、ユーモアに富み、チャーミングで誰にも威圧感を与える断固とした意志の持ち主です。老年にしてはまだ美しい面影を宿しており、老女になると誰もが見苦しい服装になってしまうのを軽蔑しています」

シンクレア夫妻は最初はニュージーランドに入植し、広い土地を購入して羊飼いを始め、大家族を育てあげた。夫の死後、夫人は寄る年波をものともせず広く世界を見たいと思い、家族全員に一緒に来るように説得した。そこで彼らは財産を売り払ってクリッパー型快速船を手に入れ、太平洋で何かを発見するための旅に出た。一八六〇年代初頭のある日、ホノルルの波止場に着いたのだが、その有様はこんな風だった。

「この大家族が乗っている帆を整えた船には、船首に美しく輝いている老女がおり、本、絵、工芸品などで飾られ、まるで浮かんでいる家庭のようでした。彼らと共に貴重な品種の牛と羊が甲板の檻に入れられています」

この大家族は恐らく先祖の抜け目のない性格を受け継いだに違いない。彼らはニイハウの王から沖合いの島を非常な安値で買い取り、そこに入植した。イザベラが彼らに出会った頃には、シンクレア夫人と家族の大部分は、近くのカウアイのオレンジの木立に囲まれた広々した涼しい緑の平原の上に建てられた一軒家に住んでいた。前面のベランダから切り立った峡谷越しに黄金色に輝く広大な海が見渡せ、ニイハウ島が「紫水晶のように」浮かんでいた。そこにはシンクレアの息子の一人が「皇太子のように」君臨し、三百五十人以上の現地人を使って二万頭の羊が飼育されている。この家の生活スタイルは堂々とした封建時代を思わせる古いやり方で経営され、独立独歩の美質がイザベラに深い感銘を与えたらしく、これについて彼女はいつもと違って何通もの手紙で興奮気味に触れている。

ここに二、三日滞在した後、シンクレア夫人が異彩を放つ様子で馬に乗ってやって来た。「ほとんど脱いだことのない大きなぼろぼろの絹のボンネットをかぶり、体型と同様に若い女性を思わせる軽快な足取りで来る様は、古い絵から歩いて抜け出てきたように見えました」

この恐るべき女性は、独身の息子と二人の未亡人の娘、三人の孫の家計を取り仕切っていた。この孫たちは髭を蓄え、朱色のシャツ、ぴったりした革のズボン、拍車つきのブーツというでたちの威勢のよい若い王子たちだ。しなやかな体をしたこの若者たちは、サーフボードと輪投げ、荒馬乗りの達人で、遅れた群れを追い立て、牛の角に投げ縄をかけ、女たちはベランダに行って挨拶するところはまさに「昔日に逆戻り」したようだった。正規の学問で卓越した教養を身につけたこの者たちは、ギリシャ語とドイツ語をミュラー氏とかいう人物に学んでいたが、この男はメキシコにいた時にマクシミリアン皇帝と行動を共にしていたプロイセン人である。イザベラはミュラー氏と最初に会った時、彼に対してほめるべき点が見つからなかった。彼は「素晴らしい才能に恵まれた改宗したキリスト教信者」であり、聖書を一瞬たりとも神経質そうな手から離したことがない。「彼の祈りは非常に見事ですが、私は彼の考えが好きではありません」とイザベラは言う。

ミュラー氏による祈り、思考、その他全てを表現する言語は、美しく明晰な英語で話された。その理由は「彼の洗練された本能が、アメリカ的なるものを全て排除したからである」。夕方涼しくなると、彼は優雅な客間で巧みにピアノを奏で、弾き終えると「紅潮した顔を振り向けて『いかがなものでしょうかな』と言いました」(しかし誰でも推測するだろうが、ミュラー氏については、どこかいかがわしいところがあった。彼の精神的特性に対するあらゆる称賛はイザベラの手紙から全く消え、本の中でも「彼はまだメキシコの野蛮に苦しんでいる」と簡単に触れているだけである)。

夕食後遅くまで続く談話は、ヒロのゴシップ話から離れて政治、神学、読まれている本などが中心的な話題になった。この一家の者は、この島の言葉や文化に精通しており、彼らを通してイザベラは島の歴史について多くを学んだ——豊かさに恵まれ、のんびりと生きられるという夢は、時には暴力と辛辣さに満ち、残酷な悪夢に変じ、意味のないタブーの横行を許したのである。タブーという制度は聖職者と首長によって彼らのために設けられたものであり、「汝ら……することなかれ」という禁止事項の一覧は長老派の宣教師のそれよりも長かった。女性が男性と一緒に食事をすることが禁止されただけでなく（これは現地人の間では当たり前のことだった）、男性が食事をしている部屋に入っただけで、即、死刑である。折りにふれて聖職者がタブー期間を布告したが、マゾヒズムの傾向を含むお祭り騒ぎは、このように自然に恵まれた安易な風土では心理的に必要なのかも知れない。その期間はカヌー、水泳、魚取り、ダンスなどは言うまでもなく、火をおこすことも物音をたてることも禁止された。音をたてないというタブーはきわめて強いもので、カミングズ夫人によれば聖職者の犬でさえ吠えないように口を縛られ、鶏はクワックワッと鳴かないように上から布をかぶせられてヒョウタンの下に閉じ込められたというのである。

シンクレア家の夕食時の真剣な議論と対照的に、日中はイザベラがかつて経験したことのないほど「贅沢」という快楽に満ちていた。イザベラはこの「贅沢」という言葉が気に入っていたが、自分自身はそうではないとしばしば弁解し、実際にそうだったのだが、一時期、その歓楽にふけったことがある。彼らの一行とともに馬で山に登って行くと、彼らは三日間も「生き抜く」という遊戯をする。たとえば野生の豚をつかまえてローストにしたり、マンゴーを取って食べたり、野生のバナナの間を轟々と流れるシダで覆われた小川で水浴びをし、森の中の「鳥の家」の中で寝たりして過ごす。この魅力あふれる住み家はククイノキの木の陰であり、朝顔で飾られ、夜はオレンジ色の星が煌《きら》めき、天井にはスズメバチの巣がぶら下っているが、誰も刺したりはしない。

イザベラにとって多少胸が痛むのは、彼女がヘニーに絵を描いて送ってやった、多彩な色彩の饗宴が、生気なく精彩のない大地に囲まれ、豪雨と三月の風に吹かれて灰色にくすんでしまったことだった。何となく罪深い感じのする愛と無理やりの楽観主義に彩られた手紙をイギリスに送りながら、イザベラはヘニーたちが諸島にやってくればどうかと示唆した。そうすれば多くの馬を飼育するほどの牧場を持つことはできるだろうし、「現地人を手伝う」こともできるだろう。ヘニーは楽々とやって来られるし、家具が傷んでいても誰も気にする人はいない。それに召使いが少ないからといってみじめな思いをすることもないだろう。というのは、ここでは召使いを雇っている人はほとんどいないのである。ここではエディンバラでバラ肉一ポンドを買う値段で牛肉のサーロインを二枚買うことができる。それにイザベラは今のハワイの生活にすっかり溶け込み、料理、洗濯、衣服の繕い、鞍、馬具などの修理などをすることができ、「手仕事の方が頭脳労働よりも」はるかに性に合っていることに気がついた。

そこでイザベラはヘニーが手紙を読み、喜び、興奮してそれを親友のベッシーに見せているところを想像した――だが、抜け目ないベッシーは「頭を上げて『彼女は今いるところにいればいいのよ。何故って彼女が帰ってくるのはあらゆることに不平を言うためであって、私たちの誰もかもを憎んでいるのよ』」と言う。イザベラは青々としたカウアイで溜め息をつき、ベッシーの言うことにも一理あると思って微笑《ほほえ》んだ。そして彼女のロマンチックな空中楼閣は恐らく封筒にシールを貼る前に崩れ去った。

彼女が全く相異なる二つの世界——冒険旅行家であることとイギリスの淑女であるということを両立させることができるのではないかと空想したことは、この時だけだった。しかし引き裂かれたもうひとつの世界を失った哀れなヘニーは、むしろ真剣になって馴れ親しんだ小さな書斎に座り込み、ハワイの描写が素敵なので多分ハワイでイザベラと一緒になるべきだろうと手紙を書いてきた。イザベラはこの手紙をその三ヵ月後、最終的に諸島を離れようとした時に受け取った——そこで急いでこれまでの話はなかったことにしてほしいという返事を出した。ヘニーは誰かを待って観察する因習的な女性であり、牧場で働いたり馬に乗ったりすることは体の虚弱なヘニーには無理だった。彼女の役割は家に残って、幸せな放浪者が戻ってきて面白い話をするのを聞くことだったのである。

Ⅳ

そういうわけでヘニーが待っている間、イザベラは後で聞かせるための面白い話をもっと沢山集めようとした。贅沢なシンクレア家と別れると、彼女はカウアイの向こう側に単独で回ろうとし、この単独行動は彼女を夢中にさせた。「私は孤独が好きなのです。これほど孤独が好きだとは思いもよりませんでした」と彼女はヘニーに伝えている。「私は白人と一緒だとできない荒々しいことを、たとえば馬を駆り立てて丘を登り下りし、馬を大声で叱咤《しった》して命令し、膝を鞍の角に引っ掛けて二、三分走らせたり、あぶみをつけずに乗るとか、それ以外にも自由勝手に馬を乗り回しました。その日は一日中何も考えませんでした」。現地人はそれを見て向こう見ずの娘だと笑い、手を上げて彼女に花を投げ「パニオラ、パニオラ」とはやしたて、彼女は嬉しくなって笑い返した。後になって分かったことだが、パニオラとは「カウボーイ」のことで、「牛に投げ輪をかけたりすること」らしかったが、イザベラは誉め言葉と受け取った。だがこの言葉は、一般には外国人の婦人に対して使う言葉ではない。

彼女は今になっては十分にパニオラになりきったが、五月まで島伝いに旅を続けた後、ヒロに帰った。ここから南プナまでセベランス夫妻と一緒に短い探険旅行を行なったが、彼女はこの夫婦との旅を一人旅にもまして気に入った。彼らはタコノキやユージニアが点在する草原を旅し、途中、深紅の「原生リンゴ」が酸っぱい汁の果肉を含んでたわわに実っているのを目にした。

「大きな雪のような漂流物の中に立っている木の後ろを、寄せ波が打ち返している」のが、すぐ近くに聞こえた。リンゴのような真っ赤な鳥がヤシの木の間を飛び回り、地上に扇形の尾の影を落としている。ココヤシの実が落ちて黄褐色の堆積になり、それを犬、猫、豚などがむさぼり食っていた。彼らはその地方の「名所」——玄武岩で囲われた天然のプールを訪れた。ここは水の色がイタリアのどんな洞窟の水よりも青く、ココナッツの外皮とプールの底にある岩に反射して淡青色になったりうっすらと染めた大理石のように変色するので有名なところである。このプールに入ると四肢が浮かんでいるように見え、頭上にはグアバの黄金色の実が揺れている。この自然美を満喫しぐったりしたイザベラは、こんな感想を述べている。

「何もしないという能力が次第に私の中に発達してきたように思います。これは恐ろしいことで、気持ちを奮いたたせて温泉に行く時以外は何もする気になりません。連れと私はベランダに座って夢想にふけり、長くなっていく影を見つめ、ココナッツミルクを飲みながら不意に太陽が姿を消して驚いていると、出たばかりの月がゆっくりと太陽に代わりギラギラ光る先方六十マイル（約九十七キロメートル）の地点に、マウナ・ロアの荘厳な炎が一万四千フィート（約四千三百メートル）近くも上空にまで吹き上げています」

少なくとも挑戦するに値するマウナ・ロアは、怠惰な意志を消し去る荒々しい現実感をもってイザベラに迫り、見る度に聖書の中のハザエルが預言者エリシャにした質問が心の中に鳴り響いた。「汝、忠実な下僕はこの偉大なることがらを成し得るや否や？」。この質問はいささか大げさに思えたが、彼女にとってはマウナ・ロアの頂上に達することが、探険家としての抑えがたい欲望に対する自己懲罰への腰のひけた抗議のように思われた。マウナ・ロアに対するイザベラの畏れ、賛美、恐怖は故なきことではなかった。彼女は針小棒大に言っているわけではなかったのである。

この「太平洋のマッターホルン」と称される世界最大の火山は、標高一万三千六百五十フィート（約四千百六十メートル）、底部の周囲はおよそ百八十マイル（約二百九十キロメートル）に及び、七千フィート（約二千メートル）以上は噴き上げられた溶岩がごろごろしている不毛の地で、クレバスに落ち込んだ溶岩はひっきりなしに続く地震の中で巨大な茶色の岩の泡のようになっている。わずかながら登った人間は一様に、よろめきながら帰ってきて、震え、消耗し、眉毛は焼けてなくなり、高山病に冒されて息も絶え絶えになっていた。それまで知られている限りでは、外国人女性で登頂に成功したのはたった一名だけである。

こうしたことは重々分かっていたので、もし海軍士官でイギリス領事であるアマチュアの火山研究者ウィリアム・グリーン氏がいなかったならば、イザベラも臆病な気持ちに負けていたかもしれない。だがグリーン氏は実際にマウナ・ロアの登攀を計画中であり、ヒロにいるイギリス人女性イザベラが同行するというニュースはその日のうちに広まっていた。彼女がキャンプ生活に必要な缶詰の肉、チョコレート、馬の飼料にするオート麦などを買いに浜辺の店に行くと、誰もが「それではグリーンさんと一緒に山に登るんだね」と言い、幸運を祈っているよと言われながら心の中では頭がおかしくなっているのではないかと思われているのかもしれないと思った。しかしながら誰一人としてそう思っていると口に出すことはなく、イザベラが彼女と大体同年齢の男性であるグリーン氏と二人だけで行くのに対して「懸念」の意を表するにとどめた。

これ以後の冒険旅行にあっても、彼女は男性と連れ立って行くようになるのだが、旅に不可欠なキャンプ生活で接近することは当たり前であった。というのは、一度特別の目標を定めたらその目的達成のために、彼女は男性や動物を無慈悲にこき使ったからである。しかしイザベラはそれについて単純明快に淡々と事実問題として対処しただけだったのでいささかの批判も浴びなかった。「旅行家というものは、もっともそぐわないことでも完璧にやり抜く特権を与えられています。これが旅の魅力のひとつなのです」と後に彼女は明言している。この事例では、この戦略を自由に駆使して最初に成功したのが、サンドウィッチ諸島なのである。このことがあればと協力してくれ、湯沸かし器やハンチング帽、大きなメキシコのポンチョなどを貸してくれた。セベランス夫人は厚手の下着類を、また年老いたスコットランドの婦人は古いトランクの中から「頑丈なフランネルのシャツと貴重な毛織物の靴下」を捜し出してきた。これらの物を渡しながら老婦人は畏れと反対の意を込めながら、「まあ、一体、何ということをするのでしょう」と言ったが、イザベラはむしろ好ましい感じを受けた。

彼女は旅立つ日の早朝、ラバの背に乗って興奮で身が震える思いがした。

「全て成るように成るのです……私はいつもの赤いスーツと小さい茶色の帽子、長くて白いスカーフを首に幾重にも巻きつけ、ハンカチを顔に結びつけました。六ポンドのオート麦の入った袋を鞍の前の角にぶら下げ、あなたから貰ったショールの両端が私の前にひらひらし、ウィルソン氏がつなぎ縄として使うように貸してくれた細く切った牛の革と投げ輪が馬具の片側に下げられ、大きな鞍袋が後ろについています。ヒロの人々が何人か庭の入り口まで見送ってくれました」

景気づけに彼女とグリーンは四千フィート登り、キラウエアの噴火口の溶岩の塊の上に気が遠くなりそうになって立ち尽くすと、雷に打たれたように地面が足元で揺れ、轟々と鳴り響いていた。「この動きは大西洋の真ん中で嵐に遭った大きな船の揺れに似た激しいものです」とイザベラは言い、こうつけ加えた。「私はこれほどの地震を経験したことが嬉しくてなりません」。

この登山と旅の間にノミだらけの草原の廃屋に泊まったが、周りには傾いた哀れな牧場の雇い人の家が散在し、彼らは来るべき恐怖の予言が当たるのかどうか興味津々で、「私たちの先行者の不幸の話をして私たちを楽しませ、不吉な結果になるのを満足そうに眺めているのです」。風景もまた進むに従って不気味な様相を呈してきた——砕けた岩石が卓状に盛り上がって不毛の大地になり、冬の木立や野ゲシが密生して濃い霧を発生している。内側は燃えた木がごちゃごちゃに重なり合っていた。イザベラは不吉な予兆にもかかわらず、グリーンと「火山の話」をしたり、ドーナツやシチューにした鶏を食べ、荷馬にヤギの毛と古い靴下で作ったしりがいをかぶせたりすることが楽しかった。

イザベラは今度の旅の同伴者を気に入ってはいたが、その力量が分かり、出発時に覚えた恩義をそれほど感じなくなった。彼女はヘニーにこんな風に書いている。「グリーンさんは良い妻を持った思慮深い科学的な男性の大半がそうであるように、現実的な問題を処するに当たって空想的なところがあるのです。……私はあらゆることを彼に気付かせ、示唆しなければなりませんでした」。それでもそれは互いに満足のいく取り決めだった。彼は旅慣れた貴重な家政婦を手に入れ、彼女もまたそれ以上のものを得たからである。「彼に絹糸を持たせても何にもなりませんが、それでもほとんどの女性よりも男性と一緒の方がはるかによいと私は思います」。

彼らは夜明けに起きだし、出発した。背が低くてころころした体型のイザベラは服を重ね着したので、妙な恰好になってしまった。「私の体はしゃがみこんでいるようになり、まるでツノメドリかエスキモーがよたよた歩いているみたいです」。二人の現地人が案内してくれたが、その中の一人は羊狩りを職業にしている男であった。午前半ば頃、彼らは馬の腹帯をきつく締めるために立ち止まったが、そこは何もない裸山に囲まれた荒涼とした不毛の土地であった。それは月面風景を思い出させる気味の悪いもので、アア溶岩（凹凸に富む玄武岩質溶岩）とパホイホイ溶岩（滑らかな玄武岩質溶岩）に分かれた溶岩が、奇妙としか言いようがない形状の火成岩を形成していた。アア溶岩はギザギザのついた悪意に満ちた様相を見せ、一方パホイホイ溶岩は「サテンのように滑らか」に見え、螺旋状に渦巻き、「想像もつかない巨大な平鍋の片隅に寄ったミルクのひだのように見えた」。このような地形のため、進行は遅かった。

「なだらかな溶岩を越えて無慈悲なアア溶岩の恐ろしい流れが、ごつごつした褐色の尖塔のようになって越えられない壁を形成しているので、用心深く縁に沿って行く他ありません。亀裂の入ったパホイホイ溶岩でできた小山の底辺を回って他の小山に辿り着き、裂け目を飛び越えて上り坂をどうにかよじ登って行くと、あまりの急勾配のために荷馬が後ろに滑り落ち、私の猫のようなラバも二度も倒れてしまいました。さらに注意を重ねて慎重に裂け目を避けて登って行くのですが、この裂け目は底知れぬ空洞になって地殻まで続いているのです。燃えさかっている海面につながっていると思われる深い亀裂を渡り、地震で揺れ動いている起伏のある凹地に行くと、無数の割れ目が冷えて固まっていました。軽石が散らばっている泡立つ岩滓《がんさい》の固まりの側面を骨折って進んで行くと、数マイル先にでこぼこのある粘着性の溶岩が渦巻いていています——こうして長い一日が過ぎ、振り仰ぐと熱帯の太陽の下に紺碧の空が輝いていました」

ある箇所で彼らはアア溶岩の流れを横断しなければならなくなった。そこは「ハンティントン橋から見下ろしたウーズ川ほどの幅があり、ダイヤモンドのようにごつごつし尖《とが》った溶岩」がゆっくりと動いていた。動物たちは「すくみ上がって後ずさりし、恐れおののいて震えが止まらず、荒い息遣いになり、つまずき、やっとのことで突っ込んでいきました。動物たちが恐怖に震えながらもがき、割れ目に滑り落ちて血を流し苦しんでいるのを見るのは辛いことでした。短い足と素晴らしい敏捷さを持ったラバは、傷ついたことよりもむしろ怯えているようでしたが、膝まで血をほとばしらせている馬の哀れな眼差しは悲惨の極みでした」。

脈が激しく鼓動し、息が上がって消耗し声も出ない有様で、彼らはとうとう凍った雪の割れ目に出た。そこを飛び越えたが、八百フィート（約二百四十メートル）下には噴火口が口を開けていた。噴火口は周囲六マイル（約九・七キロメートル）、無限の暗黒から間欠的に白熱した黄金色の炎が吹き上げてくる。これが有名なマウナ・ロアの「噴流」であり、純粋な火炎が時には三百フィートもの高さに噴出することもある。この噴出は火山のために予測することができず、イザベラがこれを目撃し、恐ろしいが荘厳そのものの光景をしっかりと目に焼き付けることができたのは幸運であった。

彼らは噴火口の近くに不安定なテントを張った。現地人が焚火をし、小さい湯沸かし器をかけて湯を沸かそうとしたところ、「グリーンさんが茶を持ってくるのを忘れてしまったというのです。私が何度も念を押して忘れないようにと言っていたのに」。そこで仕方なく代わりにブランデー入りのトディのお湯わりで缶詰のサーモンとドーナツを流しこみ、グリーンとイザベラは「毛布にくるまって体を丸め、厳粛な静寂の中にあって敬虔な思いをこめて火山を見つめていた」。

眼前の光景はまさに荘厳なものだった。それはまるでこれまでのあらゆる花火大会が一つにまとめられているかのようであり、自然のエネルギーの荒ぶる祝祭を見るようなものだった。至る所に「溶鉱炉のようにいくつも列をなして」火が燃え上がり、孤立し、「惑星に似て瞬くこともなく」上空に向けて黄金色の小麦の束をほうり投げているようだった。そこから発せられる光は、ぎらぎらと輝く赤色、日没の琥珀色、凍った水煙のような青白色であった。イザベラはしぶしぶながら目をひきはがし、この興奮を誰かに伝えたいと切望し、筆記用具を取り出して震える字で次のような勝利の見出しを書き記した。「マウナ・ロアの噴火口、モクアエオエオ。午後六時。一八七三年六月六日。海抜一万三千六百五十フィート。壮大な火山を眼下に見て……愛しのヘニーへ」「あなたはこれほど素晴らしい場所から手紙を受け取った世界の中でただ一人の人間だと思います」。

ここには数行しか書いていないが、それは手が凍えインクが凍ってしまったからである。彼女の頭は目眩でふらふらし、テントの中で休む他なかった——枕代わりに木製の鞍を用い、マットレスの代わりは溶岩の背の部分であり、子守歌に代わるものはガシャン、ドカン、ガラガラという火山の爆発音と恐ろしい噴流から聞こえてくる雷鳴のような地響きであった。彼女は夜明け前に目が覚めたが、この世のものとも思われぬ太陽と外部の光に抗しきれず、グリーンと現地人が寝ているところをまたいで光の世界を見に出て行った——生き生きとした幅広いバラ色の光が、白いテントの壁と灰色の溶岩のこぶに深いルビー色に反射している。

寒暖計の水銀の目盛りは華氏二十三度（摂氏マイナス五度）であった。彼女は岩棚の上に一人で座り、崇高さと力強さにただただ圧倒されていた。この光景は彼女からすればまさに黙示録の世界であり、例えようのない神秘に包まれて見えた。世界全体が色褪せ、月は青ざめて鈍く、この畏怖すべき奇跡への熱狂的な思い込みはさらに強まる一方だった。「明かりのついた家、海と船、都市、友人の顔、それにあらゆる親しんできたことがら、前日、あるいは数年前の日、これらがことごとく夢のように思われ、消え去った過去から浮かび上がってくるようでした」。彼女は忘我の状態に入り込んだ。「ここはあらゆる世界から何と隔たっていることでしょう。愛や憎しみ、情熱の嵐や戦争、玉座の残骸、人間の思考の限界を超越した永遠の孤独が支配する澄み渡った場所なのです」。

自然のもっとも偉大なドラマについての彼女の半ば神秘的な渇仰を描写した後、残されたものは大きな期待の後の失望にならざるをえなかった。朝になってみると、登山者の手足は疲労のあまり重くなり、弱り切って食欲もなく、飯盒《はんごう》に入れた水は凍結しており、その上、現地人の一人は高山病で倒れ伏していた。疲れ果て、よろめきながら平地に向かって下りて行き、約十時間ほど経ってからやっとのことで意気揚々と草原のあばら屋に辿り着いた。

ところが農場の雇い人たちは、「私たちの登山が成功したのを何となく不満そうに聞いている気がしました。彼らの予言が間違っていたことになるし、それに私たちは装備も十分でない旅行者でありながら、人を喜ばせるような危険も災厄もなく元気で楽しそうな様子で帰ってきたのが面白くなかったのでしょう」。

この冒険旅行の最後の日は日曜日だったので、彼らは谷間にある裕福な農園に行き、「贅沢な」慰安を受けた。イザベラとグリーンはベランダに座り、今しがた征服してきた山頂を眺めやりながら満足感に浸って沈思黙考していた。そこで、彼女はヘニーに出す手紙を書き上げた。「私は今日『失楽園』を新たな感動をもって熟読しましたが、イヴがアダムに語る救いのない愚かしい語り口は、全く気に入りませんでした」という感想を述べた。

起伏のあるワイメア草原に帰ってくると、ウィルソンが「愚かしい語り口」の話など一度も聞いたこともないのに、彼女の特別のアダムにでもなったようなつもりで、無遠慮に浮きしながら彼女を待っていた。ある晴れた午後、彼らが一本の木の下に並んで座った時、イザベラは彼にこう話した。「あなたが私に深い感情を抱いているということは、間違っています。あなたが私を気に入っているということを私に信じさせることは、とても無理だと思います」。それを聞いてウィルソンはそんなことはないなどと、口ごもってもそもそ返事を返したが、翌日、一緒に馬乗りをしながら、彼は自分の思いが届かぬだろうということを悟り、自分のプライドを保つために彼女が正しいと断言した――その代わり「さらに一層の好意と尊敬」を抱くようになった。

これに対してイザベラは（無意識にだろうが辛辣そのものの）反応を示した。「あなたは自分自身の心の状態をしっかりと見極めた上でない限り、二度と再び誰に対してもプロポーズすべきではありません」と彼女は言った。彼は笑いとばし、「私たちは大いにハッスルして馬を駆って戻りました」とイザベラは記している。

こうしてウィルソンとの偶発事件は幕を閉じ、イザベラはその反動からか、サンドウィッチ諸島に関する「粗野なアメリカの影響」について、不満を吐き出した。実際、狭量で浅薄、雑種の文化の中にあって、驚くべきことに――これは疑いもなく真実なのだが――彼女はここで彼女と同程度の知的水準にある人間に出会うことはなかったのである。「想像もつかぬことでしょうが、一般大衆の関心の低さを目のあたりにすることは、何という不愉快なことでしょう。ここでは世界の大きな鼓動を感じることは、滅多にありません」。不機嫌な文章は続く。突然にワイメアで場違いな感覚を受けた。ヒロの宣教師すらも同じなのだが、「アメリカの信心のもっとも冷酷、厳格、痛烈な形態だけが残り、アメリカの紳士のマナー、雰囲気が一切感じられず、例外はコーン師ただひとりだけなのです」。

「落ち着いて」（鞍から下りて）みると、彼女はたまらない体のだるさと神経症に襲われた。「まるであらゆるものが重りになっているように」感じ、「イギリス中を歩き回り、危機に陥っているかもしれない」とヘニーのことも心配した——危機はイザベラも同様だった。彼女はそろそろ本当に出発する時期がきたのではないかと思い、柔らかいバナナの房の影の下で安逸をむさぼるロートパゴス人のように「もはや放浪したくない」と何度も口にした。しかしイザベラにとってたった今口にした放浪こそが、彼女の真の天職なのであった。その他のすべてが抜け落ちたとしても彼女の後半生を支えることになる才能と情熱なのだ。そして、滞在先がいかに素晴らしかろうと、放浪者というものはそこを去る運命にある、ということを彼女は骨の髄までわかっていた。「放浪を続けるよりも旅を終わらせる方がよい」と彼女は自分に言い、これを最後にハワイを後にする準備を始めた。そこでつましく茶色の旅行帽子を繕いながら残金を調べた結果、サンドウィッチ諸島での生計費は一ヵ月にわずか十ポンドにすぎないことに気がついた。

彼女は見送りにきてくれた多くの友人に、シダの模様や斑点つきのプリント地を贈った。とくにセベランス夫人には「アルバート皇太子がエディンバラに来た時」、一度使っただけの青いパラソルを、ウィルソンには慰謝をこめて彼女が所有していた大型で質のいい馬を贈った。トランクの中に「ブルーマー型ドレス」と郷愁をそそる音を鳴らす拍車を入れながら、彼女はもう一度こうした服装や拍車を身につける時があるのだろうかといぶかった。彼女は故国に帰り着く前に、マウナ・ロア登山もウィルソンとの関係もこれに比べれば序の口に過ぎなかったと思えるほどの新たな肉体的試練と精神的葛藤に巻き込まれることになろうとは知る由もなかった。そのことが起こるのは将来のことで、今はホノルルに戻りそこを出発すると思っただけで心が引き裂かれんばかりだった。

「私は別れがこれほど悲しいことを喜ぶべきだと思います」。彼女は八月七日の午後、郵便船コスタリカ号に乗り、サンフランシスコへ向かった。

「あらゆるものが、私がここへ着いた一月の時と同じままでした。ただひとつのことを除いて……それは今ではほとんど全員について一目見ただけでそれが誰であるかが分かるのと、別れの悲しみが、笑い声とアロハを聞いているうちに、耐え難いほどになってくることでした。

ハワイの言葉で歌われる軽快な音楽、積み上げられたバナナとパイナップルの芳香、桟橋を越えて渦巻いているさざ波、青い海上で船外浮材でバランスを保っているカヌー、珊瑚の海に潜って働いているダイバーたち、そしてヤシで縁取った海岸に物憂く打ち寄せる波が淡い光の中で輝いているのが見えました……」

第二章　ロッキー山脈――開拓者たちとの生活

I

周囲の色彩は次第に単調になり、くすんでいった。彼女がサンフランシスコに到着したときにはメロンやカボチャ、桃、トマトなどのけばけばしい色の恵み深い自然の賜物《たまもの》が道の傍らに積み上げてあったが、これだけが彼女が旅してきた思い出のよすがになるものだった。カリフォルニア沿岸の町は真夏のほこりっぽい熱気にあふれかえって輝いており、その中で彼女は東へ向けて最初の列車に乗り込んだ。この列車の機関車は灰色熊と白狐という名前で、ぶどうを満載した貨車と中国人で満員の喫煙車、それに銀塊を積んだ車両などが連結されており、長さは七百フィート（約二百十三メートル）ほどもあるウェルズ・ファーゴ特急列車である。

イザベラはロッキー山脈を目指して旅しているのだが、彼女は面白くもないオーストラリアで気がふさいでいたときに妹のヘニーに宛てた手紙の中で、「そここそは命を元気づける万能薬といわれているところです」と書き送っている。その頃、彼女もまたロッキー山脈で「命の万能薬」を求めており、ある意味で彼女はまさしくロッキーで命の万能薬――いままで経験したことのない自由、言葉には表わさなかったが熱烈な情熱をもって期待していたロマンチックな生命の輝きを体験したのである。

冒険はコロラドのグリーリーから始まった。そこでイザベラは下車し、プレーリー・ドッグや蠅、開拓者の幌馬車などがいる世界に入っていった。プレーリー・ドッグは草原の地下に蜂の巣状に穴を掘る、赤茶色の毛皮に覆われた小さな動物であり、子犬のような甲高い声で吠え、オットセイの赤ん坊に似ており、穴の縁に座って「前脚をたらして一斉に太陽の方を振り向いていた」。とくに不愉快なものは蠅で、グリーリーに一軒しかない宿屋で食事をしているときに、油でぎたぎたしたソースの周りを飛び回り、その中に落ちて溺れ死に、丸太小屋のような宿屋の中では「誰一人として口をきく者はいなかった」。白い帆を風にはためかせ、がらくたを積んだ幌馬車には、くたびれてほこりまみれの痩せ衰えた開拓者が乗っており、翌日彼女がグリーリーからフォート・コリンズへ行く途中、馬車をきしらせながら彼女の傍らを通り過ぎていった。

旅の間イザベラと一緒になった三人の男達はずっと政治の話に没頭していたが、それはたまたま選挙の日に相当していたためで、堂々たる体軀をした白人が「投票権を登録するために草原を馬で走り回って」いたからである。当時コロラドは合衆国の準州であり、住人はいわばホノルルよりもはるかに最近になってから、がむしゃらにその場しのぎの州として成立させようとしていた。鉄道と同様に、法もやっと施行されようとしていた時期であり、馬車の中で大いに議論していた三人も「飲酒を認めるか否か」を論じていた。

彼女が去ったばかりのグリーリーの集落は禁酒運動コロニーであり、そこの住人はウィスキーの常飲者に対する絶対禁酒主義を広めているところだった。グリーリーはその結果、暴力がなくなり、人々は勤勉に働いているとイザベラは考えた。ウィスキーの樽の内側では「多数の歌と喧嘩」が止められたとアメリカ先住民が言っていたが、コロラドの多くの州では住民は歌と喧嘩で明け暮れていた。先住民自身も分かっていることだが、白人の「火酒」に刺激され銃で武装した彼らは、大酒盛りの乱痴気騒ぎや強盗、暴力などが直ちに唯一の手段になりおおせ、悪漢と犠牲者にあふれ、その土地の悩みの種になっていた。「『先住民を追い払え』というのがあらゆる土地の合い言葉となったのです」とイザベラは言った。「白人は先住民の土地を奪い、その土地の支配権を吹聴している」。後に会うことになる初期の『コロラド・マガジン』の編集長は派手な見出しを掲げた。「機関車の鋭い警笛が、以前の先住民の勝鬨《かちどき》の声にとって代わったのです」とつけ加えている。

イザベラが来る前にも多くの「先住民とのトラブル」があったが、それはまだなくなったわけではなかった。襲撃や報復の皆殺しが最近の数十年間に発生して開拓者の生活を不安定にしたのだが、一八七〇年になって稀になり、イザベラが行った頃には先住民は敗北し消耗して白人に飼い馴らされていた。しかしイザベラはこうした陰鬱な歴史の断片にそれほど関心を払っていない。彼女の眼差しは、鹿やアンテロープが歩き回り、誰もがそれらをライフル銃で仕留めることに熱中している草原よりも、かなたに見えるロッキー山脈を見据えていた。

彼女が聞いた話によると、そこにはエステズ・パークという美しい渓谷が離れたところにあり、彼女はそこが心の平和をもたらすだろうという骨の髄から感じる確信があったのである。しかし信頼するに足る馬や役に立つ情報や道がないために、最初につまずいた問題はどうやってそこに辿り着くかということであった。グリーリー同様に、「ドルの話を抜きにしても、下品な会話や貧弱な食事でなにもかも気にいらない」フォート・コリンズを出発し、彼女は一頭だての軽装馬車を借りて山麓の丘陵地帯まで行き、それまでしばしば起こったことなのだがめったに記録されたことのない不法居留者の生活を直接に見聞した。

彼女が滞在したのはイリノイから移住したチャーマーズ一家のところで、この家族は百六十エーカー（約六十五ヘクタール）の土地に九年前に「公有地定住権」を請願していた。彼らは厳しい生活を余儀なくされ、表情はユーモアのかけらもなく幻滅にうちひしがれ、思考は貧しくて疑い深く、ちょっとした不快な出来事があるとやみくもに打ちかかっていく。安楽もなく激しく働き、薄情で単純そのものであり、生き延びるために踏み車を踏むように仕事をこなしている。彼らは質素でつつましいのだが、怠惰で無能なのである。彼らが所持しているものは、つぎはぎだらけの幌馬車、数匹の家畜、大型のこぎり、丸太小屋といくつかの料理用ポットだけである。大型のこぎりは壊れており、ポットはさびだらけ、小屋の一部は崩れ落ちており、雨が降ってくると食卓にも屋根から雨が滴り落ちてくるという具合だった。馬具は壊れており、蹄鉄もない。サドルはよじれた糸で補い、家禽は痩せて見るかげもない。いつでも古びて薄汚れた日除け帽をかぶっているチャーマーズ夫人は、「痩せこけて、きれい好きで、歯が欠けて」おり、話すときは「個人的に攻撃しているようなかん走った声」で怒鳴りつける。

彼女の夫はといえば、頑固でむっつりした男で、改革長老派に属しており、「イギリスを個人的にひどく憎んでイギリスに対して当てこすりを言い……ヴィクトリア治世の長所をほのめかすと侮辱を受けたと思ってしまう」のだった。彼らの子供達は皆ずんぐりした碌《ろく》でなしで、「子供らしくない」礼儀知らずだった。

他の多くの居留者と同じくチャーマーズも肺病を患ったことがあり、健康を求めて各地を放浪したあげくようやくこの地に来たのだが、開拓者の生活はあまりに苛酷で、彼に本来は備わっていたかもしれない陽気な性格や、慈善や愛の志も失ってしまったように見えた。イザベラの観察によると、こうしたことはよくあるパターンで、「ほとんどあらゆるところでこのような飾ることのない生活を目にした」。彼女は一週間ほどこうした陰鬱な生活を共にしたが、編み物やぼろ切れと油の芯でハワイ風のランプの作り方を女どもに教えた。そしてやっとのことでチャーマーズに五十マイル（約八十キロメートル）ほど離れたところにあるエステズ・パークまで案内してもらうように、チャーマーズの言葉を借りれば「浮かれ騒ぐために」陰気な彼の妻も同行するという条件つきだが約束をとりつけたのだ。だが陰々滅々の三人が九月のある早朝にエステズ・パークを探索しようとする企ては、想像するだに気が滅入るものだった。

「私の馬は老いていて鉄灰色の毛並みで、下唇が垂れ下っているために少なくなった歯が剥き出しになり、両目とも膿《うみ》が出てよく見えないので前脚を突っ張っているというていたらく。こんな馬は餌の豊富な牧場へ連れていくのが親切というものでしょう。鞍は古びたマクレーンの騎馬隊のもので、磨《す》り減った真鍮のにぎり、馬勒《ばろく》は片方が腐りかけた革ひも、もう片方はロープの切れっぱしです。

チャーマーズ夫人が身にまとっているものは、古びたプリントのスカートにこれまた古びたショートガウンとプリント地のエプロン、それに日除け帽、その端は腰まで垂れ下っていて、相変わらず清潔だが悩み疲れているように見えました。彼女の鞍の角は壊れており、外側にはシチュー鍋と一包みの衣服がぶら下り、出発する頃には馬の腹帯は切れそうでした。

私の荷物は鞍の後ろに積み、ハワイの乗馬服を着、日差しが強いのでハンカチを顔の上にかけ、使い古したこうもり傘を帽子の上にたたんで、鞍に縛りつけました。このとてつもない奇妙きてれつなスタイルなのは自称ガイドでした。破れた服を身にまとい、やせこけたチャーマーズの格好は、正直者で立派な開拓者というイメージからはほど遠く、渡りの鋳掛屋そのものです。やせさらばえ、擦り切れた尻尾がほんのちょっぴりトウモロコシの房のようについているだけのラバに、チャーマーズは大げさにまたがり、漏れている小麦粉の袋が二つ、鞍の後ろにくくりつけられ、その下には二枚の敷物、それに私のズックのかばん、使い古した飯盒《はんごう》が一つ、フライパン一個がぶら下げられ、角には綱の束が二つかけられていました。チャーマーズは片方の足に古いハイブーツを履き、その中にズボンをたくしこみ、もう片方の足はくたくたの革製の短靴を履いていて、その穴から足の指がのぞいているという有様」

そうはいっても彼らが行った場所の環境は素晴らしく、登るにつれて魅惑的な表情をあらわにしてきた。頭の重そうなオオツノジカがハコヤナギの木陰から臆病そうな眼差しを投げかけ、カンムリアオカケスが松の森でさえずり、ビーバーは川の中でせわしく動き回っている。森はなだらかな湿原と桜の木が生い茂っている川に囲まれ、「草花のベッドのような深紅のウルシの木立」が草に覆われた小さな谷間にゆらめいており、名も知らぬ植物がからみ合っている様子は我が家にいるような快適な気分をもたらした。さらに、たとえば野生のラッカセイや赤いキンポウゲ、イワブクロ、ビカクシダ、ウルシ、そしてバッファロースグリもある。これらすべての上に道しるべのように「分裂した高峰が影のような魅惑をこめて、コロラドのモンブランと称されるロングズ・ピークの頂上が周辺を威圧し」、青い背景の中に聳《そび》え立っていた。彼女はこの目覚ましい高さを見ると、期待に体が震えるほどだったが、そのふもとにはエステズ・パークの深い窪地があることにも気がついた。

しかし、彼女はまだそこに辿り着くことはできなかった。傲慢で愚かしい性格のチャーマーズが一行を率いて切り立った小谷に連れていってしまい、そこに人間が通る道があるはずだと言い張ったが、それはクマザクラを探し回って熊がつけたけもの道だったのである。その夜、彼らは戸外で眠ったのだが、目がさめたときには馬が逃げ去ってしまっていた。というのも、チャーマーズが馬を結わえておくための杭を持参するのを忘れたからであった。言い争っていた夫婦が馬を探しにいっている間、イザベラはあまりに空腹だったのでサクランボの種を食べたのだが、その種は死んだ熊の胃の中にあったものと同じものだった！　チャーマーズは馬を見つけて戻った後、道を求めて歩き回ったが、午後になると道に迷ったことを白状し、さらに帰りの道も分からなくなってしまったとつぶやいた。

「それを聞いた彼の細君は地べたに座りこんで激しく泣きだしました。乾いたパンをもそもそ食べた後、私はこれで旅の経験も十分に積んだことだし、これからは一行の指揮を取ろうと言って同意を得、長い道を下り始めたところ、その直後に彼の妻が馬からころげ落ち、恥ずかしいのと恐ろしいのとでまた激しく泣きだすという始末。さらにその直後、今度はラバの鞍の腹帯が切れてしりがいがなくなったので、鞍とおさえがラバの頭の方へいってしまい、小麦粉がばらまかれ、その次は彼の妻の馬の鞍の腹帯が切れて、彼女が馬の頭を越えて落馬してしまいました。チャーマーズは不器用にそれを直そうとしながら、私が鞍を縛りつけ山間の広い谷の出口へ案内している間、ずっとイギリスの悪口を言い続けています。出口に着いて火をおこし、パンとベーコンを口に入れ、それから水を求めて二時間もさまよい歩いたあげく、泥沼のようなものを見つけました。それは何百頭ものオオツノジカ、熊、山猫、鹿、その他の野獣の足跡で踏み荒らされ汚されていて、エンドウのスープのような濁った水が数ガロンたまっているだけです。私たちはそれを馬やラバに飲ませ、それで濃いお茶を作りました」

その夜遅く、彼らは自分たちの住み家に戻ったが、エステズ・パークへの道は見つからず空騒ぎと挫折感が残った。

　このすぐ後にイザベラはハッチンソン家に滞在するのだが、この一家は非常に感じがいい人たちで、イザベラ同様、状況は厳しいものだと見ていた。彼らもイザベラとは別の意味での理想主義者であり、若い医師とその妻はイギリスの実利主義を振り捨てて、このコロラドで美しく単純な生活を営もうとしていた。彼らが最初に直面した困難は、彼らが農場を持たず、また農場経営の技術を身につけていなかったことである。ハッチンソンは馬にどうやって鞍を乗せるかを知らず、夫人の方はゆで卵を作るには水に入れるのか熱湯に入れるのか分からないほどだった。イザベラに言わせると、善は決して現実化されることはないとのこと、というのも、洗練された作法を身につけ高い理想に燃えるこのような人々のことを、他の居留者たちは、うってつけのカモと見なしてだましてしまうからである。彼は牛や乳牛を育て穀物を生産し、馬に鞍をつけることを独学で学び、夫人は衣服を繕い、バターを絞り、雌鶏を育てて卵のゆで方を身につけた。しかしそれは厳しく辛い仕事であり、単調そのものの生活であって「性に合わない」ものであった。イザベラはハッチンソン家の安寧を考えると悲しく、また心配にもなって、ある日、彼らに短い休息をとるように勧めた。その間はあらゆる雑用を引き受けるからと申し出た。

「パンを焼いた後は大型ミルク缶とバケツをきれいにし、長らくほうっておいたために油でぎたぎたしたブリキ製の容器と平鍋を洗っていると、一人の男が入ってきて牛の渡れそうな浅瀬はどこだろうと私に尋ね、私が教えてやっている間私を痛ましそうな表情で見つめ、『おやまあ、あんた新しくきた雇い人かね？　ずいぶんとちっちゃい人だねえ』と言いました」

この挿話はイザベラがもっとも好んで取り上げた話のひとつであるが、このことはいわゆるエディンバラの淑女として見られていたバード嬢と、実際に雇い人に間違われかねない格好で旅をしていたイザベラの実態との差が明瞭に表われていることを示している。それにイザベラは日常の基本的な仕事を日の下で肉体を使って働くことが大好きだったことも、この話の要点である。「肉体を使う家庭の仕事が意味がなく堕落であるという考えはいただけません。私はすべての女性が——といってもあなたのように体の弱い人は別ですが——自分の家で大いに体を動かした方がよいのです」とヘニーに気を使いながら手紙を書いている。

しかしこのように張り切って働き、動き回っていたが、彼女はまだエステズ・パークに近づくことはなかった。そこで彼女はロングモント（当時はロングマウントと言った）へ行った。最近できた居留地の一つである。「ここで目につくのは、ほこりのために黄色っぽくなった平原に点在する茶色の木造家屋で、いずれも家の前に小麦や大麦の畑があり、天然の雨による灌漑《かんがい》ではなく灌漑用溝ナンバー2という排水溝によって栽培されています。轍《わだち》の跡が固まってできた道があり、その両側に普通の家といくつかの店があり、ベランダのついていない真っ白に塗りたくった二階建てのセント・ヴレイン・ホテルがあり、その名の由来はロングモントにとってなくてはならないセント・ヴレイン川からきているとのこと。灌漑用水はその川から引いているのです。傾いた太陽の下でもありとあらゆるものが焼けつくように暑く、日陰のない部屋は一日中かんかん照りにさらされ、部屋の中に入ると熱気がこもっていて、外にいるよりもはるかに暑い。そしてブユがぶんぶん飛び回り、顔といわずところかまわずつきまとう」という環境であった。

ホテルの主人は建物の割には親切な人間で、彼女がエステズ・パークへ行きたいという希望を聞くと、「たいそう無邪気に見える」という二人の若者を探しだしてきて、彼らに案内させるという。彼らの名前はS・ダウナーとプラット・ロジャーズといい、後者は後にデンバーの市長になるのだが、後年に至って何人かのコロラド名士の回顧録の中でこの旅のことを記録に残している。ダウナーとロジャーズが主人にエステズまで「婦人をエスコート」するようにと頼まれたとき、彼らは若くて綺麗な婦人かと思い、旅の道連れにもってこいだと熱心に同意した。だがイザベラが「ゆるい半ズボンをはき、カウボーイスタイルで馬にまたがり、容姿が想像していた理想像と違っていた」ので、彼らはいきなりむっつりしてしまい、同行することに同意したことをひどく後悔したようだった。実際に彼らはイザベラに対して不機嫌を隠そうともしなかったようである。というのはイザベラは彼らについて「無邪気」なことは認めたが、それにしても礼儀知らずで陰気であると一、二度コメントしているが、その理由について彼女は恐らく分かっていなかったのだろう。

それはともかく、翌朝彼ら三人はエステズ・パークへ向けて出発した。コロラドの平原《パーク》は、彼女が評しているように、彼女の知っている公園《パーク》とは似ても似つかぬものだ。彼女の知っているそれは、他を圧して気品のある場所であり、母国イギリスの柵をめぐらした公園と、上品なお辞儀をする婦人の住んでいる山荘にダマジカが住み、それにアン女王の大邸宅がついていてロンドンをとりまく諸州に彩りをそえるもののことだ。

　そこは高地にあって野性味あふれた牧草に覆われた谷間、温泉、鉱物資源、野生の花、湿原で有名だ。急流を泳いでいる赤い斑点のある鱒《ます》、輝く川の流れを横切ってダムを作っているビーバー、そして草原には堂々たる角を持ったオオツノジカが数百頭も群れつどっている。パークはコロラドの踏み固められた道からかなり離れているので、イザベラと無邪気な若者はセント・ヴレインの急流を横切り、大小の峡谷を渡っていったのだが、これは長時間の乗馬を伴う素晴らしい一日になった。イザベラが乗った馬は「脚にばねがあって元気がよく、行動がしなやかで、歩みに無理がなく軽い脚並で走り、動きに優美さがあり、山で過ごす一日を本当に楽しんでいるようだった」。この馬に乗って彼女は銀色に輝く小川の縁に咲いているハコヤナギの傍らを通り過ぎ、高くなればなるほど砂っぽくなっていく草原が傾斜し、空気は馬の動きに応じて「弾力性を帯びる」ほど引き締まっていくのを感じた。山々に魅了されて進んでいくと、太陽が沈むにつれて川面は紫色の峡谷を背景にして深紅に色づいていく。広い場所に着くと、彼女はゆっくりと馬を御し、夕暮れの風が頬をなでていった。

彼女はその辺りの情景をこう描写している。

「その傍らに泥で屋根をふいた手入れのゆきとどいて見える丸太小屋がありました。近くに同じような小屋でもっと小さなものが四戸、付近の風景にマッチしてまるで絵のように見えました。家畜の囲いが二つと長い家畜小屋があり、その前で子牛が屠《ほふ》られているところで、水車のついた丸太作りの牛乳貯蔵小屋には干し草が積みあげられ、中には生活必需品が入っている様子。ちょうどそのとき、元気のいい馬に乗った二人の男が、ミルクを絞るためにいかにもミルクの出そうな牛を数頭追い込んできたところでした」

ここはまるでイザベラが故郷へ帰ってきたような場所であった。彼女は勝利を宣言するような調子で、次の手紙の表題「エステズ・パーク」に感嘆符を三つもつけたのである。

彼女の言を借りるならば、「愛、占有、賛美という点において」自分のもののような気がするというエステズ・パークは、十八マイル（約二十九キロメートル）にも及ぶ不規則な狭い谷間で、「森に囲まれた山々は、それぞれ九千フィート（約二千七百メートル）、一万一千フィート（約三千四百メートル）、一万四千フィート（約四千三百メートル）の高さがあり、山荘に相当するものは番人のようにそびえる二つの花崗《かこう》岩の峰で、唯一可能な登り口を見張っています。またアン女王の大邸宅に当たるものは、頭上に明るく輝く青い天井を抱く割れ目のない丸太小屋でしょうか」ということになる。あらゆるものが壮大、佳麗なこの地は、荒れ狂う大嵐に襲われることもあり、寒中に日の出の姿が湖に映しだされたり、真昼に灼熱の熱気が渦巻いたり、静寂の中に積もった雪に脅かされるという場所でもあった。ここに住んでいる多くの動物には、ビーバーや「黒い尻尾」や「大きな角」をもった鹿、スカンク、忍び歩くピューマ、荒々しいハイイログマ、コヨーテ、山猫と斑点が似ているリンクスなどがおり、その他に「ミンク、テン、兎、狐、リス、縞リスなどの小動物」がいる。こうした動物がいるために、この地は――熊のいる川、あるいは魚のいる小川、兎の耳の山などと呼ばれていた。

これらのその時々につけられた名称は別にして、まだ人々はパークの印象を漠然としか受けとめていなかった。先住民は時折、馬をゆっくり駆けさせながら、弓と矢で鳥獣を狩り、二十年ほど前には「山男」がいて、死んだ獲物の卵巣を餌にして鋼鉄製の罠をかけビーバーを捕らえていた。これらの「白人」はギャンブル、飲酒、先住民の女との同棲で有名であり、その中のひとりであるジョエル・エステズの名がこの地名の由来である。この時点でも何軒かの開拓者が住んでいて、彼らは牛を飼い、畑を耕し、猟をし、さらに裕福なイギリス人がこの地を訪れたときにガイドとして働いていた。

これら西部に遊びに来るイギリス人は、軽蔑の対象になっているジャーナリストであり、「自国の知識もほとんどなく、知識を増やすために旅行するわけでもなく、ニューヨークに着くやいなや西も東も分からずに狩りをするだけの目的で西部に来る」連中だった。このような人々は、「厳しく孤高で、高揚し卓越した孤独な野生動物」に対するイザベラの感覚と相容れないものだった。そこには観光用の牧場、暖炉の上にオオツノジカの頭が飾ってあるいんちきな狩猟小屋があり、神経質な婦人が横鞍で気取って馬に乗り、編上靴を履き鳥打ち帽をかぶった百万長者が狩猟ガイドにかしずかれているところでもある。こうした風潮のきっかけとなった一人で、公式に認められる数年前からこうした観光牧場を経営している人物にイザベラは会った。彼女が訪れた最初の晩に「小柄でにこにこした男」がやってきて上機嫌で握手した。そのときの状況は以下のようである。

「彼は自己紹介をしてくれたのですが、それによると彼はランズベリ近くの石切場出身のウエールズ人でグリフィス・エヴァンズというのだそうです。私が馬から下りるのに手を貸してくれ、山小屋に案内してくれました。ガラスの入った窓がついてはいるが隙間だらけのほどほどの部屋があって、そこから二つの廊下に分かれていました。粗末な石作りの暖炉に私の背丈の半分ほどもある松の丸太が燃えているのが見え、板張りの床の上には、丸いテーブルと二脚のロッキング・チェア、それにカーペットで覆われた武骨な長椅子があるだけです。

粗い壁を飾っているのは、獣皮、先住民の弓と矢、貝殻玉（昔、先住民が貨幣または装飾に用いた貝殻で作った玉の数珠）のベルト、枝角などで、それにライフル銃が壁の隅にいかにもそれにふさわしく立てかけられています。煙草をふかしている男どもが七人、床にごろごろしており、病人が一人長椅子に寝ているそばで中年の婦人がテーブルに向かって何か書いていました。私は一度外に出て、間に合わせの寝台でもあてがわれれば御の字と思いつつ、エヴァンズに一晩泊めてもらえないかと頼みこんだら、嬉しいことに歩いて二分のところにある小屋を使わせてくれるというのです」

その夜、彼女自身の小さな小屋の窓から濃い藍色の松と近くの湖を眺めていると、彼女は「かつて夢想することもできなかった環境」の中にいることをひしひしと感じた。

II

ある日、イザベラが素晴らしい乗馬を楽しんでいると、ある意味で、彼女がそれまで望んでいたような理想の男性に出会った。出会いの場所は、「松で囲まれた広い牧草地をもった長い峡谷」の入口である。

「そこに、脚の悪いひどく小柄な雌馬が餌を食べていました。いきなりコリー犬が私たちに吠えかかってきたので、そちらの方に目をやると、道からほど遠からぬ雑木林の中に避難小屋に毛のはえたような粗末な丸太小屋が見え、窓と天井からは煙がもれていました。……泥を塗った屋根に山猫やビーバー、その他の動物の毛皮が干されています。かぎ爪のあるビーバーの脚が丸太に留めてあり、鹿の屍体が小屋の一方にぶら下がり、皮をはがれたビーバーが入口のすぐ近くにある毛皮の山の前に投げ捨てられ、鹿の枝角、古い蹄鉄、動物の臓物などが小屋の周りに散らかっているという有様です。

犬のうなり声に起こされて飼主が出てきました。彼は中背でがっしりした肩幅をしたずんぐりした男で、古い帽子を被り、よれよれの狩猟服を着ていました（これは文字通りぼろぼろで、やっとのことで身にまとっているという感じです）。腰に金鉱掘りのスカーフを巻きつけ、ベルトにナイフ、それに肌身離さぬ友とでも言うべきピストルが上着の胸のポケットから突き出ています。足には馬の皮で作ったなにやらモカシン靴のような古靴を履き、かなり小さな裸足《はだし》の足が見えている。これほどのぼろ服が彼の体にちゃんと巻きついているのは、不思議というほかありません。腰に巻いているスカーフが、なにかの役をして落ちないようにしているのでしょう。彼の顔はひどく人目を引くものでした。年齢は四十五歳といったところ。若い頃はさぞかしハンサムだったろうと思わせる面影をとどめ、深くくぼんだ大きな目は青味がかった灰色で、形のいい眉と整ったわし鼻、格好のいい口元。口ひげと下顎のとがりひげを残して、あとはきれいにひげを剃ってあり、薄くてわずかにカールした褐色の髪が帽子からはみ出て肩にかかっていました。片目が完全につぶれていて、そのためにそちらから見た横顔は台なしですが、片方の目はビー玉で形を整えたのでしょう。一見して『ならず者』というのが彼から受ける第一印象で、私は彼に面識を求めたことを少なからず後悔しました。

彼は出てくるなり犬を怒鳴りつけましたが、婦人がいるのに気がつくと思いきり犬を蹴飛ばし、私のそばに来て帽子をとって挨拶したので、形のよい眉と頭が見えました。彼は意外にも洗練された気持ちのよい声で何か御用ですかと私に尋ね、私が水を所望したところ、早速使い古したブリキのカップに水を入れて持ってきてくれ、どうもあいにくだがこれ以上ましなカップがないもんで、と丁寧に私に言い訳しました。彼と会話をかわしているうちに、彼の評判や様子などは気にかからなくなってきました。というのは、彼のマナーは騎士然とした紳士のものであり、アクセントは上品で話しぶりも聞き取りやすく、しかも優雅だったからです。

私が干してあるビーバーのかぎ爪について尋ねたところ、彼はたちまち鞍の角にしばりつけてくれ、話がこの地方の野生動物に及んだとき、彼が片目を失ったのは最近ハイイログマに出くわしたためと分かりました。その際、熊は彼を死ぬかと思うほど抱き締めたあげく、体中を爪で引き裂き、腕をへし折り、目をえぐり出し、とうとう彼が死んだと思って放り出したとのこと。

日が沈んだので私たちが出発しようとしたとき、彼は『あんたはアメリカ人じゃないね。あんたの話し方からすぐにあんたが私と同郷だということが分かったよ。いつか訪問したいものだがよいだろうか』と、私に聞きました」

この男こそ「この辺り一帯に、さらにこの地方を越えてその名も〈ロッキーの山男ジム〉と呼ばれている」ジム・ヌージェントであった。後年彼に会ったジョージ・キングズレーは「伝説の大嘘を暴くために」書いた「山の伝説」の中でこう述べている。人々は彼のことを聖職を剝奪された牧師、あるいは元教師、さらには「ならず者」「ほら吹き」「にせ者」「悪党」などと呼んだ。ジム自身はアイルランド系カナダの良家の出身で、初めての恋に破れて結婚できなかったために家を飛び出し、その後は罪につぐ罪を重ねたのだという。確かに彼はハドソン湾会社のわな猟師だったことがあり、その後政府に雇われて先住民偵察隊として活躍したことがあった。その経歴の中で、彼は最初に動物を、次には先住民を無慈悲、無差別に虐殺するという風評がたった。

イザベラが彼に会ったとき、彼はエステズ・パークに牛四十頭を含めた「公有地定住権の要求」をしている身分であり、わな猟と季節的なガイド、家畜育成などによって生計を営んでいたが、金がたまると酒場に行ってどんちゃん騒ぎをし、ごろつきそのものになってしまう。そうなると、ピストルを持たずに彼の前を横切るほど無謀なことをする者はめったにいない。そうはいっても、彼の雰囲気にはどこか「人を幻惑する」ようなところがあり、ロマンチックで個性に富み、無造作に肩にかかっているカールした金髪がなびいているところなどは、魅力にあふれていた。彼はコロラドの風景に溶け込んだ伝説的な容姿をしており——大胆不敵で騎士を思わせ、口が達者でプライドが高く、復讐心が強く、痛烈、苛酷であり、放蕩無頼であった。彼は複雑な男であった。単純な生活に憧れたが、過去に犯した罪がさらに罪深いところへ彼を追い込み、失われた機会を後悔して自己憐愍《れんびん》に捉えられ、現在の弱さが彼をいたたまれない慚愧《ざんき》に追いやるのである。

そこで彼はエステズの入口に居を構え、こそこそ歩き、孤独で陰鬱にむっつりして薄暗い小屋でだらしなく過ごしている。そして気分が良いときには詩とエッセイを書いたりしているのだが、ひとたび憂鬱に陥ると、たちまちにしてウィスキーをがぶ飲みして前後不覚になってしまう。彼はまるでディック・ターピン（訳註　ヨークで処刑されたロンドン近郊の追剝ぎ）を彷彿《ほうふつ》させるドン・キホーテ的な面と自暴自棄のならず者の面を持ち合わせていた。彼は自然の美しさをこよなく愛し、アイルランド人特有のなごやかな愛情を子供たちに注ぎ、子供たちも彼が大好きであった。ジム・ヌージェントが、その愛情を注ぐにふさわしい相手を見つけてから、長い年月が経っていた。

イザベラはジムに初めて会ったときに、グリフ・エヴァンズから彼の経歴を聞いた。「人をもてなすのが好きで、いい加減で頓着せず、にこにこと社交的で宴会好きで短慮の好人物」であるこの小柄なウェールズ人は、普段は感じが良い人間なのだが、ジムのことをひどく嫌っており、ジムの経歴の好ましからぬ詳細を語って彼女を楽しませてくれた。これはグリフがとくに独善的であるということではなく、ジムの底なしの酒好きと金遣いの荒さはグリフも同断であり、イザベラに言わせるとまるで「穴のあいたバケツ」のようなものであるという。そのために、過労になるほど働いている彼の細君と子供たちの生活を楽にする足しにはなっていない。グリフの穴だらけのバッグの中に、イザベラは週に八ドル入れておくのだが、それが小屋の代金と食べ放題の食事代である。小屋には石の暖炉とわらの寝床、ブリキ製のたらいがあり、床下には巣を作っているスカンクがいる。毎夜寝るたびに、スカンクの鼻息や体をこすったりつかみ合ったりする物音が聞こえるのだが、誰もスカンクを追い出そうとはしない。というのは、スカンクの臭気はひどいもので、追い出したが最後、数週間はとても住むことはできないからである。

清澄な大気の下でとる食事はあらゆるものが美味しく、「食べられるだけ食べなされ」という言葉は有り難かった。雄の子牛は頭から尻尾までたたき切られてむさぼり食われ、オーブンで焼かれたパンの固まりには出来たてのバターを塗り、糖蜜のシロップで作られたプディングは熱くて舌がやけどするようである。大きな小屋で食事をするために集まってくる人々の中に初めてイザベラが行ってみると、そこにいたのは「気高く教養のある」アメリカ人夫妻が健康回復のために来ているのと、銀で一山当てようという採鉱者、オオツノジカ狩りのハンター、それに「イギリス風の鞍に乗り、ちょっと風変わりな雰囲気をもっていたので伯爵と呼ばれていた」若いイギリス人だった。常時ここに住んでいるのはエヴァンズとジニーという名の娘を含めたその家族、および元気のない「雇われ人」とエヴァンズの共同経営者であるエドワーズである。彼は「長身痩軀、非難がましい表情をし、抜け目がなく勤勉、倹約家、真面目、絶対禁酒者」で、「エヴァンズの愚行を悲しんでいる」のだが、恐らくは秘かにエヴァンズの失墜を期待していた。

イザベラはジム・ヌージェントが彼女とダウナー、ロジャーズの三人を連れてロングズ・ピークへの登攀《とうはん》ガイドを約束するまで、この入り混じった人々の中に入らなかったのだが、それを耳にしてその仲間になった。ロングズ・ピークは高度一万四千七百フィート（約四千五百メートル）という高峰であり、近付きがたい堂々たる威容を見せつけて、ハワイのマウナ・ロアがそうであったように遠くからじらすように聳え立っていた。彼女はまだ登ったこともない山を見ながら、ただ眺めているだけというのは好きでなかったので、エヴァンズ夫人に三日分のパンを焼いてくれるように頼んだところ、それに加えてもっとも新鮮な子牛の肉を厚切りにしてくれた。イザベラの寛大な表現によれば、ジムのいでたちは「呆気《あっけ》にとられた」とのことで、「鹿の皮で作った古びた幅広のズボンを古いスカーフで巻きつけ、革のシャツの上に三、四ヵ所破れてボタンのついていないコートをはおり、形の崩れた幅広の中折れ帽の下から片目をぎょろつかせ、長い拍車をつけ、ベルトにナイフ、チョッキのポケットにはピストルが差しこんであるのです。鞍はビーバーの皮で覆われ、そこからかぎ爪のある脚が下がり、キャンプ用の毛布を後ろに、ライフル銃を鞍の斜め前に入れ、斧、水筒、引き具などが握りに掛けられているという有様は、どう見ても恐ろしいならず者の見本としてしか見えないでしょう」というものだった。

ジムはアラブ産の雌馬を軽やかに御しながら彼女のところに近寄ってきた。彼女はこう記す。

「その態度が非常に優雅だったので私は彼がそばに来ても気になりませんでした。彼と話しながら乗馬しているうちに三時間も経ってしまいました。その間に多くの浅瀬を調べて渡り、一列縦隊で険しい道を登り下りし、山の旅につきものの出来事を乗り越えて進んでいきました」

彼女は旅に魅惑され、夢中になって楽しんだ。彼はきわめて爽やかで如才なく、浮かれ騒ぐと思えば突然に物思いに沈んだりしたが、とにかく胸がすくような「あまりに風変わり」であって、彼女がそれまでに出会ったどんな人物とも異なっていた。彼は、イザベラが子供の頃から躾《しつ》けられ、疑いを抱いたことのない厳しい道徳規範から平然と逸脱し、無関係に外側で生きているように思えた。といっても、彼は単なるほら吹きではなく、ましてや底の浅い飄逸者でもないということは、彼女が一目で見抜いたことだった。数回にわたって彼女はジムの博学ぶりと大胆なウィットに触れ、「彼のマナーは一般の紳士よりも不遜で自由であるが、だからといってそれが欠陥であるとは思えない」という。この表現をみると、彼らの関係は素晴らしいものだったことが分かる――というのは、イザベラは彼に劣らぬウィットと魅力、知性をもって返答したからであり――ロングズ・ピークへの乗馬は自然の美に包まれた酔い心地の中を進んでいった。その美観はこのようである。

「レモン色の空を背景にした暗い松の森。赤く染まった天空に溶け入っている灰色の峰、底知れぬ深い青味を帯びた地域、はかり知れぬ深さをした渓谷に注ぎこむ黄金色の光、この上ない純粋な大気、松の青い影を赤と黄金色で強調する綿の木とハコヤナギの思いもかけぬ前景、つららで縁どりされた川のせせらぎ、松の上方を吹く一陣の風のひゅうひゅういう聞きなれない音——これらは低い地上にはない、孤独で、野獣が徘徊し凍えた高地が洩らす溜息と物音なのです。エステズ・パークの乾ききった黄褐色の草原から離れて、松の生い茂った山間の道を登り、さらに松の密生した切り立った丘を登った後、太陽の光をたっぷり吸収した長さ約十八インチ（約四十六センチメートル）の素晴らしい干し草のある小さな谷へ下り立ちました。そこは高い山に囲まれた深い窪地で、百合で一面覆われ『百合の湖』と呼ぶのがぴったりです。静寂の中に眠っているその湖は、魔法の世界としか言いようがないような美しさを秘め、一方では青白く輝く黄金色の水面に松の濃い影が微動もせずに映し出され、他方ではアメジスト色の水に大きな百合の花と深緑色の葉が映っています」

レモン色、黄金色、そしてアメジスト色に輝いていた光が消えゆく頃、彼らはキャンプ地に到着した。「夕焼けが消える前に大きな半月が天空にさしかかり、その光が凍った雪を背にした銀灰色の松の葉を通してきらめき、まるで全体が妖精の国のよう」という情景だった。彼らが大きな焚火をおこしてその周りに座って牛の肉片を食べていると、月光と淡い光彩は次第に霜で凍結した峰に溶けこんでいった。

イザベラはリングというジムの犬と仲良しになった。「体と脚がコリー、頭はマスチフ犬に似ていて、思い沈んだ人間を思わせる高貴な顔をし、私が今まで見た動物のうちでもっとも誠実な目をしています。ジムは、彼にもし愛するものがあるとすれば、それこそこの犬を愛していたのでしょう。かんしゃくを起こしたときはひどく手荒に取り扱いました」。一方、「一般の教養のかけらも持っていない」ような二人の若者は、夕食の後、学生歌と黒人の歌を歌って気を引き立たせ、ジムが「素敵な裏声でムーア人の曲」を歌い、最後に皆で「星条旗よ、永遠なれ」を合唱した。そこで彼女は松の若葉を敷きつめ、その上に毛布をかけ、鞍を枕がわりに入れた寝床をしつらえて、リングがジムの命令を受けて彼女を暖めるために寄り添ってくれた。

しかし眠りは容易に訪れなかった。刺激があまりにも強すぎたためで、翌日の登り道のことを考えていると、不気味なうなりを響かせて突風が高さのある岩石の間を吹き抜け、驚くほど近くで狼やジャガーのうなり声が聞こえ、フクロウのホーホー鳴く声とパチパチはぜる焚火の傍らには「ならず者が無邪気に眠りこけて」いたからである。言うまでもないことだが、ジムはハンサムな方の顔面をイザベラに向けて寝ていたはずである。彼らの間に一体なにが突然に生じたのだろうかと彼女は自問自答した。彼女がジムに惹かれたのは、まさにこの夜のことだったのではないだろうか？　このことについて彼女は後に妹への手紙で白状し、「四十歳を過ぎた女性にこんなことがあるなどということはひどい自惚《うぬぼ》れであり、許されることではありません」と言っている。だが、愛情の交歓は確かにあったのである。プラット・ロジャーズが不用意に洩らしたところに従えば、この旅の間に「ジムは彼女を気に入り、また彼女もそれに劣らずジムに好意を寄せた」のであった。若者の目から見れば異常に思われたかもしれないが、彼らは互いに魅惑されたのである！

　夜明けはバラ色と黄金色に染められ、壮麗な光彩とともに訪れた。ジムは「うやうやしく帽子を脱ぎ、『神が存在するということを信じるよ』と叫んだ」。それを聞いたイザベラは、敬虔な気持ちから生まれた無意識の行動なのだろうと、私たちを、そして恐らくは彼女も納得させるのだが、「アイルランド風のいささか芝居がかった言動」のように感じたことだろう。太陽が昇るにつれて、両者にとってこの登攀が単なる山登りではないということが判明した。イザベラにとっては、この登攀は勇気と忍耐強さを証明する絶好の機会であり、ジムがこれまでに出会った女性の中でもっとも勇敢で誰にもひけをとらぬタフな精神を持った英国婦人であることを証明する手段で、またジムからすれば自己自身の強さと熟練の技を披露し、騎士道精神を期待どおりに発揮するチャンスだったのである。事実、ジムはイザベラが期待に応えてくれることを切に望み、彼女もまた彼女の人生の中で最大の登攀の恐怖と戦いながら最善の行動をとったのである。

　彼は彼女を「梱包《こんぽう》した俵を人間ばなれした筋力で」引っ張り上げるように頂上まで運んだ。二人はロープで体を結わえつけ、氷結した岩棚にとりつき、ジムの曲げた背中に足をかけ、肩にまたがり、手足をゆだねて一歩一歩登っていった。彼女は手と膝で這い、両腕を大きく伸ばし、ジムがその手をつかんで彼の方に引き上げていくのだが、それはいかにもグロテスクで不恰好なダンスのようであり、くっついたり離れたりする危険きわまりない途方もない登攀だった。彼女はジムに命を預け、ジムは誇りをもってその命を手厚く遇したのである。最後の五百フィート（約百五十二メートル）は「ピンク色のすべすべした花崗岩」が垂直に切り立ったところであり、それを目の前にしたイザベラは恐怖で立ちすくみ、勇敢なリングでさえも近づいてこなかった。

そして遂に彼らは「比類のない組合せ」の妙を尽くしたパノラマの上にある頂上を極めることができた。頂上から一望すると、一方には雪に埋もれたトンプソン川がメキシコ湾に向かって流れ落ち、氷を頂いた山脈が雲に接している。眼下には緑豊かな谷が夏を思わせるカーテンの襞《ひだ》のように刻まれ、はるか東方に目を転ずると灰褐色をした草原が果てしもなく広がっている。イザベラはこの光景を見てうっとりとし、気持ちが高揚するのを感じた。これこそは「北アメリカ大陸の背骨の中のもっともしっかりした脊柱」であり、その上に立っていると、めまいがし、疲弊して息も絶え絶えになるようだった。以前に婦人を連れていくと足手まといになると言っていた若者の一人は、高山病のために肺から出血しひどく弱っていた。若者たちが先に下りることになったので、ジムはイザベラにつきっきりで下山した。彼の懸命の努力にもかかわらず、彼女は何度も落ちかかり、「一度などは岩にひっかかったドレスでかろうじて吊り下がり、ジムがナイフでそれを切り離すと私は割れ目に落ち込み、柔らかい雪の上に投げ出されたことさえありました」と彼女は書いている。

キャンプ地に戻って疲れ切った体を横たえ、数時間眠って目を覚ますと、周りは闇に包まれており、焚火の傍らにジムが座って煙草をふかしていた。松ぼっくりが火にはじけ、野生の動物が闇の中でうなっているさなかで、ジムは若いときの愚行と無軌道な行為を長々と話しはじめ、全てがことごとく荒廃に包まれて悪い方向へと逸れ、現在に至ってもなんというみじめで荒んだ生活をしているのだろうと慨嘆した。それを聞いてイザベラは悲しくなり、彼女の優しい心は同情に満ちあふれたが、それにもかかわらず何となく用心深い疑念のようなものが心をよぎった——それは、互いに知りあってからこれほど短い期間しか経ていないのに、これほど率直に隠しだてすることのない告白を耳にしたからであろう。「それを話すとき、彼の声は震え、涙が彼の頰を伝っていきました。それを聞きながら、私は彼が半分意識的にそのような行動をしているのではないかといぶかったのですが、そうではなく、自然の深い沈黙や美しさ、そして青春の思い出に彼の暗い魂が本当に感動したのかもしれません」と彼女は記している。

翌日、牧場に戻る道程は平穏無事で何事もなく、それに続く日々は情熱と幸せで満たされていた。「私はこの丸太小屋に住む以上に楽しいことはありません」とイザベラは言い切った。毎朝彼女のドアがせわしないグリフのノックとともに開けられ、彼の楽しそうなどら声が響いて、「バードさん、今日は牛を追っかけ回さなければならんのだが、どうかね、ひとつ手を貸してくれんかね。手を貸してくれたらあんたにいい馬を一頭やるから」と言って彼女を外に連れ出した。

夜明けに外に出ていくと、湖は紫がかった色から次第にオレンジ色に変化し、カンムリアオカケスが宝石のような牧草をぬって優美に飛び回り、山から吹き下ろす風が彼女の頰に突きささり、犬がしきりに吠えていた。彼女は牧夫とハンター、エヴァンズと一緒に出発した。「彼らは皆はみをかませて、足と広いあぶみに革の覆いをつけ、軽食を入れた小袋を鞍の握りに縛りつけていた」。これはまさにハワイの再現であった。というのは大地、大気、それに仲間たちを含めて全てが爽快であったからである。彼らは野生の牛が草を食んでいる谷間に向けて、猛烈に馬を走らせた。彼女はその有様をこんな風に書いている。

「『先回りして進路を止めろ』『みんな、馬に乗れ。それ行くぞ』というリーダーの声。そこで、『ハイハイドウ、ホーイ、ホーイ』というようなかけ声をかけて一斉に急斜面を駆け下りました。……牛の群れは圧倒的な光景でした。バッファローに似た巨大な雄牛の鳴き声が耳を聾し、大きな去勢牛や子牛と一緒に雌牛が競走でもしているかのように走っているので、私たちもそれに合わせて並走し、すぐに先回りして谷の入口に歩哨《ほしょう》のように立ちふさがりました。興奮している馬をできるだけなだめて立っている様は、突撃の命令を待っている歩兵のよう。牛の群れがこちらの方へ向かって押し寄せてくるのを見るのは、恐ろしいほどです。だが群れが近づいてくると、仲間たちが大声で脅しつけ、犬と一緒にそこへ走り寄っていくと、群れは大声で鳴き、うなり、雷鳴のように足音を響かせて元のところに戻っていきます。私がリーダーの方へ近寄っていくと、彼は呵々《かか》大笑して、私を『素晴らしい牛追いだ』と言い、私が倒木を乗り越え、他の乗り手と競走して走っているのを見るまで、婦人が一行に加わっているというのを忘れていたと言いました」

日が暮れると周囲には冷気が漂い、体が硬直して疲労困憊《こんぱい》だったが、彼女には満足した一日だった。フクロウがホーホーと鳴き、シマスカンクのうなり声が聞こえ、北極星が丸太小屋の戸の向かい側に見えた。小屋の中は暖かく、暖炉の火と食事の香りがしている。彼らは皆空腹だったので大いに食べた。食事中の会話は熊の通り道、一番近くにいるオオツノヒツジの群れの行動、あれこれのライフル銃の違い、釣具、グリフの犬、プラニクと比べてリングの猟の腕前はどうか、交戦中の先住民の血も凍るような噂話、それに物珍しいが見当違いで馬鹿げたニュースを外界から運んでくる馬車の到着などである。食事を終えると、イザベラは裁縫に精を出し、「私はたった今、ナイトガウンの切れ端からズボン下を縫いあげたところです」とヘニーに知らせ、その間ハンター達は床に座ってトランプに打ち興じ、鱒のフライをあげていた。ハルモニウムを弾く才能に恵まれた若いフランス系カナダ人であるパウアー氏は、幅広いレパートリーをもっており、「ソナタから聖歌、舞踏曲、軽快なダンス曲」などを次々に披露し、エヴァンズが皆と声を合わせて「ジョン・ピールを知ってるかい？」と「ジョン・ブラウンズ・ボディ」を歌った。

その夜、彼女は驚きと寛大との入り混じった調子で、「何やら中身がよく分からない小さな樽が持ち込まれ、どうやらそのせいで小屋の中の浮かれ騒ぎがはじまったようです」と書き記している。黄褐色にきらめくウィスキーを見ても、彼女は他のところに比べればそれほど有害ではないと思った。彼女の倫理的確信はここに来て、多少ゆらいだようである。彼女が育った厳格な環境から見れば、この仲間のほとんど全員が多少なりとも軽率、放縦、わがままであり、さらに何人かは飲酒、暴力、密通の常連であり、罪人であることは歴然としていた。それでも彼らは非常に幸せそうで気のおけない連中で、暖炉の火で暖まり陽気にあまり深く考えずに生きているのを見るだけで、彼女自身がこの上なく幸せで健康に感じた。

それだけではない。それに加えて「わな猟師という仕事」を持っているジム・ヌージェントがその頃かなり頻繁に小屋を訪れることも良い刺激になった。彼女はジムのことを「素晴らしい仲間」であり、「人間や出来事に対してきわめて鋭い判断」を下し、「優雅なからかい」の言葉をかけ、機知に富んだ想像力を備えていると考えるにつけても、「気まぐれだが天賦の才能に恵まれた人間」だと思わざるをえなかった。そして会話に活気がなくなったり、きわどい会話になりそうになると、彼らは気晴らしと乗馬を楽しむために互いの馬を取り替えて乗ったりした。その格好を彼女はこう書いている。

「私の重い馬車引き用の馬にジムが乗り、私はといえば、布のすり切れた鞍にビーバー、ミンク、テンの尻尾、その他がぼろのようにぶら下がった彼の馬にまたがり、拍車は一つしかなくあぶみもないくせに、その馬は貴族的な顔をしてすましており、私はひどくみすぼらしくてまるで物乞いのようです」

丸太小屋のゴシップの最大の話題であるジムとの友情は、グリフの気に入らなかった。彼はジムの評判と社交的素質をひどく妬《ねた》んでおり、エステズ・パーク一帯におけるライバルであると思いこんでいた。イザベラがすぐに気づいたように、このような辺鄙なところにも憎しみや誇り、貪欲が渦巻いていた。「近隣の無法者はいつも反目しあっているという危険にさらされています。『この野郎、撃ち殺してやる』という言葉を、私は一度ならず小屋の中で耳にしました」と彼女が言うように、暴力はいずれ暴発する恐れを秘めており、そして彼女が予想した以上の最悪の事態を引き起こすのである。

数週間経つと、イザベラはしばらくの間、小屋の外へ出なければならないと思った。その理由は、恐らくジムとの関係が彼女の意識の中で重荷になったのか、あるいは単純にコロラドの風景をもっと見たくなったのかもしれず、その欲求はジムがいても抑えることはできなかった。それはともかく、十月十九日に彼女と音楽好きなパウアー氏は、連れ立ってロングモントへ向けて馬を走らせた。「マギンズ・ガルチ」（一般的にそう呼ばれている）に着くと、ぼろを着てうす汚れたジムが呼びかけてきた。「わずかにアイルランドなまりのある低音で愛想よく話しかけ……私の馬にもたれかかってきて、『あんたに会えて嬉しいよ、本当に嬉しい。どうか神の御加護がありますように』と、片目のつぶれた顔に満面の笑みを浮かべて言いました。パウアー氏はジムのことを完全な紳士だと評し、ジムが私のことを心から好いていると言うのですが、私はどちらも本当のことだと思います」と彼女はヘニーに書いているが、この出来事は彼女のためらいとおののき、幸せの思いなどで微妙に揺れ動く彼女の心の動揺を伝えている。彼女はこうした動揺を押し退け、それに代わって雪嵐に見舞われたり、華氏零度（摂氏マイナス十八度）以下に気温の下がるロッキーの山中を馬で移動するという比較的単純な行動に集中しようとしたのかもしれない。

Ⅲ

イザベラと同行したのはバーディという名の栗毛のインディアン・ポニーで、「この馬は小柄で美しく、脚が強くて速く、忍耐強くてしかもおとなしくて賢いという素晴らしい馬」だった。この聡明な動物は、「いつも快活でお腹をすかしており、ずる賢こそうで生き生きしたきれいな顔をしており、鼻をならして甘えて」くる。鼻をならして挨拶し、誠実でやる気満々な行動をみていると、誰でも可愛い馬だと思ってしまうのだった。バーディには二つの悪い癖があり、見知らぬ人間が引っ張ろうとすると野生のブロンコのように棹立ちすることと、鞍をつけられるとき、腹をふくらませて実際以上に腹回りが大きいと思わせることである。そのためにバーディに鞍をかけるときは、軽く締めていってバーディが止めている息をはき出すまで待ってから締めることにした。バーディの背中には、つぎはぎだらけのカーペット地の旅行カバン、いつもの「黒い絹」製のものも含めた繕った衣服を乗せて、彼女はデンヴァーを目指して草原を横切っていった。

その日の午後遅く、一陣の風が吹き起こると砂ぼこりの混じった山嵐になり、一面灰色になった風景の中を彼女の前を走っていた二匹のコヨーテが臆病そうに吠えながら逃げていった。斜面の頂上に出ると、「木が一本もない褐色の草原の向こうに、やはり木がなく褐色に横たわり、ヨモギとセンジュランの他はなにも生育していないような巨大な都市」が見えた。そこでイザベラはうんざりしながら馬から下り、のろのろとスカートをはき、「再び鞍のハンドルを利用して横向きに馬に乗ったのですが、この乗り方をすると片方の足がもう片方の足にぶつかってはねかえるようです」とヘニーに書き送っている。

このような不都合な婦人用の乗り方で、彼女は一八六七年以降この辺り一帯の首都となっている街に入っていった。この街は十年前に居留者が将来大きな街にすると決意し、それが実現したので自慢にし誇りに思っているところであった。だがその間に住民が被った災厄は並大抵のものではない。火事に見舞われ、次いで洪水が一時的な掘っ立て小屋を押し流したかと思うと、先住民が殺到したり、数年間にわたってイナゴの大群が街を襲い、数十億匹にも達したイナゴが大地を覆い、開拓者の貴重な穀物を食い尽くしたりした。

しかし、一八七三年までにはデンヴァーは次第に安全になり、ガス灯がつき、馬車が走り、法制度が確立し治安が安定していったが、なかんずく鉄道の開設が大きい。最初に鉄道が敷設され列車が草原を威風堂々と横切ったのは一八七〇年の夏であり、線路の終点にある枕木に銀の釘を打ち込む祝賀会が大々的に開催され、そこに「優雅なレンガ製の駅」が造られたと地方紙に記されている。「この街のありとあらゆる人々が喜びで有頂天になって」はしゃぎ回り、「かつて牛を追い、放牧しながら大草原を横切って苦労した古参者たちは、時期を問わずに襲ってくる先住民から身をかわし、心身に降りかかる苦痛に耐え忍んだ結果、今日があると感激の抱擁を繰り返した。デンヴァーは、今や山中にある鉱山のキャンプ地だった時期を脱し、ニューヨークに近づいている」と自画自賛している。

新しい鉄道はいろいろな人々をデンヴァーに連れてきた。その中にはイザベラから見ると「道化者」のように見える人たちもいた。彼らは東部からキャンプ治療に来た人たちで、「喘息患者代表者大会」に参加するために来ていて、テント、寝袋、ポータブル料理ストーブなどを持ちこんで山中で暮らそうとしていた。彼らの中には時代遅れになった人々もおり、彼らの服装はまちまちだった。

「バックスキンの服を着たハンターとわな猟師、ベルトにピストルを下げ、南北戦争の遺物である大きな青いマントを着ているのは大草原から来た男、革の服を着た御者、毛皮のコートに帽子を被り、外側に毛のついたバッファローの皮製のブーツを履き大きなメキシコの鞍の後ろにキャンプ用毛布を巻きつけた牛追い、軽い子牛の手袋をはめて派手にめかしこんでいる伊達《だて》男など。清潔でハンサムだが人を馬鹿にしたような顔をしている裕福なイギリス人のスポーツ好きな旅行家、小さなポニーに乗った数百人の先住民もいます。先住民の男は玉を縫いこんだバックスキンの服を身につけ、赤い毛布を持ち、朱色の顔料で顔を塗って直毛の髪を長く後ろに垂らしており、先住民の女たちは、鞍の上に載せた毛皮にまたがってひどく厚着をして着ぶくれをしています」

と彼女は書いている。

このように男性が圧倒的に支配している状況にあって、混乱し不安になった彼女はこの街で二ヵ所だけ訪問した。最初に訪問したのは『ロッキー・マウンテン・ニューズ』紙の編集者で、彼は自分のコラムでイザベラをこんな風に評している。「新しく不思議な国々を旅している有名な旅行家イザベラ・バード嬢は、今デンヴァーを訪れている。……彼女はほとんどの場合、馬に乗って旅を続けており、彼女自身にとってもっとも良い冬期の仕事の準備中である」。

次に訪れたのはコロラドの前知事であるハント氏で、彼はイザベラに地図と彼女が行く道筋に当たる居留者に紹介状を書き、「冬期の仕事」がうまくいくように取り計らってくれた。というのは、ハワイも同じだったのだが、ここでも宿屋というものがなく、一般的には旅をする人は普通の家に厄介になるのが常だったからである。ついでながら、ハント氏はこの時代と地域にとって典型的に見られる人物であり、一八四九年のゴールドラッシュで一躍財をなしたが、ポーカーで文無しになってしまう。だが山々を越えて鉱山への道を切り開くことを強引に推し進めて成功し、今では鉄道界と地方政治家の大物になり、一八六〇年代の後半には先住民とのトラブルを収拾してユート族と友好を深め、イザベラにユート族の一人と会うように労をとってくれた。

だが彼女は、彼のようなバイタリティに富む人間を評価しなかった。彼女は「西部開拓時代」の偉大な冒険にそれほど関心がなかったのである。彼女は心情的に保守主義者であって徒党を組むのを嫌い、鉄道の発達により、これまで近づけなかったところにも行けるようになり、不細工で板張りだった駅がレンガと化粧漆喰《しっくい》で飾られるのを見てもあまり感心しなかった。ハント氏のような人間は、彼女と気質が合っているエヴァンズやヌージェントのような孤独な自由人とは違って、鉄道や政治を牛耳って舗装道路やホテルを建設して我が物顔にふるまうのである。

そこで彼女はこの詐欺師や行商人にあふれた気取った街をほうほうの体で離れ、南方の開けた空間に向けて出発した。そこは一面雪に覆われた世界で、雪の上に残されたものは鳥とリスの足跡、それに彼女のような孤独な旅人が通った跡だけであり、その辺りの地名には今ほど厚かましくなかった時代を思わせる手織り布地の毛玉のようなものが――たとえば蹄鉄峡谷、ガラガラヘビの分水嶺、甘露山脈、手押し車峡谷、ベイマツの頂上、あるいは足痛めの山などの呼称として残っている。三日目に彼女はアーカンザス分水嶺に出た。そこの情景を彼女はこう表現している。

「ありとあらゆるものが輝く雪に覆われ、小川のさらさらという音が氷の壁に反響しています。静寂そのものの大気の中で、枝がきしむ音さえ聞こえず、鳥のさえずる声もありません。誰も通らず、誰にも会わず、近くにも遠くにも小屋は見えない。聞こえる物音といえば、バーディの脚に踏みつけられて崩れる雪の音だけです」

海抜七千九百七十五フィート（約二千四百三十メートル）ある分水嶺の頂上から、緑がかった氷に閉ざされた静謐《せいひつ》な湖とフクロウが松林の中をかん高い鳴き声をあげて飛びかっている有様に目を向けると、「言いようもない」孤独がひしひしと身に迫ってくるように感じた。翌日は「灰色でじとじとした」天気だったが、色彩に富んだ岩で囲まれた山間を通り抜けて行くうちに明るくなり、荒涼とした峡谷を越えると「コロラド・シティという仰々しい名前をつけた崩れかかったような集落」に出た。そこであまり好きではないスカートにはきかえ、横座りに座りなおしてコロラド・スプリングズに入っていったが、「ここの住民は偏見に従わないからといって、じろじろ見るわけでもなく、風変わりで未発達な場所……」のように思われ、イザベラにとって何も訴えるようなものはなかった。

コロラド・スプリングズは、有名なチャールズ・キングズリーの長女ローズがイザベラに是非行くようにと勧めた場所であり、ローズは兄のモーリスとともに二年前にそこを訪れていたが、そのときはまだ全くの初期段階であり、畑はメイン・ストリートに沿って畦《あぜ》がたてられたばかりで、十二軒の小屋と二、三のテントが点在しているだけで、毎夜コヨーテの鳴き声が交戦中の先住民の狂暴な喚声のように聞こえて眠りを妨げていた。活気にあふれた小さな「デンヴァー・アンド・リオグランデ鉄道」が狭軌の鉄道として敷設され、そこで終点になったが、のちにサンタフェの駅がそれに代わる。ローズはフィールズ・アンド・ヒルの乾物屋の上にある鉄道会社のオフィスから駅前の様子をしばしば眺めた。郵便物と荷物は大型馬車の外に積み上げられ、むっつりした乗客は馬車の中に乗っているが、「準備万端整ってからだが、今はまだその時ではない」という理由で御者は外を歩き回っていた。御者の様子は、「黄色の毛布で作られたコートをはおり、帽子は毛糸の長い襟巻きにしっかりと結わえつけられ、箱の上に座ってゆっくりと身のまわりの準備をし、バッファローの革製のローブを着た配達人が彼の傍らに乗っている。やがてきつく手に持った手綱を引き絞ると、馬は一斉に息を切らして走りだす」という状況だった。

ローズはイザベラと比べると極端に内気な若い女性で、多くの時間を裁縫やユキヒメドリの飼育、レイヨウの料理法などに費やし、最大の関心はコロラド・スプリングズを「知的な社交の場にし、自然科学の源となるような社会」を建設することであった。そして可能ならば、「若者をコロラド・シティの酒場から引き離す」ことを希望していた。

だがイザベラがそこに着いたときには、駅も御者も様変わりしていた。というのは、鉄道が南方のプエブロ（訳注　ニューメキシコやアリゾナにある先住民集落）まで延びていたからである。今ではその街は「美しい住宅街」であるとパンフレットに紹介され、「シカゴとサンフランシスコ間にある、もっとも優雅な宿屋」が軒を並べていると解説されていた。そして住民の中には数多くの「知識人」が住んでおり、彼らの愛読書は『アウト・ウエスト』という文芸誌であり、編集長のリレー氏はイザベラを十分に楽しませてくれた。イザベラは近隣の下宿屋に宿泊したのだが、そこで見聞した光景は冷酷無惨で当時の開拓者の生活の悲惨さの縮図のようであった。その夜、居間で下宿の女主人と話をかわしていると、向かいのドアが目に入った。彼女が見たものはこんな風景である。

「私の真向いに大きく開いた寝室に続くドアが見え、ドアに面したベッドの上には厚着をしたひどく弱そうな表情をした若者が人に支えられて起き上がっていて、彼によく似たやはり弱そうな印象を与える男の人が出たり入ったり、ひどく憂鬱そうに暖炉に寄りかかっているのが見えました。……やがてドアが半分閉じられ、誰かが近づいて早口に『ついたてを早く。それに蠟燭を早く』とかなんとか言って、部屋の中を動き回る物音が聞こえてきました。その間も私がいる部屋の七、八人は大声でしゃべり、笑いこけ、バックギャモンに興じており、なかでも女主人の笑い声がけたたましく一番耳につきました。彼女は私と同じ位置に座っていましたから、ただならぬ気配のする寝室のドアは目の前にあったのですが。……白い大きな足がベッドの端から棒のように突き出ているのを私はずっと見ていました。私はその足が動きだすのを今か今かと穴のあくほど見つめていたのですが、とうとう動かず、なんだかよく分からないが、私の目から見ると、その足がだんだん固く、白っぽくなっていくような気がしました。私たちがそこに座っている間に、誰にも顧みられないみじめな魂が、夜のしじまに帰っていってしまうのではないかという恐ろしい疑念が深まっていきました。そのとき、衣服の束を手にした男が出てくると、つづいて涙にむせびしゃくりあげている病弱そうな男も出てきました。三番目に出てきた男が多少の感情らしきものをこめて、たった今死んだ男は、あの病弱そうな男のただ一人の弟だったのだと話してくれました。

それでもなお、女主人は笑いこけ、大声で話し続けています。後になって彼女は私に『まったくの話、あの連中が来たとたんに死んじまったんじゃ、この下宿は大騒ぎになるよ。入棺の準備をするのに夜半までかかるんだろうねえ』と言いました」

「肺病の治癒にはコロラドへ」というのが地元の広告マンのスローガンなのだが、そこに死ぬために来る人々は、死んだ後きちんと埋葬してもらうための金も持っていないのでスプリングズの住民に迷惑がられていた。従順な旅人として短期間そこに滞在したイザベラは、「神の庭」と称されるところへ行ってみたが、そこは「もし私に神性がそなわっていたとしても、住みたくない」ような場所だった。ガイドブックによると、奇妙な形状の岩があり、その名も「エジプトのスフィンクス」とか「ライオンを襲う象」あるいは「尼僧を恋い慕うアザラシ」などというものである（最後の呼び名はさすがに「アザラシと熊」に変更された）。

その夜イザベラはマニトウの豪華なホテルに泊まったが、この近くには地方で熱狂的に人気のある治療温泉がある。支持者の一人ソリー博士によれば、「静脈性充血、腎砂、腸カタル」などに効能があり、「肥満対策」にも有効であるという。痩せこけた西部の開拓者の中に太った東部人が入っているのは、この宣伝がよくゆきとどいているという証拠である。だがイザベラは、感銘を受けなかった。「大きな暖炉に火が燃え、ロッキングチェアと暖められた石、愉快で快活な人々に囲まれた、むさくるしいが素敵な小屋ほどコロラドで良いところはないと断言できます」とヘニーに語っている。このテーマは何度も彼女の旅の間に取り上げられたが、彼女は断固として自分の主張を譲らなかった。

最初にユート族のいる西地方を横切っていったのだが、かつてそこはその部族が支配しており、冬の草原に下りてくるバッファローを待ち伏せて狩りをしていたところである。ときには白人も待ち伏せされ、五年前には六人が殺され、頭の皮をはがれたことがあった。彼女はファウンティン・リヴァーの道を辿って行き、小川周辺の絶景に息をのんだ。

「この川は岩状のものや崩れたものもあるが、深い赤色をした花崗岩の上をはしっている本物の急流で、固い岩を強引にえぐり、白い滑らかな氷のアーチの下や水晶のような氷の縁取りを通り抜け、暗く冷たい洞穴で虚《うつ》ろな音を響かせ、高所から一気に音をたてて流れ落ちているのです。……小ぶりなオーク、ネズ、白シダー、太平洋沿岸地方の荘厳なアメリカスギ、大西洋岸の巨大なバルサムスギが水辺に密生し、その上方に輝く山々の歯のようにぎざぎざした峰がそびえ立っています。雄大、壮麗、崇高という感じはしますが、愛らしいという感じはまったくありません」

ところで開拓者といえば、ごく少数の「愛すべき」人たちを除けば、彼らはおしなべて非常に猛々しく、しぶとい信念の持ち主であり、苛烈な状況に耐える忍耐力を身につけていた。彼女の観察によれば、チャーマーズ一家に典型的に見られたように、彼らは大体において金に汚く、しみったれな者が多かった。「神に相当するのは万能のドル」であり、「抜け目のなさということが最大の資質」であると考えられ、そのときに応じてだまし合う。無節操な開拓者の中でもイギリス人はとりわけ人気がなく、イザベラが会った女性の中には、クレーパイプを口にくわえたまま大声で怒鳴りちらしているおばあさんがいて、彼女は「イギリス風の礼儀のしゃちこばったところが大嫌いで、『どうぞ』とか『ありがとう』というような挨拶は、人生がこんなに短くて忙しいというのに何の役にもたたぬたわごとだと信じている」ようだった。

不人気の原因は、西部にやってくる裕福なイギリス紳士の態度にあった。イザベラはその証拠として、あるイギリス貴族を取り上げて正確な評価を下しているが、これはイギリス貴族の中で特別な例ではない（これは彼女の社会観察の経験からすれば、常に悩みの種であった）。その恐るべき実態は以下のようである。

「彼はダンドレアリ卿そこのけに母音を長くひっぱってしゃべり、ありとあらゆるものを罵ってまるで漫画から抜け出てきたような殿様顔をしています。私は暖炉に座って、どうしてイギリスの上流階級の人の多くは――彼らのことをアメリカでは気取り屋と呼んでいるように――これほどまでに馬鹿げたふるまいをすることができるのだろうかと考えていました。

彼らは言葉を抑制することも仰々しさを自制することもできません。アメリカ人というものは国民として傲慢なのだが、イギリス人は個人的に傲慢なのです。彼は、ふとしたきっかけで私がイギリス人であると気づくまで、私に一顧だに与えなかったが、気がついたとたんに態度が一変して慇懃《いんぎん》になり、母音を長くひっぱっていたのが半分くらいの長さになりました。彼は自分が近衛師団の士官で名家の出自であり、四ヵ月ほど休暇をとってアメリカに来てバッファローやオオツノジカの狩りをしていることや、アメリカのすべてについて深い軽蔑を抱いていることなどを、必死になって話してくれました。私は、何故イギリス人の男どもがこれほど大げさで、露骨な口調で個人的なことを長々と話すのか理解に苦しみます」

イザベラ自身のアクセントはたまたまイギリス風の気取りが窺えず、そのためしばしばスウェーデン人かオーストラリア人と間違えられることがあった。コロラド・スプリングズから離れて、山中をさらに深く高く入りこんでいくと、何の標識もなく、一般の意見によれば道を通り抜けることは不可能だという。それでも彼女は道に迷うことも怪我することもなかった。「私には何か特別な土地勘の才能が備わっている」とヘニーに言い、そうでなければ、次のようにいろいろ教わった方向を辿ることは不可能だったことだろうという。「パイクス・ピークが左手に見えるまで小渓谷に沿って四、五マイル（六キロから八キロほど）行くとよい。轍の跡を辿って行くと何本かの立木があるところに出るから、そこから北に進路をとり、小川に出るまで行く。そこには多数のオオツノジカの足跡があるだろう。そこで右に折れ、小川を三度渡る。そうすれば左手に赤い岩が見えるだろう」等々。

とにかくイザベラは道を見つけ、轍の跡やオオツノジカの足跡を辿りながらリンクという名のハンターの小屋で宿泊することになった。夕食後、ハンターと他の旅行者との間で、彼女が次に行く道についてどの道がよいかについて活発な議論がかわされた。イザベラはヘニーにこう書いている。「リンク夫人は私に向かって『あなたのようなデリケートな感じの人が馬に乗ること自体が驚きだわ』と言いました。私は頑丈に見えるので、男どもは自分と同じくらい強いと思っているらしいけれど、本当は臆病なのです」。

今回の予定に関しては、男どもでもイザベラの能力に疑いの目を向けていた。彼らはこんな会話をかわしていた。「老ハンターがとげとげしい口調で『本当のことは言わねばならない』と言い、坑夫はその道は二十五マイル（約四十キロメートル）の間一軒の家もなく、もし雪にでも降られたら生きて帰れぬと言い張ります。坑夫も負けずに『本当のことは言わねばならぬ』と言い、老ハンターは道には五フィート（約百五十センチ）も雪が積もっていて道はまったく見分けることができないと言う。御者が言うには、馬が通れる道はたった一つ、かくかくしかじかの道である。リンクの言い分は、彼はこの辺りでもっとも年をとったハンターで一番早く住み着いた人ですが、その彼でも雪の中ではどんな道でも行くことはできなかったという。こんな具合でいつまでも議論は尽きず、結局のところ一つのルートに部分的に落ち着きました。そのルートは老ハンターによればロッキー山脈で最悪の道だそうで雪が二フィート積もっているのだが、とにかくオオツノジカを引きずって何度か行ったことがあるという道でした」。

しかしながら、二日間余計にかかったが、彼女は無事に木が一本もなく高度のある牧草地で、徹底したゴールドラッシュの洗礼を受けたサウス・パークに着いた。そこから山並みをきらめかせた大分水嶺が見える。サウス・パークの中心地はフェアプレイで、近隣の採鉱キャンプよりもフェアな扱いを受けることを望む採鉱者がつけた名前だが、それでも一攫千金を狙った坑夫が住み着いていて、未だかなり無法地帯であり、あくまでも男たちが闊歩しているところなので彼女はなるべく近づかないようにしていたが、伝説や歌の中には存在しても、実際にはいるはずがないような男に出会った。この男は凍りついたデンヴァーへの馬車道に沿って来たが、たまたま馬に乗っていたので実物よりも大きく見えた。彼女の表現にしたがえば、こんな人物である。

「彼は絵から抜け出たような男で、素晴らしい馬に乗り、大きなスラウチハットをかぶり、そこから金髪が腰のあたりまで垂れています。顎髭も金髪で目の色は青、肌の色は赤みがかっています。……着ているものはビーズで縁取りされたハンターのバックスキンの上下、特大の真鍮の拍車をつけていました。

特に変わっているのは、彼が身につけている多くの武器です。鞍に斜めに差し込んだライフル銃のほかに、ホルスターに入ったピストルが二丁、さらに二丁のリボルバー式ピストルとナイフをベルトにたばさみ、猟銃を背中にしょっていました」

やたらに武器を身につけていたが、彼女に対する彼のマナーは「丁重でフランク」であり、彼女はたちまち「意気投合」し、パンと鹿肉のステーキを食べると、大分水嶺の頂上へ登って行った。彼はその間中、この地方の野生動物のことと先住民について、ひっきりなしに話しつづけた。後で分かったことだが、彼の名前は「知らぬものとてない有名なならず者」であるコマンチ・ビルであった。彼の家族はシャイアン族によって皆殺しにされ、それ以後の彼の生涯は「手当たり次第先住民を殺すのに明け暮れた」と言われていた。

彼女は大分水嶺の頂上でビルと分かれ、北東にゆっくりと向きを変えて暗い傾斜を下り、凍りついた峡谷をなんとか乗り切ってホールズ・ガルチに辿り着いたが、そこは屋根やドアもない小屋が建ち並んだところで顔も見たくないほどウィスキーでぐでんぐでんに酔っ払った坑夫がとぐろを巻いていた。彼女はかつてジムから旅の間はピストルを身につけているように強く勧められていたが、今回はじめてピストルを枕のわきに置いて、冷たい鋼鉄の武器を頰に感じながら眠りについた。だが彼女は「こんなことをしても何の役にも立たない」と言い、「こんなことをして何かいいことがあるような状況など、想像することもできない」と述懐している。翌日目が覚めると、気持ちのよい日和で、彼女は昨日の自分の恐怖を嘲笑《あざわら》った。だが後になって耳にしたのだが、まさしくその前日に小屋の近くの木に一人の男が吊るし首になってぶら下がっていたのである。ホールズ・ガルチの坑夫がやったことで、その死体は彼女が寝ていた場所から数ヤードも離れていないところでぶらぶら揺れていたのであった。

とりあえず怪我もなく、旅の成功に気をよくしてデンヴァーに向けて出発し、――「文明による禁止条項と複雑さのシンボル」――である都市に近づく前から、古いしがらみと問題が彼女の身の周りに生じてきた。彼女は旅の最後の夜を雑貨店の床の上で、御者の三つの家族と一緒に眠れずに過ごしながら、帰国の予定について「何一つ決まっていません。私はこの生活から離れたとたんに心身ともに不調になってしまうのではないかと心配しています」とヘニーに悩みを打ち明けている。出国した十六ヵ月前のことを思い起すと、欲求不満、緊張、はけ口のないエネルギー、苦痛、倦怠、さらに不眠などが憂鬱な感情とともにはっきりと想起された。彼女は自分の気質の謎に悩まされていた。——イギリスにいるときはいつも意気消沈し病気がちでストレスが強いのに、旅に出ると、何故たちまちに強靭に疲れを知らず生命力あふれる人間に変わってしまうのか、自分でも分からなかったのである。それは解明不能な難問のように彼女にのしかかってきたが、デンヴァーに戻ると、それどころではない難問が待ち構えていた。

それは数週間にわたって懸念されていた西部の財政危機のことで、デンヴァー銀行が手形を決済できなくなってしまったことである。彼女は軽率にもグリフ・エヴァンズに金を預けていたのだが、現金が手に入らないので返金されないままでいた。鉄道代もない一文なしの状態は苦にならなかったが、もっともよい解決策はエステズへ戻って自由気ままに生きることしかないと判断した。「そうかといって、これが最悪の運命であるとは思っていません」と言い、彼女はバーディと一緒に孤独な野獣が徘徊する凍りついた荘厳な風景の中を遠ざかっていった。

Ⅳ

エステズ・パークに着いてみると、「陽気な連中」は冬の到来に怯えていなくなり、放牧地にはやもめ暮らしの若者が二人で生活しながら家畜を養っていた。彼らの貯えはわずかしかなく、そこにイギリスのオールドミスがいきなり「無期限で滞在したい」などといってやって来ても、とても諸手をあげて大喜びするはずがないだろうとイザベラは実感した。だがこのカヴァナとブキャンという名の二人は、それ以前に知り合いだった二人の「新顔」と違って意外に礼儀正しく親切で、仕事を分担し貯えを上手にやりくりしようという彼女の提案に賛同した。そこで、カヴァナはパン焼き係として腕を発揮し、ブキャンは彼と一緒に山へ行って水を運び、家畜を飼育することになり、彼女はほとんどの食事を受け持ち、「客間の掃除」をすることにしたのだが、泥の固まりを掃き出すのに一日に何度もバッファローの尻尾を使う始末だった。彼ら三人は互いに協力して床をみがいた。一週間後、イザベラはヘニーにこんな手紙を書いている。「男たちと一緒に暮らすのは楽しいものです。男は女と違ってぶつぶつ不平を言ったり、ため息をついたり、トラブルを起こしたりしませんから」。イザベラはいつでも男たちとの束縛されない生活を楽しむことができたのである。

だが相手がジム・ヌージェントだとそうはいかなかった。マギンズ・ガルチでイザベラを待っている彼とは、今までのような気安い交際はもはや不可能だったからである。次の数週間にわたって続いたこの二人の複雑な感情のもつれは、一部はヘニーへの手紙から推察することができるが、希望を失った絶望的な男女が、互いに強力に魅せられながらはかなく別れていく話は切ないものがある。これほどの大自然に取り囲まれた背景の中で生じたありそうもない不調和そのものが、幻想ぎりぎりの晩年のロマンスに感動をもたらすのである。イザベラの手紙に対してヘニーやその親しい仲間たちが、どのような反応を示したのかを想像することは難しい。十一月十八日付のエステズ・パークからの手紙の内容は次のようなものである。「ヌージェントさんとの間に起こった悲劇によって、私はたいそう神経質になってしまいました」。悲劇の事実とは、二日目にジムがイザベラと馬で外出したときに、ジムの告白を聞くはめになったことである。

「私が出て行くやいなや、彼は私に愛着を抱いていることに気づき、ひどく動揺したようです。それはロングズ・ピークでのことだったと彼は言っています。私は驚いて肝をつぶし、混乱したあげくに泣きだしたほどです。彼は女性なら誰でも愛したくなる男性ですが、正気であれば決して結婚はしたくない男性です。それに……」

ここでイザベラは急いでつけ加えている。

「彼は私に結婚しようと言ったわけではありません。彼はそれが不可能なことを重々わきまえていたのです。もっと自制心のある性格だったなら一言も言葉を発しなかったでしょうが、暗く誇り高い彼の魂は隠しようもなく表われていました。私は一瞬ですが、彼は私を憎んでおり自嘲しているのではないかと疑いましたが、そんなときでさえ彼は紳士以外の何者でもありませんでした」

彼女はこの話に執着していたが、ジムは彼女の幻想を解き放す決意をし、苦悩に満ちた魂を裸のまま彼女の前に投げ出した。この表現はヴィクトリア時代の作家なら、いかにも使いそうな言い回しである（このときのイザベラの手紙の手法と語彙は、この時代の作家の影響を強く受けているのがうかがわれる）。彼女と一緒に馬を駆りながら、彼はそれまでの自堕落な生活を詳細をきわめて彼女に話し、それを聞いているとライフル銃のカチッという音や鞭のしなり、蹄の響き、ハンターと獲物の悲鳴、野獣を思わせる勝利の勝鬨《かちどき》などが脳裏に去来した。ジムがこんな話をしたときの様子を彼女はこう記す。

「これほど陰鬱な気分でいながらうぬぼれの強い彼は、自分が女どもの憧れの的であることを知っていて、どんなに最悪のときでも良い女に対しては、騎士道精神を忘れたことがないのです。彼は赤いスカーフを腰に巻き付けた偵察隊の服を着て、十八インチ（約四十六センチメートル）もある長い黄金色の髪を十六本の巻き毛にして肩から垂らし、キャンプ地を通り抜けながらとびきりハンサムな方の横顔を私の方に向けたまま自分のことを話しました」

年を経るにつれて彼の向こう見ずで残虐無残な面はさらに深まり、精力と金を使い尽くすと自分の山小屋へ戻り、次に出てくるまで慚愧と後悔にうちひしがれて過ごすという具合だった。それを聞いたイザベラは「私の心は、彼の暗い、失われた自己破滅の人生に対する同情でいっぱいになりました。彼はとても素晴らしい人間なのですが、同時にひどく恐ろしい人間でもあるのです」と書いている。

雪まじりの嵐の中を彼女の避難小屋まで案内し、馬を止めたジムは彼女に面と向かってこう叫んだ。

「これでお前さんは自分の内部に悪魔をかかえこんでいる男がいるってことが分かったろう。何もかも失ってしまった。私は神を信じている。だが私は神に対して『悪魔とその天使たち』と引き合わせる以外の選択をして下さる余地を与えなかった。私は死ぬのが恐ろしい。お前さんが私の中の良い方の性質をかきたてたとしてももう遅すぎる。私は自分を変えることはできない。もし奴隷のような人間がいるとしたら、私こそそうなのだ。私に悔い改めよとか改心とかは言わないでもらいたい。私は改心できないのではないかね？……それでもまだ私と一緒に馬を駆ってみるかね？　もう私とは話もしたくないのではないかね？」

憐み、恐れ、慈しみ、悲しみなどの感情がどっと湧き上がり、イザベラの胸元を締めつけた。彼女はあまりに神経が高ぶってとても話す気にはなれないと言ったところ、もう話す気になれないのだとしたら二度と会うことは止めようと言い、これからスノーウィ・レンジに行って彼女が去るまでキャンプを張るつもりだと呟き、雪嵐の中を馬の向きを変え走り去って行った。イザベラはみじめな気分で小屋に一人で戻ったが、「私は雪の中を去っていくジムのことを考えるとたまらなくなり、食べることも眠ることもできず、ひどく興奮して取り乱し、気分が悪くなって希望を失ったように落ちこんでしまいました」と告白する。

そうかといって、イザベラはジムのこと以外は何ひとつとして考えることができなかった。私たちが知っているかぎりでは、彼女の生涯でただ一度、そして確かにこれが最後になるのだが、このとき彼女の本性が全面的に目覚めたのである。彼女は同情と慈しみ、心の奥深く秘められてほとんど表面に出たことのない性的な関心を、このときほど意識したことはなかった。彼女は自分が無防備に巻き込まれてしまったことで自らを責め、ジムの遠慮のなさを恨めしく思った。「ジムがあのようなことを話したことはいけないことです。彼はこんなことを私が知って悲しい思いをする前に立ち去ってくれればよかったのです。平穏な日々は遠くなってしまいました」と彼女は嘆いた。彼女はいらいらし、このような自然に囲まれた理想的な田園風景の中でわなに捉えられたような感じがし、やりきれない気分に陥った。「こうなると、私はハワイで会った哀れなウィルソンのことを思い出してしまいます。彼は物静かででしゃばらず、人をいらだたせるようなことは一切しないのですが、それに比べてジムは暗く情熱的で容赦のない人物でありながら、何故これほど人を魅惑するのか、いぶかしく思ってしまいます」とイザベラは告白している。

この比較対照は、しかしあまりにナイーブというものである。というのは、ジムは才能に恵まれた悲劇的な人物を演出できるようなやくざ者で、しかもその役を徹底的に演じきることができた。彼の壮大な展望は砕け散り、壮大なエネルギーは叩きつけられて復讐心に変じ、壮大な知的能力は浪費されて怠惰で大げさなほら話になっている。彼は伝統破壊的で自由気ままな人間であり、自然愛好家で肉体の行動派であって、俗にいう「男の中の男」であるとイザベラは認めざるをえなかった。確かに彼はハンサムな男だった。騎士道精神にあふれ、機知に富んでいるだけでなく洗練されていて、一緒にいるとよく分からないが質のよいドラマに出演しているような錯覚を起こさせるほどの真の「おしゃべりの才能」に恵まれていた。

だから、彼女が鈍感なウィルソンに比べて、幾多の欠点があるにせよジムに魅せられたとしても驚くにあたらない。むしろ真に驚くべきは、ジムのような男が、ずんぐりし、ぶっきらぼうで信心深い四十歳を過ぎたイギリスのオールドミスに、一瞬とはいえ恋心を抱いたということである。それに対する解答は、イザベラの退屈そうな外貌の内側に潜んでいる、陽気で独創的な溌剌《はつらつ》とした性格がどれほど魅力的だったかということであろう。

それまで気づかずに始めていたことを知るのをなんとなく避けていたのだが、イザベラは典型的な女性の仕事に積極的に入り込んでいった。ビスケットを四ポンド（約一・八キログラム）作り、六週間は経っていると思われるバターミルクからロールパンを焼き、衣類を繕い、馬を飼育し、病気になった牛の面倒をみたうえに、バッファローの尻尾で部屋を掃き出した。彼女は自分の考えをまとめて、親しい家族にこんな手紙を出している。「私はいつも私の最愛の人のことを思っています」という書き出しでヘニーにきっぱりと断言している。「私は写真をいつもテーブルの上の私のそばに置き、それ（ヘニー）が私に素敵なことを話すと、私はそれに繰り返し聞き耳をたてます。言葉で言い表わせないほど好きなのです」

彼女の夢の人生は御しにくく、幻想の世界をさまよったあげく、今日のフロイト派の診断結果を聞いたならイザベラはぞっとしていただろう。「昨夜私が暖炉のそばで寝ていると、ヌージェントさんが入ってきて私をピストルで撃ちました……」。

次の日、テーブルに置いてあったピストルを身につけたジムがやってくると、彼女は本能的に自分の手がピストルに向かっているのに気がついた。彼のとった反応について、「礼儀正しかったのは言うまでもありませんが、まるで凍りついた死体のようでした」と彼女は言う。彼らは言葉をかわすこともなく、気がめいるように馬を走らせたが、ジムは蒼白でとげとげしく、絶え間なく咳きこんでいた——この咳の原因はジムが彼女と別れて山嵐の中を歩いているうちに風邪をひいたに違いないと思うと、彼女は悪いことをしたという思いにかられ、自分とジム双方に腹が立ってきた。彼女の欲望はまったく消え去り、失恋した若者のように緊張し、気難しく、不機嫌になり、とても耐えられそうになかった。たき火のそばにみじめな思いをこらえて座っていると、彼の誠意に疑問が湧いてくるようだった。今までのことがことごとく見せかけにすぎず、アイルランド風の甘言だったのではないか、彼が征服した女のリストに加えたいというわずかの希望を含んだ悪魔の所業だったのではないか？

とうとう我慢の限界を越えた彼女は、彼に手紙を書いた。「拝啓。月曜日にあなたが私に話したことはあまりに内容がひどかったので、私たちの間に気まずさが残ってしまいました。こうなったからには、もうつき合うのは即座に止めるべきだと思います。敬具。I・L・B」。彼の小屋へ行く途中で彼らは出会ったが、ジムはこの奇妙な堅苦しい手紙を受け取ると、読みもせずにポケットに入れてしまい、昔の矢の古傷が痛むからと言って寝床へ入ってしまった。「彼があまりにもみじめで痛々しい様子で独りぼっちで暗い寝床に行くのを見ると、私は彼をひどく傷つけてしまったと思い、どんなに詫びても足りないという思いで一杯になりました」と記し、「彼に暖かいお茶をご馳走し、優しくしなければ」と心から思った。このような自尊心や疑い、性的な緊張を伴ういささかメロドラマめいたものから脱却し、彼と楽しいおしゃべりをし、からかったりしたいものだとイザベラは痛切に願った。

その二日後、わな猟師がやって来てジムが病気でふせっていると知らせてくれたので、イザベラはバーディに鞍をつけてすぐに彼の小屋へ駆けつけてみると、病いはそれほどでもなく、自尊心を傷つけられた様子もなく彼女を受け入れた。一緒になったことが嬉しく、彼らは木の下に座って、感情を抑えた気持ちのよい会話をかわした。彼女はその場面をこう述懐している。

「私は彼に、もし双方の環境が好都合であり私が全身全霊で愛していたならば、私はウィスキーのせいなどで私の幸せをあなたに委ねたりはしません、と言い……一方、彼はもう二度と愛という言葉を口にすることはないだろうと言いました」

彼らは、恐ろしい約束と当てにならない言質を与える愛という言葉を傍らに置き、互いに抱いた真摯な情愛を優先した。恐らく、それ以上のことは何もなかったように思われる。しかし、ある時点でジムは実際に結婚を申し入れたのではないだろうか。というのは、彼女はジムの「空中楼閣の夢」をヘニーに知らせて、ヘニーも山に来て一緒に住もうと言っているからである。このことは、彼女がジムと永遠に一緒に住むということが前提であろう。「結婚しようと思えばできた男性がいました」と彼女は書いたが、それにしては彼女にはいささか大人の分別というものがあって、そんな途方もない無責任な行動をとるわけにはいかなかった。そして妹への深い愛情が、彼女を本国へ帰るようにうながした。「あなたもきっとジムが好きになりますよ」と彼女はヘニーに保証したが、その楽天的な考えはエディンバラにいる敬虔で可憐なヘンリエッタが、現実にぼろを身にまとったごろつきまがいのジムに会ったときのことを想像すると、とても無理だと思わざるをえなかった。明らかにこれはふたつにひとつの問題であり、手を血で汚し、無法者でいつもウィスキー臭い息をはいている男など問題外だった。本能的な自己防衛の観念と慎重な不信にとらえられた彼女は、二面性を備えたこの男に対して抱けるのは、本物の深い共感だけだった。彼は確かに二面性を備えた人間であって、一方は暴力に取り憑かれた無責任な男がおり、他方にはハンサムで鋭敏な感覚を持つ優しい男が一人の人間に同居しているのだった。

ちょうどこの頃、都合のよいことに「アラン」と名乗る若者が生活費をかせぐためにやってきた。彼は軽薄な神学生であり、痩せていて怠け者のくせに、驚くほどの大食漢だった。食料不足のこの時期にやってきたのは不運というしかなく、食料の貯えはほとんど無いに等しく、食料調達に出て行ったエドワーズはまだ戻ってこなかった。人々はこの新入りを「坊や」と呼んでいたが、ひっきりなしに食べていて、隠していてもすぐに見つけ出してしまう。その様子はこんな具合である。

「棚の上にあった乾燥したサクランボを二ポンド（約九百グラム）と冷える前の香料入りパンを二ポンド、ペロリと平らげ、夜中にカスタード・ソースをなめ、夕食用のプディングをひとりでむさぼり食ってしまうのです。彼はこんなことをすべて白状した後、『僕のことを変わっているでしょうね』とぬけぬけと私に言いました。彼が毎朝まっさきに口にしたことは、『今日、バードさんはおいしいプディングを作ってくれるだろうか？』ということだそうです」

ある日、イザベラは生姜《しょうが》と間違えてトウガラシを入れてしまったケーキを作った。「夜中に台所でがたがたいう物音が聞こえ、ひどくむせかえるような声や咳き込む声、それにうめき声などが聞こえました。翌日の朝食時に、この若者は日頃の健啖《けんたん》ぶりはどこへやら、食事が喉を通らないという。朝食後、彼は私のところへやってきて、哀れっぽく何か咽喉の痛みを和らげるものが欲しいと訴え、夜生姜パンを見つけ、空腹のあまりそれを食べてしまったと告白しました。……まったくの話、彼はいらだたせる若者だが、それでもばかばかしくて思わず笑ってしまいます」

この時期になると、パークに冬が急接近し、イザベラ、ジム、カヴァナ、ブキャン、それに新しくやってきたいらいらさせる若者、この計五人が密着し互いに依存して生活していくことになった。湖は馬車が通れるほど氷が厚く張りつめ、粉雪が激しく降って壁の割れ目を通って入って机やベッドの上に積もり、それが泥と一緒になって「居間」の床を凍らせている。熱したヤカンから注いだとたんに水が凍り、ミルク缶の中のミルクも凍ってかちかちになり、インク壜の中のインク、鍋の中の糖蜜、卵の中身、さらにはイザベラの嵐で濡れた髪までまるで編んだように凍ってしまった。

だがこのようなことは、イザベラにとって何でもないことだった。彼女を悩ませたのはやはりジムで、最後の話し合いの後、彼が悪天候さながらの「不機嫌の発作」に襲われたことである。彼女はジムを特別に感謝祭のご馳走に招待したが、彼はぶっきらぼうに断った。その理由について彼女はこんな推察をしている。「彼は自分は社交的ではないので、とても出席する気になれないというのです。……彼に会うと本当にみじめな気持ちになってしまいます。……私はジムが自分自身と私に対して腹を立てているだけでなく、他の誰に対しても腹を立てていると思います。……これではとても一緒に何ごともすることはできません」

イザベラは何という哀れな立場にいたことだろう。彼女の全生涯において、ジムのような人物と関係を持とうと思ったことは、恐らく一度もなかったに違いない。そして世馴れしていない正直者であり、ジムの芝居がかった演技に心を奪われることを拒んだ点や、男とつきあうにしても気取りや軽薄なあだっぽさを一切見せない点こそが男のハートをつかんだのだ。

しかし、それでもなおジムはイザベラを動揺させた。彼らの和解にもかかわらず、ジムがパークに居ること自体が彼女の心の平安を乱したのは明らかである。「私はこの場所を離れると思うと、不愉快な気分で一杯になってしまいます」と彼女はヘニーに伝えている。「今では早く終わってくれるとよいのですが……ジムのために滞在を長引かせる気になれないのです」。これもまた「いつまでも指をこねくりまわしていないで、すぐ始めよ」というケースの一つであり、彼女は自分自身にそう強く言い聞かせた。

それでも、彼女は何とこの土地を愛していたことだろう。澄み切った大気、大地と水、馬の蹄からはぜ落ちて光る雪、真珠のような峰に燦然と輝く日の光、木材を切り刻む家庭的な物音、牛の鳴き声やバケツのがらがらいう音、森の中でオオツノジカのことを話題にする狩人、氷の下にいる鱒、駆け出す馬と畜舎にいる病気の子牛など。こうしたものに囲まれた生活は彼女の気質に合致し、健康を回復しエネルギーに満ちあふれてくるのだった。馬に乗っていると、まるで「ケンタウロス」にでもなったような気がし、輪投げで牛を捕らえ、パンを焼き、馬車を御すことも簡単にできた。「私がここでどんな生活をしているのか、あなたに見せてあげられないのが本当に残念です……ここの自然なマナーと何ものにも束縛されない雰囲気が気に入っているのです」と彼女はヘニーに知らせている。

しかし、そんな中でも次第に茶や小麦粉、砂糖が残り少なくなり、鹿の肉はすっぱくなってしまったので、十二月一日、カヴァナとブキャンは野外に獲物を狩りに行ったが、そこにはジムが住んでいた。十二月一日、イザベラは若いアランを付き添いとして同行し、別れの挨拶をするためにジムの小屋を訪れた。小屋の内部はこんな様子だった。

「小屋は煙がたちこめていて非常に暗く、干し草や古い毛布、動物の皮や骨、ブリキ製の容器、薪、火薬筒、雑誌、古書、古い靴、蹄鉄、その他ありとあらゆるがらくたが散らばっています。私が座るところは丸太の上しかなく、それを何気なく勧めてくれたので、私にとっては安楽椅子ほどにも素晴らしいとは思えませんでした」

このきわだった不潔と周囲に関する無関心は、「彼のマナーの優雅さと会話の才能」と比べて奇妙なコントラストを見せていた。出発が差し迫っているという彼女の報告は、二人の間の親密さを回復させ、アランが付き添っているという状況にも助けられて、彼らは数時間も警戒心なく話し合った。彼女がジムにロングズ・ピーク登攀記録を読み聞かせたところ、彼は熱心に聞き入っていたが、「彼はやはり自然児なのでしょう。私が荘厳な日の出を書いたところを読んでいると、涙が頬を伝って流れました」という状態になった。負けじと、彼は今書いているという精神主義についての立派な論文を読んでくれ、抑制された態度で彼女が暇《いとま》を告げると草原まで「ガイド役」を丁寧に引き受けてやろうと申し出てくれた。その道は彼女が良く知っている道で、ガイドは不要だったのだが、彼女はその申し出を有難く受けいれた。

彼女は翌週もぐずぐずと出発を引き延ばしていたが、その間にエヴァンズとエドワーズがようやく食料を調達して戻って来て、家事の切り盛りに介入し、厳しい倹約で乗り切ろうということになった。エヴァンズ（彼女の借金は返済してくれた）は財政的にかなり困窮しており、節約家でにこりともしないエドワーズが家事をとりしきって、鹿の干し肉を管理しミルクを制限した。ジムがふらりと立ち寄ったのは、日曜日のことである。彼女をまぶしがらせるほど彼は身ぎれいにしており、「一張羅」を身につけ、清潔でこざっぱりしていてどう見ても「四十歳そこそこ」にしか見えず、「十六本の輝く金の巻き毛」をカラーの外に垂らしていた。ジムは洗練されたテーブル・マナーで食事をしたが、彼がいるとエヴァンズの緊張感が高まり、「自信を失って」いくのが分かった。「彼にとっては押しつけられた友情が鼻につき、表に現れない憎悪がいつか爆発するのではないかと、私は恐れています」と、一触即発の状況を彼女は記録している。

この緊張はエヴァンズが帰ってきたのが原因なのだが、彼女が出ていく他に何かよい方法があったのだろうか？　パークは来年の五月まで閉ざされ、少数の男だけが高山から下りてくる狼や熊、オオツノジカなどとともに暮らすことになる。「五月まで、私たちは少なくともマナーに関しては動物なみになるでしょうね」と彼らの一人が言い、彼らの中にたった一人の女性がいたことが、どれほど大きな影響を与えるものか話した。イザベラはその意見に同調し、「控え目で洗練され自制心のある女性の使命」とは、できるかぎり抑制し洗練された影響力を駆使することであり、「うるさい自己主張とか男まさりとか放埓《ほうらつ》」によって伝統的な役割を犠牲にすることではないと説明した。

イザベラは騒々しいはねっかえり娘ではなかった。その点もジムが大いに惹かれたところであり、まったく恐れを知らないところと女性の優しさ、それに精神的な猪突猛進と有能な家庭の主婦といった相反する性格が同居していたのである。この組合せこそが彼女の性格というものであり、平和を乱すジムがいなければ彼女はこの地の冬を喜んで乗り切ったことだろう。

出立する日、彼女は早起きして「赤と金色に彩られた荘厳な冬の日の出と、それが山頂をひとつ、またひとつと照らしていく有様」を眺めた。エヴァンズがジムの小屋まで送ってくれ、そこで忠実で可愛いバーディと別れた。エヴァンズが行ってしまうのを見ると、ジムは

「素晴らしいねずみ色をしたビーバーの子の毛皮」をプレゼントしてくれ、二人は連れ立ってパークから下っていったが、イザベラはジムから借りた雌の臆病なアラブ馬に乗った。だが「憂鬱な平地」が近づいてくると、彼らは気が滅入ってきた。ジムは終始黙りこくっていたが、彼の沈黙について、「彼は正真正銘の山の子らしく、たとえ一時期でも山から離れると山が恋しくなるようです」と彼女は説明している。

その夜、彼らはセント・ルイスにある風変わりな小さな宿に着いた。翌日になったらそこからシャイアン行きの四輪馬車に乗る予定である。「髪を高く結い上げた」てきぱきとして血色のよいやもめの女主人が、イザベラと一緒にいる「もの静かな優しい紳士」がほかならぬ山男ジムだと気がついて興奮した。というのは、彼女の家ではジムは子取りの鬼だと信じられており、言うことを聞かない子供たちを静かにさせるために、「そんなことをすると山男ジムがやってくるよ。ジムは毎週一度山から下りてきて子供をさらって行き、それを食っちまうんだよ」と言っていたからである。

こうした不吉な評判にもかかわらず、女主人は「まるで大統領がやってきたかのようにジムがここへ来たことを誇りに思っているようで、そのおこぼれにあずかって私の立場も少し良くなったようです」とイザベラは書いている。子供たちはジムの悪食の評判をものともせず、彼の膝に飛び乗ったり金髪の巻き毛で遊んだりし、大人の男たちも彼を一目見ようとつめかけた。

夕食後、客人のために台所がきれいに片付けられ、その地方のフォークダンスが騒がしい音楽を背景にして踊られるのを見ながら、彼女は最後の時をジムと一緒に楽しく過ごし、これが最後だと思って思い切ってジムにこんな忠告をしたと記している。

「彼に生き方を変えなければならないと力説しました。まず飲酒をなくすように言い、彼のように傑出した頭脳を持ちながらそのような悪徳の奴隷になっているのは情けないことだとまで言ってやりました。『もう遅すぎる。そのように生き方を変えるには遅すぎるのだ』と彼は言いました。そう、もう遅すぎる。彼は静かに涙を流し、『かつてならできたかも知れない』とつけ加えました」

確かに、かつてならできたであろう。この会話は彼らの全部の出会いの中で、もっとも痛切に胸を打つものである。

翌日の絶景は筆舌に尽くしがたいものであった。フロスト・フォール現象が見られたが、これは大気中の水分が羽毛やシダの葉に集まって見事な結晶を見せる樹氷という現象で、稀薄な大気と厳寒の地にたまたま生じるもので、大気は知覚しえない小さいダイヤモンドのようなきらめきに満たされ、イザベラが後にした紫の山々が優しい青のベールに包まれて穏やかに見えている。四輪馬車が着くと、イザベラが以前にどこかで会ったことがあるイギリスの伊達男ヘイグ氏が乗っていた。彼の様子は彼女の筆によるとこんな風に描写されている。

「彼はイギリスの伊達男そのものといったいでたちで、私が彼をジムに紹介すると、レモン色の子山羊の革製のぴったりした手袋をはめた小さな手を差し出しました。ジムのおんぼろでよれよれの服、グロテスクな格好が、紳士然としたヘイグ氏の態度は成り上り者の俗悪さ以外の何ものでもないことをいっそう目立たせたようです」

清潔でもったいぶった子山羊の手袋が、親しいジムの大きくて武骨な手で握手されたこの瞬間を思い出す度に、イザベラは痛々しい思いで胸が一杯になった。それは彼女の前途に待ち受けているものと背後に残してきたものを象徴するとともに、当時彼女が予測をしたはるかな未来の悲惨さも象徴するようだった。

馬が地面を蹄でかきむしり、御者が手綱を引き締めて鞭をいれると、馬車はきしみながら泥道を走っていった。イザベラは振り向いて手を振り、目を一杯に見開いて周囲に目をやり、再び目をやった。彼女は最後の手紙の一節をこう結んでいる。

「山男ジムが金髪を日光になびかせ、素敵な雌馬を引き連れてゆっくりと雪で覆われた大草原の向こうのエステズ・パークに帰っていきます。それには、私が八百マイル（約千三百キロメートル）もの長旅をした鞍がつけられていました」

V

ところで、イザベラの初期の伝記作家であるアンナ・ストッダートの記録に、次のようなものがある。「サンドウィッチ諸島からの帰国途中、イザベラ・バードは数ヵ月間ロッキー山脈の療養所にいたことがある。そこで有名な馬による旅日記をものにし、リヴァプール行きの汽船に乗船するまで、ロバートソン夫妻のもとに滞在していた」。正確無比で味もそっけもないこの記録によれば、一風変わったコロラドの情熱的な冒険譚は、イザベラが帰っていくエディンバラの客間に合わせて不穏な箇所を削除され、緊張感を失ったものになり、激情家で肉体的魅力を備えたロッキーの山男ジムは、道徳的情熱を抱き良きキリスト者である婦人の同情を引く程度の人間に変形させられている。

ストッダートは「イザベラはジムが罪から逃れて立ち直り、悔い改めるようにやさしく話しかけ、聖書の引用文を繰り返し記憶させることによって不幸な男の自尊心を取り戻させようとした」のだと想像している。確かにイザベラはジムに飲酒を止めるようにとか、神の愛について話をし、ジム自身も卑下したときには自らの魂を救うために神意を尋ねたりしたが、幸いなことにこんな気難しく神聖ぶった当時の流行に流されることはなかった。イザベラもジムも、混ぜ物のない生活、乗馬、情熱に最高の価値を認め、因習にこり固まった情熱のない生活にはうんざりしていたのである。ストッダートはスコットランドの暖炉からほとんど一歩も離れることなく、イザベラの貴重な経験談を自分の価値判断に応じて冷酷無慚《むざん》に歪曲してしまった。

しかし言うまでもないことだが、イザベラはリヴァプールに着いて息せき切って帰宅し、懐かしく善良で先見の明のある妹ヘニーに会ったとき、この活気のない雰囲気に逆らって元気一杯に活動した。姉妹は連れだって友人宅を訪れ、教会の素晴らしい説教に一、二度耳を傾け、穏やかなウーズ川の船遊びの休日を楽しんだ。イザベラはサンドウィッチ諸島に関する手稿に手を入れ、「ハワイの歴史の断片」を追加して結びの章を完結し、「詳細な個人的記述を削除」した。そこでストッダートは、当然ながら「平々凡々で」誰の記憶にも残らないようなウィルソン氏に関する記述は無慈悲に削除されたと書いている。

一八七四年の夏、イザベラが休日でスイスに行こうとしていた矢先にコロラドから手紙が届いた。それによると、ジム・ヌージェントがエステズ・パークでグリフ・エヴァンズに頭部を撃たれたと書いてあった。それについて、彼女は五つもの異なった状況を記した情報を受け取ったが、そのいずれに関しても公表を断ったのは賢明であった。その悲劇について、彼女は簡潔に「あまりに痛ましくてコメントする気になれません」と言っている。そう言いながらも、しばし思いをめぐらす時があったに違いない。あの美しい谷間が、彼女が好きだったエヴァンズによって彼女がほとんど愛したジムが撃たれたという邪悪な行為によって、血で汚された事実を、彼女は忘れることはできなかったであろう。

この事件の記事は、いつでもまるで偶然のようにタイミングよく出てくる高名なメアリの父親であるジョージ・キングズリーによって書かれた「スポーツと旅に関する小論」に、もっとも多くの解釈が記載されている。その事件が発生したとき、スポーツマンで医者であったキングズリーは、ダンレイヴァン卿と一緒にエヴァンズの牧場に滞在していた。彼の証言によれば、六月の晴れた日、エヴァンズはベッドでうつらうつらし、いつもレモン色の子山羊の革製の手袋をしている気取った紳士であるヘイグ氏は、玄関のポーチに座って「ハンティングの真似をして時間をつぶしていた」。

そのときまったく突然に、とりわけ「荒れ模様」の不穏な雰囲気をしたジムが入りこんできてライフル銃でヘイグ氏に照準を当てた。それを見たヘイグ氏は飛び上がって「ジムが撃とうとしているぞ」と叫び、エヴァンズが自分の銃に駆け寄って取り上げると、ドアから外に走り出てこのならず者に向けて散弾銃を発射した。そしてジムに対する殺人容疑の逮捕令状を取るために、もっとも近い町に向けて駆けていった。その間、ジムは頭に散弾を受けたままハコヤナギの木立の下に横たわっていた。

最初に彼の手当てをしたのは、急に呼び出されたキングズリーである。彼の見立ては即死ということだった。だがフォート・コリンズの病院に運ばれたジムは、キングズリーに言わせれば「頭に二等分された弾丸が入っている」という状態で持ちこたえた。もちろん、これで済んだわけではない。男たちの間にわだかまっていた凶悪な敵意については、主に二つの動機が考えられる。反ジム派ともいうべき徒党の主張によると、ジムの行動が常軌を逸して危険になってきたこと、もうひとつは十六歳くらいになるエヴァンズの娘ジニーをジムが誘惑しようとしていたことであった。

ジムのこうした傾向について、地方の吟遊詩人の役割を果たそうとしてジムは「ジニーの魅力を賛美し、彼の情熱が報いられないのを嘆く」詩を書いたというプラット・ロジャーズの証言がある。この説をイザベラが聞いたことは疑いない。彼女が深く傷つき、刊行された本の脚注に「ジムが死んだ後に初めて、彼の性格の一番悪いところを聞いた」と書きこんだのももっともなことである。

しかしながら、これも悪意あるゴシップかもしれず、真相、もしくはこの殺人についてもっともらしい説明を隠蔽するために広まったのかもしれない。というのは、イザベラがジムと別れた日にジムに最初に紹介したヘイグ氏自身がダンレイヴァン卿の代理人としてやってきて、エステズ・パークを卿の狩猟用の私有地として買収にとりかかったという事実があるからである。その事件に関して自説を展開できるほど長くこの地に住んでいたジムにしてみれば、ダンレイヴァン卿に土地を売って、自分の土地を越えて勝手にパークに出入りされるのを嫌ったという理由で撃たれたということもありうる。

以前から「ダンレイヴァン一派」に取り込まれていたエヴァンズは、イザベラがはっきりと言っているように長年にわたって嫌いぬいていた男を撃ち殺すことに同意したかもしれない。地元の新聞はこの乱闘を彼らの偏見に従って書きたてた。ある新聞は、ジムがエヴァンズに「銃を乱射し」、エヴァンズが純粋な正当防衛のために撃退したのだと報じ、他の新聞は、「エステズ・パーク売却に関する不正取引をするためにダンレイヴァン一派」がジムを撃ったのだと報じた（もしこの動機が正しければ、キングズリーの証言はきわめて疑わしいものとなる）。

ジムは『フォート・コリンズ・スタンダード』誌に彼自身の説明を掲載し、法の追及をかわす手助けをしてくれる人にならたんまりある懐の金を惜しみなく払うような「二人の乱暴なイギリス人」から一方的に襲撃されたと書いている。彼は怒りをこめた口調で、「偉大なる神よ。これが神の慈しみ給いし土地なるや？　一八五四年以降コロラドの土地を歩き続けてきたこの私、アメリカ市民は、私の命を狙った巧妙な企みが失敗に終わるや、私の命と人生の自由を狙われたに違いない。それもすべて、イギリスの神のために」としめくくっている。

哀れなジムが最後に公正な裁きを受けられなかったことは事実である。エヴァンズは暴行罪で召喚後に保釈されたが、ジムは病院で保安官の監視がついた。少しの間だがジムに一時回復のきざしが見られて退院したが、エヴァンズに対していかなる行動もとらなかったように思われる。しかしながら彼の容体は頭蓋内にとどまっていた銃弾によって急速に悪化し、キングズリーは「首尾よく殺された兎のようにあっけなく死んだ」と、かなり満足の意をこめて表明した。『ロッキー・マウンティン・ニュース』紙は明らかにエヴァンズ側につき、ジムの死亡記事に「過度の飲酒とそれに伴う当然の報い」であると書き、その記事に対する反論を法廷に持ちこむほどジムに対する民衆の同情は高まらなかった。エヴァンズによる故殺ではないかという訴えは、翌年になっても取り上げられることはなく、目撃者は都合よく散り散りになってしまった。

もし陽気な小男エヴァンズが実行した予謀殺人の罪を免れ、ダンレイヴァン卿が二、三年後にパークの土地を買収したにせよ、この土地はイギリスなら簡単に禁猟区になるところに住んでいた紳士にとって、住民意思の表明を抑えるのに予想外のわずらわしい負担になった。このつかみどころのない真実について、苦痛に満ちた手紙がイザベラのところに届いたが、魅力的なジムが「頭に銃弾を受けて不名誉に墓地に埋葬されている」という事実とその光景が常時イザベラの脳裏に焼きついて離れなかった。ストッダートによれば、イザベラはニュースを聞いた後「ジムが悔悟することなく死んでしまい、二人でかわしたもう一度会おという約束の記憶が残った」という悲惨な状況の中で、スイスに休日の保養に出かけたという。そして、ある朝イザベラが暗示にかかったような憂鬱な状態でホテルのベッドで横になっていると、ジムが夢うつつの中に、「最後に見たときと同じわな猟師の服装をして現われ、彼女に丁寧におじぎをするとかき消すように消えてしまった」と記述している。後になってその日付を調べてみると、それはジムが実際に死んだときと同じであったというのは言うまでもない。この不思議な現象の原因が何であれ、このことはジムがイザベラの想像にどれほど強い影響を及ぼしたのかということを明確に示している。というのは、彼女は原則として幻覚に従うようなことはまったくなかったからである。

ジムの悲運について、イザベラがどれほど深く悲しんだのかは分からない。何故なら、当時でさえもこれは一部秘められた悲しみだったのであって、彼女の情熱がどれほど熾烈をきわめたものだったのか、想像することもできないからである。それから数年経って、コロラドの冒険旅行がありえなかったことのように、そして素晴らしいファンタジーだったように思われるようになった頃、友人に出した手紙の中でイザベラは、「私が山男ジムを愛していたなどと、誰にも言わないで下さい。……私が感じるのは、彼の魂を憐れみ救うことが私の念願だったということです」と書いている。それならそれでよい。いずれにしても過ぎ去ってしまったことである。

翌年、ジョン・マレーによって刊行された『サンドウィッチ諸島の半年』によって彼女の精神は高揚した。この本はたちまちにヒットし、『スペクテーター』誌によって「驚くべき非凡な素晴らしい本」であると激賞された。あの『ポール・モール・バジェット』誌も「環境が良すぎて自ずから怠惰になりがちな」状況の中で示したイザベラの本物の肉体的エネルギーと情熱を誉めそやしている。格式の高い定期刊行物『ネイチャー』誌でさえも、彼女の植物学に対する広範な知識の正確さに舌を巻いた。

わずかな批判的意見は、大げさになりがちなことと、「説明不足をエピソードで補う」傾向があると指摘するものである。イザベラも分かっていたのだが、これは正しい指摘だった。しかし彼女は出版社に「私の文体の冗長さは、恐らく熱帯という贅沢な環境の中で書いたせいだと思います」とほのめかすことによって、この欠点を正当化しようとした。このあいまいな表現は読者を多少は楽しませるかもしれないが、説得力に欠けるものがあるということを炯眼《けいがん》なジョン・マレーは見抜いていたに違いない。それはともかくとして、彼女はこんなことをつけ加えている。「私はこの本がかなり良いのではないかと今は確信するようになってきました。……この本については楽しいことしか思い出さないのです」。

この称賛によって気が晴れたイザベラは、一、二年の間は心がはずんでいた。そして植物学の知識を増やすために組織学の講座を受講したり、エディンバラの五月集会に出席したり、あるいはエディンバラの運転手がよく来る「隠れ家とコーヒーショップ」を訪れて社会事業に参加したり、妹が最近になって借りた小別荘のあるマル島で夏の一時期を過ごしたりした。しかし、次第に彼女が恐れていたあの身になじんだ症候群が襲ってきた。まず「断続的な発熱を伴う」神経痛、背骨の痛み、そして物憂い抑圧感といったものである。医師は再び彼女に旅に出るようにと勧めた。それを聞いたイザベラは、東洋へ行こうと心に決めた——二十年来情熱を抱いていた東洋へ。彼女が汽船に乗って日本へ向かったのは、一八七八年初頭のことであった。

第三章　日本――奥地紀行の内幕

I

一八七八年の晩春、イザベラ・バードは日本に到着した。その当時でさえ、日本はすでにアジアの新興国であった。アメリカのペリー提督が人里離れた港に上陸し、多少とも強制的に徳川幕府に圧力を加え、最終的に外国貿易に向けて開国するという条約の締結を迫ったのは、そのときからちょうど四半世紀前のことである。このとき以来、日本人は西洋がスタートの合図をするのを待っていたかのように、まるで拍車をかけられた馬のように息せき切って西洋に追いつこうとしてがむしゃらに突き進んでいった――一部の先見の明のある進歩的な日本人は実際待っていたのだ。そして、日本人の進歩の速さは驚異的だった。

一八五〇年代末に三つの港が貿易港として開港し、少数の進取の気性に富んだ外国人の商人が商店を構え、その他の港も開港した六〇年代末になると、貿易は急速に拡大していく。ヨーロッパの首都を歴訪してきた日本の政治家は、できるだけ早急に西洋の文物を真似て取り入れようとした。徳川将軍は事実上の無血戦争のような内乱によって倒幕され、その後、若い明治天皇の下に進歩的な寡頭政治体制が確立されていった。

イザベラが日本にやってきたのは最初の鉄道が敷設され、銀行、新聞、郵便局、工場などができつつあった頃である。農民は子供たちに西洋の知識を身につけさせるために、新しく増築された学校に送り出し、水田の上をはしっている電線を通って伝えられているメッセージが見えないものかと、時々目を上げて眺めていた。

一方、都会ではあかぬけた男がバルーシュ型やランドー型の馬車にモーニング姿にシルクハットを被って乗り込み、シャンパンを飲みながらナイフとフォークを使って食事をしていた。一八七〇年代の日本の追い立てられて焦っている状況を一言で言えば、それが機能本位であれ取るにも足らぬものであれ、あるいは機械的であれ途方もないものであれ、周囲に似合わず見苦しいものであれ、見境いなく取り入れたということである。

イザベラは目のあたりにしたこうした状況を賛美し、大いに興味をそそられたが、好きにはなれなかった。新生日本は彼女がいつも「古い紋切型」と呼んでいたものが欠けていた(イザベラにとってこれが刺激的でなく、狭量的であることを意味するのは言うまでもない)。彼女にとっては矯正することのできない、後ろ向きの、本質的に不変の東洋こそが本当の慰めを与えるものだったのである。

後年、朝鮮や中国に旅したときにも感じたのだが、この日本の旅でも無知蒙昧で迷信深く、頑固で悪賢く、支配者に従い、慣習にがんじがらめに縛りつけられている東洋の農民の「希望のない暗さ」に彼女は心を痛めた。それでもどこか大きな町へ行くと、一般住民の状況はこれよりは良好で——そこには商取引があり、下水道、駅、闇を明るくするガス灯などがあった。彼女は「未開地の粗野な自由」へ逃げ込んだ。彼女は西洋の技術と知識が東洋を豊かにし活気づけることは理屈の上では分かっており、日本を旅している間、こうした進歩を忠実に描いたが、それを見て感銘を受けたことはほとんどなかったと告白している。彼女はがたがた進む荷馬車が汽笛の音に取って代わられ、以前は干物の魚と酒しか売っていなかったのに、肉の缶詰と瓶詰のビールを売っている店を見ても何の感興も覚えなかった。

自己矛盾ではあるが、彼女は秘かに以前の方がずっと今よりも純粋で正直に生きており、まともだったと感じ、たった一日横浜に居ただけで「本当の日本を探しに行きたい」と痛切に思った。当時の横浜は雑然と繁栄している都市で、西洋風のどっしりした建物と舗道に街灯が点いており、海岸通りには最新設備を備えたいかめしいホテルが立ち並び、部屋は鼻にかかった声で話をする旅行客で満室だった。というのは、日本はすでに世界各地を旅行する人の旅程に組み込まれていたからである。日本の評判はエキゾチックで安全であり、ロマンチックでありながら野蛮な危険はなく、美しいがそうかといって近づきがたいほど畏敬の念を起こさせるものではなく、そこに住んでいる人々は清潔で礼儀正しいというものだった。

このような非の打ちどころのない美点は、それ以後三十年も西洋の旅行者を引き付け、イザベラ自身もそうした大衆のほんの一歩先を行っているにすぎなかったために、日本の奥地へと急速に引き付けられていったのである。彼女はこの旅行記を『日本奥地紀行』と名づけたが、世界を股にかけて旅する人たちの足音をこれまでにないほどすぐ背後に感じていた。旅の最初の段階は、旅に欠くことのできない通訳、ポニー、「馬の引具」などを準備することだが、幸運にも彼女が有名であったためにイギリスの日本領事館の公使ハリー・パークスに紹介状を書いてもらうことができた。

イザベラは初めてパークスに会ったとき、「若作りで中年に入ったばかり、体形はやせ型、行動的で知的、青い瞳を持ち、明るい髪と微笑《ほほえ》み、温和な雰囲気を漂わせた完全無欠なイギリス人です」とべた誉めしている。彼女が一目でパークスを気に入ったのは明らかである。彼らは親しい友人になったが、このことはパークスがイギリス外務省内で当時の日本と中国の事情にもっとも精通していたという点において非常に好都合だった。そして、夕食後に公使館の客間に座って、現在の日本の急成長についてパークスが直接体験した話を聞くことは、日本の事情を理解する上で楽しく有意義なことであった。

パークスが日本に来たのは十三年前、徳川幕府はまだ権力を握っており、外国人は未だ「外部からやって来た紅毛碧眼の夷狄《いてき》」であると見られていた。彼は日本人が西洋の侵略にさらされたときに発揮した決意とエネルギーを称賛する一方で、日本人はその本質と言外の意味を十分に理解することなく革新を真似ることに、しばしば抵抗を覚えることなく、むしろそれに満足していることに気がついた。日本に対するパークスの初期の熱情は幻滅によって次第に冷えこんでいったが、彼がイザベラにこの幻滅を語ったことは間違いない。一方、イザベラ自身は、日本の物質的、社会的進歩を評価するにあたっては慎重で、「日本は多くのことを上手く賢明に実現してきたが、まだやっていないことが沢山ある」と力説している。日本の奥地を旅することによって、イザベラは日本人が近代化という夢を実現するためにはまだなすべきことがあることを、多くの西洋人よりもはるかに多く見聞した。そして条約の下で見せ掛けの西洋化を実現した港と首都の背後にある東洋的な不潔さと無知を記したこうした報告こそが、彼女の著書に高度な独創性と一般の人気をもたらした所以である。

決して自分では奥地に入り込まない用心深い外国人とは異なり、パークス家の人々はイザベラの旅に全面的な協力を惜しまなかった。パークス夫人は油紙で覆った軽い籠を二個と、貴重な「ゴム製の風呂」を用意してくれ、パークスは東京以北は事実上どこへでも行ける旅券を公布してくれた。日本の外国人嫌いがまだ蔓延していたこの時代、外交官以外のすべての外国人に要求されるこの旅券は、国際条約の締結外の地域を旅する際に必要不可欠な貴重なものだった。その頃は、いかなる「夷狄」も近づくことを許すのは危険だと思われていたのである。外国人が旅するときには、「健康上、あるいは植物学または科学的調査のため」と断らなければならず、ほとんどの外国人は何らかの分類に押しこめられていた。こうした点から見れば、イザベラはこの枠から出た最初の人間だと思われる。旅券の所有者には、以下のような煩瑣《はんさ》で長々しい禁止条項がついていた。「森の中で灯《ひ》を点けること、馬にたいまつを持ったまま乗ること、禁猟区に侵入すること、寺院の壁に落書きすること、狭い道で速度をあげて馬を走らせること、……銃を撃つこと、そして日本人と貿易または商取引の約束をすること」などである。

イザベラはこのような制約を、とりわけ煩わしいとは思わなかった。彼女は旅券を腰にくくりつけたバッグにしまいこみ、「薄茶の縞のツイードの服を着、竹で編んだ大きな鉢を逆さにしたような帽子を被り、靴ひものついた磨いていない革靴をはく」という「旅行着」に身を固めて、そっとうかがうような目付きをした十八歳の若者である通訳兼ガイドの伊藤に出発の合図をした。行く先はとりあえず十七世紀に建造されて以来、旅行者の憧れの場所になっている豪華絢爛目を奪うばかりの日光東照宮である。日光東照宮は、舗装された優雅な道をたどって小さな小石を敷きつめた中庭に行くと、もっとも偉大な工匠による傑作が並んでいる。銅製の梵鐘《ぼんしょう》があり、宝物殿は赤いのどをした伝説の龍、百合、とがった歯をした魔神、黄金を目にはめこんだ虎で飾られていた。銅ぶきの古色蒼然たる屋根は、なまめかしい角度で勾配がつけられ、東照宮の内部は真鍮製の香炉、深紅と真珠色の垂れ幕で覆われている。晴天の日には光沢のある漆、黄金の壺、伝説の獣と咲き誇る花の絵によって飾りたてられている柱廊に日の光が反射している。

だがイザベラから見れば、この寺院は雨が降って、観光客のいないときこそ美しいと感じた。そのときには紫色の渦巻形の頭髪をした雷神が、壁龕《へきがん》にいる従者像とともに深く沈んだ湿気の中に輝き、暗緑色の滴をしたたらせている寺院の背後にある杉の傍らにあって、軒先に釣ってある小さい風鈴がかすかな音をたてており、聖なる水を流している小さな滝が水槽に落ち込む水音が聞こえる。その他の物音といえば、湿った敷石の上を足を引きずって歩いている従者のわら靴の音だけである。寺院の美にすっかり魅了されたイザベラは、しばらく日光に滞在した。この日光で、彼女は農村の生活をはじめて実感することになるのだが、この厳しく苛酷ながらも魅了するような経験は、これ以後二十年にもわたって彼女が直面することになるものであった。彼女の前途には、人を欺くような牧歌的な雰囲気が待っていた。

朝七時になると子供たちが太鼓の音で起こされ、学校へ行かされる。従順な教えやすい子供たちは、国語、漢文、算術、歴史、地理などを、黒板と机があり、地図が壁に掛けられた教室で教えられるのだが、イザベラは「あまりにも西洋化されすぎている」と思った。朝のうち、道路からは昼食用の豆腐や海苔《のり》、塩漬けの根菜を買いに行く主婦の下駄のがたがたいう音が聞こえてくる。イザベラの部屋から下方を見下ろすと、金谷《かなや》氏（彼女が泊まっている宿の主人）がへなへなの麦わら帽子を被って太陽の下をアザレアの花に囲まれてぶらぶら歩いているのが見え、優美に造られた池の周りを飛びかいながら、小鳥が小さい羽虫を素早くついばんでいる。少し経ってから学校から解放された子供たちが、石で囲われた堰によって中央に流れ落ちている小川のほとりに集まってくる。

彼らの独創的な玩具は、水車、赤い風車、貝の殻で作った舟などであり、それらがはね上がったり回転したりしながら流れていくのを見て競争し、途中でひっくり返ったり、難破したり、車が壊れたりすると、それまで沈着冷静だったのが一変して、歓声をあげたり、ののしったりする。日が暮れると、熱い風呂からあがって血色がよくなった幼児が父親に肩車されて道端に出て、大人たちが一段と高い床屋でひげをあたったり、髪を結っているところを見やっている。この床屋の風景はイザベラに言わせると、日光滞在中もっとも興味深いものだった。その情景をイザベラはこんな風に記している。

「石鹼が用いられないので、剃られるのは苦痛が伴います。この犠牲者は着物を腰まで落とし、切った髪の毛を受け取るための漆器の盆を左手に持っています。このとき醜い日本人の顔は奇怪な表情をあらわし、床屋が顔に手をかけてひっぱりまわし、自分があげている成果をよく見ようとして四方八方にひねりまわすので、客は無神経にあきらめています。すべすべと光るまで顔を剃り、髪を刈り、びんつけ油をぬり、こよりで髷《まげ》を結んで作業は終了します」

この髪結いのやり方は、すでに時代遅れのものになっていた。当時、都市部では明治天皇自身も含めて、乱れた髪をいろいろな長さにそろえて襟の上部で刈り込むという西洋風の髪型が流行っていたのだが、農村地帯ではまだ流行《はや》っていなかった。東京から徹底的な指示やファッションが出されたにもかかわらず、日光の男たちのほとんどは髪を長く伸ばし、びんつけ油で固めて尻尾のようにきちんとした型にして頭頂でまとめるという旧来の髪型にしていたのである。

日の光が弱まり、町を流れる小川が暗くなる夕暮時に床屋から帰ってくると、家族はみんな家の中に入り、行灯《あんどん》に灯がともされる。この「みすぼらしい用具」は、白い紙を張った枠で四方を覆い、内部に火のついたイグサの芯が浮いた油皿がついているランプの一種である。行灯の予測できない炎のゆらめきのそばで、金谷氏の年長の子供たちはイザベラの神経にさわる単調なつぶやき声で本を読み上げて翌日の予習に余念がなく、大人たちは囲碁を闘わせたり、話に夢中になったり、あるいは三味線をかき鳴らして燗をつけた酒を飲みかわしている。この酒は「飲むとたちまちに頭にくる」ようなもので、飲んだ男たちは単調な二つの音階を繰り返す歌を歌うのだが、それは「ひどく哀れっぽく」聞こえるものであった。

一方、半分理性をなくした従者が「なんとも愚かしげな身振り」で踊っており、みんながそれに打ち興じていたが、イザベラはそれを見ているうちにあまりの低劣さにあきれて次第に気持ちが悪くなってきた。十時頃になると悪臭を放っている行灯はつけっぱなしにしたまま、木製の雨戸をきっちり閉めて戸締まりし、クッションのついた木枕と、夜食用に砂糖菓子を盛った盆が出され、家族はそれぞれ色とりどりの布団にくるまって寝る。一人、二階にいるイザベラは月光に照らされた部屋を見回した。ほっそりした白い花瓶にアザレアの花が一輪差してあり、繊細な装飾で飾られた茶だんす、黄土色の生地の上に霞がかかったような風景が描かれている掛軸――この部屋はあまりに素晴らしいので「インクをこぼしたり、布団にへこみをつけたり、障子を破ってしまうのではないか」とイザベラはいつも心配になるほどであった。

そして従者たちの粗野でおどけた行動を見るにつけ、周りの制限された整然とした美の下に隠されているイザベラの理解の外にある村落の奇妙で荒々しい日常のしきたりを思って、不安な気持ちを抑えきれなかった。この国の風土と人々の風変わりなところに対するこの感覚は、彼女が北方へ足を伸ばすにつれて増幅し、因習的な世界を股にかける旅行者が見てきた柳模様で描かれた日本のイメージとも、新時代の電信技師や白い子山羊の革の手袋をはめている駅長とも大いに異なっていることにイザベラは気がついた。

彼女がその目で見、ある意味で好きになった日本は、後期中世の面影が残っている粗野で上辺《うわべ》をとりつくろうことなく、しばしば不潔な――だが独創的で素朴で拘束されない日本そのものであった。その違いは彼女が日光を出発して伊藤と一緒に情けない雌馬に乗って、誰もが言うように道らしい道のない北方の森を通り抜けたときに明らかになった。確かに人が言うように「道」はすぐに馬しか通れないほど細くなり、玉石の間をジグザグにかかっている丸太橋を通り、地滑りした跡のある瓦礫の山を抜けて泥をはねあげながら沼地へと進んでいった。たまたま行き着いた集落は、ぼろぼろのわらぶき屋根をふいたひどく壊れた小屋のような家が集まっており、部屋はひとつしかなく、前庭は踏み付けられた堆肥が重なり、近くの汚れた小川で人々が体を洗ったり洗濯をしているのが見えた。

　彼らはあまりにも汚く——皮膚が汚れて固まっているので、まるで衣服をまとっているようになっている。イザベラは彼らを見て、「男たちは何も着ていないと言ってもよいでしょう。女たちはほとんどが短い腰巻きを腰のまわりにしっかり結びつけているか、あるいは青い木綿のもんぺをはいています。それは脚にぴったりしたもので、上部はだぶだぶで、青い木綿の着物を腰まで開けたまま帯ではしょり、青い手ぬぐいを頭のまわりに結んでいます」と書いている。短い腰巻きは「野蛮に見え」、女が裸の病気の赤ん坊を抱いたり背負ったりして外国人をぽかんと眺めながら立っているのを見ると、イザベラはとても「文明化」した日本にいるとは思えなかった。

　とくに地方の典型的な宿屋に泊まったりすると、さらに一層イザベラの確信を裏付けるようなものはなかった。部屋には隙間風が入り込み、煙ったく、ノミが飛びはね蚊がぶんぶんうなっている。下水汚物から酸っぱい臭気が立ちのぼり、垂木は湿っぽい煤で包まれ、壁の代わりに破れた障子が倒れかかっていた。障子はイザベラの最大の苦手とするものであった。というのは、ひとたび彼女が来るという噂が流れると、人々が彼女を見るために隣接した部屋に集まり、障子に無数の穴を開けてそこに目をひたと据えて、外国人の女というものはどんなものかを見ようとするからである。夜休もうとしたときに、この押し黙った暗い熱心な眼差しで見つめられているのを意識すると、いらいらし当惑させられるものだった。

あるとき、彼女がとりわけ体調が悪いときに、主人にその穴をふさぐように言い付けたこともあった。イザベラ自身を見たがるというこの奇妙な出来事の他に、人々は彼女の所有物——ゴム製の風呂、空気枕、白い蚊帳などをも熱心に見たがった。伊藤が言うには、これらの品物の見料として一日一円取ることができるという。警官も通行許可証を詳細に調べるという名目でやってきては、イザベラとその風変わりな身仕度に好奇の目を光らせていた。こうした陰鬱で不潔な日常のさなかにあって、美しい眺めが旅を慰める日々もあった。それらは香りのよいスイカズラがくもの巣のように取り巻いている一連の木々、農家の草ぶきの屋根が夕日の残光の中に柔らかそうに輝いている風景、廃寺へ行く道を示している鼻が欠けているがしっかりと立っているずんぐりした石仏の列などである。

しかし多くの時間が、諸々の事柄で悩まされた。たとえば性悪な日本の馬は歩くたびによろめき、ラクダのように蹴りゆすって歩くので、いつも馬番が引いていかなければならず、ハワイやコロラドのときのように速駆けすることなど想像することもできなかった。いずれにしても速駆けしてその地方に入ることは、不幸なことに三十年ぶりの豪雨ということで不可能だった。連日にわたってしのつく雨が降り続き、村落と池は氾濫し沈澱物が悪臭を放って、じめじめと湿った家の中に入ることもできない。そして至るところにカビが生えていた——昼食に出された米、ベッドの布団やタオル、いつも持ち歩いている王立アジア協会の会報などもカビだらけだった。彼女はいつも湿っぽい冷気の中で生活しており、食物といえば柔らかい粥《かゆ》、古い卵、どろどろした澱粉とキュウリだけであり、背骨の痛みに襲われ、湿気のある大気の中で大繁殖した無数の虫に刺されて苦しめられた。

ある場所で、彼女の足が馬にたかるアブに刺されてひどく腫れあがり、腕もスズメバチとサシバエに刺されてどうしようもなくなり、やむなく宿に地元の医者を呼んで診てもらうことにした。なにか「重大なこと」が起きると普段よりも倍ほども大げさになる伊藤は、貫禄をつけるために絹の袴《はかま》をはいて彼女の前に中年の医者を連れてきた。彼は三度お辞儀をし、正座をして最初に「御手」を、次いで「御足」を丁寧に診察した。何度も深く息を吸い込んだ後、彼は拡大レンズで彼女の目の中を調べ脈をとると、虫刺されがひどくなっていると、彼女にとってはニュースでもなんでもないことをさも重大なことのように診断した。そこで手を叩いて従者を呼び付けると、従者が背負っていた黒い漆塗りの薬箱を下ろさせた。その箱は、いろいろな薬が小さな中仕切りのある小箱に分かれて入っているものである。医者は塗り薬を調合して手と足に塗るように言い、腕に包帯をすると薬をくれ、数日間酒を飲まないようにと彼女に助言した。

彼にはどことなく自信がないような雰囲気があったが、暖かい人柄がしのばれ二人は打ちとけた。彼は「一角獣の角」が入っている薬箱を示すと、この薬は同じ重さの金と等しい価値があるのだと言い、治療は主にこの薬に頼っており、その他に鍼《はり》治療とサイの角の粉末と薬草を調合したものがあると打ち明けた。彼は西洋の外科医術について質問し、人口調節のために出産時にクロロフォルムを用いるのかどうか知りたがった。彼は夕食を共にするまでいて、大いに飲み食いし、腹一杯食べてイザベラがもう少しで大声で笑い出しそうになるほど盛大なげっぷをもらした。食後、彼はイザベラにしきりに煙草を勧めたが、彼女が遠慮すると、何か特別な宗教上の理由から断ったと思ったようだった。

ところで、煙草はポルトガル人によって十六世紀に日本に持ち込まれたものだが、今ではほとんどの男女がパイプで煙草をたしなんでいる。大抵の医者はイザベラに煙草の効用をしきりに言いたてることにイザベラは気づいていたが、彼女は煙草の属性について、煙草を吸わない人に言わせれば、煙草は「愚者の薬草」とか「貧者の薬草」という面白い言いかえがあると言って反論した。一方、喫煙者は「煙草は有害ガスを追い散らし、エネルギーを増幅させ……ときおり一息入れるための休息の言い訳になり……憤りののぼせを鎮静するための時間を与え反省する貯蔵庫のようなものだ」と主張して一歩も譲らない。

多分、イザベラ自身こそ神経を鎮めるために煙草が必要だったかもしれない。というのは、『日本奥地紀行』を書きとめる際に、気難しく不機嫌な繰り言を書きたくなるような気分になり、それに対しては辛辣なジャブを入れるか自嘲するユーモア精神で対抗することだけしか方法がなかったからである。新庄に着いたときの印象をイザベラはこう記している。

「前にも書いてきましたが、新庄はみすぼらしい町です。ここは城下町であり、私がこれまで見たどの城下町も衰微の空気が漂っています。城が崩されるか、あるいは崩れ落ちたまま放置されているというのもその一因だと思われます。新庄は米、絹、麻の大きな商取引があるので、見た目ほど貧弱なはずはありません。蚊が何千となく出てくるので澱粉とコンデンスミルクの情けない食事が終らぬうちに寝床に入って蚊を避けなければなりませんでした。一晩中暖かい雨が降り、私の哀れな部屋は汚れて息がつまるようです。ネズミが私の靴をかじり、キュウリをくわえて逃げていきました」

ネズミの害を防ぐために、ほとんどの家には大抵はネズミを捕る蛇がいる。普段は垂木に住んでいるが、ネズミを捕食して飽食しているときには寝床や下の机の上に落ちてくることがある。イザベラの抑鬱症の真の原因は虚弱な肉体によるものだったのだが、今回はサンドウィッチ諸島やロッキー山脈のような旅に出ることによって劇的に回復したようなわけにはいかなかった。体力の消耗が彼女の苦悩を倍加したが、その原因は夜おちおち眠れなかったからである。ある宿屋では五人の煙草商と一緒になったが、「三味線という憂鬱な楽器」を一晩中かき鳴らし、おかげで彼女は明け方まで一睡もできなかった。

またあるときには盆踊りに出くわし、闇夜を通して聞こえてくる鐘や太鼓の音に悩まされ、さらには彼女の宿泊している部屋の障子をそっと開けて人々が中に入り込み、彼女が目を覚ましてみると、びっくりしたような顔が物珍しそうに彼女を見つめていたこともある。疲労困憊《こんぱい》したイザベラは、人力車が手近にある時は、これを利用した。この「二つの車輪がついている乳母車」のような人力車は、絵画に描かれたり固有なものとして伝統的な日本のイメージによく出てくるものだが、これが発明されたのは約八年前にすぎず、このような人里離れた地域にはまだ普及していなかった。ただし都市部では至るところで走り回り、この途方もない速度の出る小さい乗り物は、イザベラを含めて外国人の目から見るととてつもなく奇妙なものに見えた。その特徴は次のようなものである。

「車に乗るときは梶棒を地面に下ろすのですが、傾斜しているので上手に乗るにはかなりの場数を踏まなければなりません。車に人が乗ると車夫は梶棒を上げ、車体をぐっと後ろにそらします。それから軽快に走り出しますが、乗る人の要求する速度に応じて一人から三人までの引き手が引いて走っていきます。雨が降ってくると、車夫が幌をかけ油紙の覆いで包んでくれるので、外からは姿が見えなくなります。夜になると、走っているときも止まっているときも、長さ約十八インチ（約四十六センチメートル）の美しく彩られた円い提灯《ちょうちん》を下げます。肥って血色のよい貿易商人や男女の宣教師、流行の先端をいくような服を着た貴婦人、名刺入れで身を固めた中国の雇われ商人、日本の農民などが繁華街を飛ぶように走っている様は、なんとなく滑稽な感じがします。……車は疾駆し、追い抜いたり交差したりしますが、それを引いている車夫の容姿は、鉢を逆さにしたような大きな帽子をかぶり、訳の分からない青い色の股引きをはいており、短い半天には印や文字が白く染めぬいてあります。彼らは体は痩せているのですが、丈夫で人当たりがよく、黄色い顔から汗をしとどに流し、笑ったり怒鳴ったりしながら間一髪で接触を避けて猛烈なスピードで走っていくのです」

人力車が走っている光景が見られたのは、開港された港町であることは言うまでもない。多くの観光客が乗り、車夫は裸を外国人に見せてはいけないという政府のお達しを受けてぴったりした紺の股引きをはいて「身仕度」している。といっても、イザベラが気がついたように、奥地ではこのお達しはそれほど行き渡っていないようであった。彼女が人力車に乗って細い農道を走っていると、次のような光景にぶつかった。

「いつものように狭い道路を進んでいくと、囚人を連行している男と、その後ろについてくる警官に出会いました。車夫はびっくりして土下座するために梶棒をいきなり下げたので、私はもう少しで投げ出されるところでした。車夫は急いで横棒にかけておいた上着を着ようとし、車の後ろにいた引き手もあわてて上着を着るのにおおわらわでした。私はどうして彼らがこれほど恐慌をきたしているのか分かりませんでした。彼らは全員が恐怖のためか、震えているのです。この有様を見ていると、スコットランドの長老教会の祈禱の妙な文言が頭をよぎりました。それは『両手で口を覆い、ひれ伏して口を地面につけよ』というものです。彼らは文字通り地面にはいつくばって警官の言うことを拝聴し、頭を少し上げては前よりも深くお辞儀をするのです。すべては、彼らが何も着ていなかったからなのです。その日はひどく暑い日だったので、私が彼らの非礼を詫びてやると、警官は外国人に迷惑をかけるといけないので、今日のところは大目に見てやると言いました。車夫は年配の男ですっかりしょげかえっていましたが、引き手の若い二人は道を曲がって警官が見えなくなるとすぐに上着を脱いで大声で笑いながら元気溌剌に人力車を引いていきました」

この出来事は、この十年間にしきりに発布された新しい布告に対する農村の人々の態度をよく示している。政府は特殊な環境の中で下した布告が適切であるかどうか、確認もせずに人民を取り締まったのである。人々は多くの地方で従順に布告に従ったが、絶対服従の見せ掛けの態度の裏にもうひとつの面を隠していた。彼らは官僚が背を向けると自分のやり方に戻り、うまくやったと自画自賛し、また官僚が現われるとたちまちに権威に服従するふりをするのである。

II

七月末頃、人力車に乗って赤ん坊のように跳ね上げられた後、今度はどうしようもない駄馬に荷物を高く積んだ鞍の上でバランスをとりながら山道の急斜面を登って行き、ある時は「立派な荷牛」の安定した背中にまたがることもできた。ここが久保田（現在の秋田）で、北西にある秋田地方の首都である。彼女はこの町がたちまち気に入った。というのは、そこには典型的な日本人が住んでいたからである。彼らは沈着冷静で見栄をはらず、日本伝来の生活習慣を遵守し繁栄していた。緑に囲まれた細い川を大型平底舟に乗って遺棄された艇庫に沿って行くと、壮麗な暗紅色に包まれた山が灰緑色の川の上に聳《そび》え立ち、新鮮な気持ちよい微風が近くの日本海から吹き込んでくる。その夜の夕食には芥子《からし》のついたビフテキが出されたので、それを食べたイザベラは元気一杯になった。

その昔、久保田は新庄と同じく城下町であり、三つの濠《ほり》に囲まれた城は今に至るも遠い封建時代の雰囲気を漂わせているが、実際にはすでに倒壊寸前の廃墟と化している。現今は工場主や商人がそこで隆盛になり、婦人に喜ばれる青と黒の縞の絹織物や、白絹の縮緬《ちりめん》を生産し、これは東京の商店で高値を呼んでいるという。その他に襖や下駄も生産している。メイン・ストリートに沿って立ち並んでいる地元の商店で、主婦は日常品を買いに歩いており、道端には光沢のある黒髪のかもじやルビー色のヘアピンが飾られている「美容室」があり、玩具屋の店先には鬼の顔を描いた凧《たこ》、紙で作られた鯉や蝶が棟木に吊り下げられ、薄青色の広口瓶が並べられている。また薬屋の棚の古いメッキの箱の中には、乾燥した薬用植物が入っている。桶屋と編み物屋には今にも手から飛んでいくように見える葦で作ったバッタの模型や、焦茶色と黄褐色のわらの束や木材を素材にして美しい銅のたがをはめた盥《たらい》や鷲を入れるほども大きい竹で編んだ籠があるが、これは実際には中に石を入れて防波堤に用いるものである。

そうした光景にもかかわらず、久保田には西洋の影響が見られ、その中でも顕著に目立つのはイザベラが訪問した新しい病院と師範学校である。病院長は西洋医学を学んだ医師で、未だに「一角獣の角」を入れた薬箱を持ち運んでいる旧弊な医師とこの医者の手法を比較するのは面白い。久保田病院ではクロロフォルムの使用に対する抵抗は少なく、「リスター氏（訳注　イギリスの外科医学の完成者）も満足する」ほどの消毒液が院内に散布されていた。学校もそれに劣らず大きく改革され、今まで主流だった漢文、国語、軍事教練に代わって、化学、ガノーの物理学、J・S・ミルの経済学などが科目に加えられ、西洋文化の体現者としてイザベラ自身も高く評価されたようだった。立ち去るに際して、イザベラは教員のひとりに宗教教育についてどう思うかと尋ねたところ、彼は一笑に付し、「私たちに宗教はありません」、さらに「教養ある人々は皆宗教は誤りであるということを認識していますよ」と言い放った。当時のイザベラの同時代人と同様、イザベラもこの態度に大いに幻滅した。彼らにとっては、いわゆる啓蒙的西洋の制度は疑いもなくキリスト教と密接に結びついており、そうでない制度は、卵黄のない卵の殻、あるいは馬のいない馬車のようなものなのである。

「日本は専制政治の頂点にある帝国なのに、底辺に裸の車夫がいるのです。ここでは味もそっけもない物質万能主義がもっとも価値のある信条と思い込み、物質的財こそが最終目標であり、そのために改革、破壊、構築を繰り返し、キリスト教文明の成果を恥も外聞もなく取り込んでいるのですが、果実をもたらす木そのものは受け入れないのです」

とイザベラはこの一件に怒りをこめて書いている。イザベラの通訳として雇われた伊藤は、正しくこの典型であった。彼は頭が切れて自惚《うぬぼ》れの強い、がにまたの若者で、砂糖菓子と茶店の娘が大好きな男だが、「私たちの感覚によれば、道徳的感覚が全く欠如している」とイザベラは言う。彼は熱烈な愛国主義者で、心の中では西洋人を忌み嫌っており、もし日本が将来、西洋から学ぶべきところを学び終えたら、「日本は競争で西洋を追い抜くだろう。というのは日本は持つに値するものはことごとく手に入れ、しかもキリスト教の重荷から解放されているからである」と公言していた。幸いなことに、彼はほどほどに正直者であり、勤勉かつ野心家で「正当な」英語を身につけようと念じていた。たとえば、彼が横浜にいたときに学んで「当たり前な」表現だと思い込んでいた「とんでもなく晴れた日」という言い回しをイザベラが根気よく指摘し直してやると、それ以後その表現を止めて、二人が海と空が青く晴れ上がった誰もいない海岸を一緒に歩いていると、「何とよく晴れた日なんだろう」と言うようになった。

そしてついに、ある晴れた日に二人は久保田を出発し、青森へ向かって北方に道をとった。そこから汽船に乗って北海道に渡るのである。それは数百マイルにも及ぶ長旅であり、二週間ほどの日程を要する。最初の日に、彼らは開催中の夏祭りにだしぬけに遭遇した。町の通りは提灯が立ち並び、人でごったがえしていた。その様子をイザベラはこのように描写している。

「猿や犬を使った芝居小屋があり、二匹の汚い羊と一匹の痩せた豚を群衆が珍しそうに見ています。日本のこの地方では、この動物は珍しいのでしょう。半時間ごとに女が首を切らせる見せ物があり、料金は二銭です。寺のような屋根をつけた山車《だし》があり、四十人ほどの人がそれを引いています。山車の屋台の上では、金持ちの子供らしいものが踊りを見せており、ます。正面の舞台では二人の男が古代の服装をして長い袖を振りながら退屈な古典舞踊を演じています。これは退屈そのもので、長い袖を動かし、足を強く踏み付けたり、意味は不明ながらノーという言葉を時々発しています。ここでも外国の女性は珍しく、人々の注目の的になりました」

彼らは湊《みなと》と呼ばれる楽しそうな町並みを通り抜けていった。

「この街道は砂とねじれた松の並木道で、その先に数百人という人々が馬に乗ったり歩いたりしています。四日間ほど雨が降り続いた後なので、皆日の光をあびて楽しそうに見えます。数百頭の馬はそれぞれ赤い布と漆塗りの馬具や綺麗な房で飾り立てています。わらの束や綱をつけ、鞍はアーチ状に盛り上がり、両側に荷籠がついていてその中に真剣な顔立ちをした子供たちが乗っています。ときには父親と覚しき大人か五人目の子供が荷鞍に乗っていることもあります」

しかしこの幸運は一時的なものであり、彼らはまた悪天候に見舞われた。数日間、イザベラは濡れそぼった衣服を着たまま震え、水浸しになった寝床の上で眠る他なかった。木も橋も洪水で流され、丘の斜面や土手に水が渦巻いている。わらの雨合羽が家々の軒先に掛けられて滴を垂らして、馬の湿ったわき腹から湯気が立ち上っていた。そのうえ、最後に残った固形ブイヨンやコンデンスミルクのブリキ缶の中にまで水が入り込んでいた。このような状況の中で、村の宿屋はいずこも嵐で動けなくなった旅行客ですしづめになっていた。ほとんどが男たちであり、そこに地元の芸者がうるさい三味線をかかえてやって来て、陰鬱な空に向かって金切り声でわけの分からない歌をかん高い声で喚いている。この騒音ともいうべき音楽は夜遅くまで続き、その合間にうどんをずるずるとすすり、酒を飲み、下品な叫び声があがり、つるべのキーキーいう音、風呂桶のじゃぶじゃぶいう物音、そして最後にはいびきの音で終わる。騒音は、イザベラの部屋の外部からだけではない。

「土曜日の夜に私がベッドに入るとまもなく、伊藤が入ってきてこれから鶏を絞めて鳥鍋にするのだと言うのです。それにはとろ火で長く煮るのがコツだそうですが、鶏を絞める物音が耳につきましたが、やっと眠りに入った頃、今度は二人の警官が入ってきました。理由は全然分からないのですが、どうやら旅券を拝見したいとのこと。それが終わると提灯を持った男が二人入ってきて、つまずいたりしながら別の旅客のためになんとかして蚊帳を都合してほしいと言うので、私はまったく眠れませんでした」

大館《おおだて》で生じたこのような出来事は、その後も繰り返し起こった。たとえば筋張った雌鶏、警官がつきまとうこと、他の旅客の侵入などがひとつの村から他の村へ行く度ごとに生じるのである。彼女のノートによれば、いかなる土地、住民とを問わず、こうした驚くべき同質性が見られるという。

「日本のどこにでも寺院と家が、大小の差はあれ、同一の様式で建てられていることが分かります。壁は木製の壁か泥をこねた壁のいずれかであり、屋根はわらぶき屋根か樹皮または板でふいた屋根のいずれか、家の内部はどこも同じなので、見覚えのある特徴を備えています。農作物は土壌や気候によって異なっていますが、耕作方法は同じで、施肥や農作業の進行の仕方もいつも同じです。これらすべてのことを越えて、あらゆる階層の社会の基準になっているしきたりが同一であるということが、とりわけ目につきます。秋田の日雇い人夫は粗野ではあるが、東京の人夫と同様に沈着で礼儀正しく人に応対し、白沢《しらさわ》の少女は日光の少女と同じく落ちついて、威厳があり、思いやりがあります。子供たちは皆同じ玩具で同じ遊びをし、同一年齢なら年相応の段階を経て成長していくのです。これはことごとく社会秩序の厳しい足枷《あしかせ》に縛りつけられているということであり、どこか悪いところがあるにせよ、それ以上に良いところがあると私は思っているので、西洋の慣習やマナーを真似ることによって日本の公序良俗が破られていくのを見ると心から悲しくなってきます」

旅を続けていくと、どこでも同じ光景、似たような外観が繰り返し現われてくる。各々の村には収穫後に徴税を引き受ける村長がいて、渡し船と橋の状況を報告したり、日々の出来事の記録を残しておく。この記録を容易にするために、各家の戸口に制度上の戸籍を記した表札がかけられ、それに名前、性別、家族の人数が記入されている（ある村で伊藤が調べたところ、二十四戸で総計三百七名が住んでいた）。その他、どの村にも僧侶がいて薄暗く寒々した寺院の法灯を守り、婚礼の酒器や葬式のハスの花などを保管している。そしてどの村にも盲目で頭を剃った按摩《あんま》がいて夕暮の街道を笛を吹いてやってくると、疲れた人をマッサージして歩いている。どうやら同じ人間がひとつの村から隣の村へと、泥だらけの同じ道をいつも歩き回っているように思われる。

馬子、あるいは女の馬引きは、お歯黒をつけているために気味が悪く見えるが、「骨身惜しまず働き、人の良さそうな顔をし」、股引きをはいて草履《ぞうり》ばきで小川や下草の繁った沼地や灌木をものともせずに馬を引いていく。「おとなしくて古い髪型をした」裸の子供たちの一群が荷物運びを手伝ったりトンボを追い掛けたり牛の世話をしたりしている。そして旅の間中、荷役人夫が激しい息づかいをし、あえぎながら荷物を運んでいた。ある夜、五人の人夫が働いているのを見たイザベラは、彼らの貧困と苦痛に胸を痛めた。

「彼らの目は今にも飛び出しそうで、痩せているのではっきりと浮き出た筋肉が震えているのが分かります。追い払うこともできない虫に刺されてついた血の痕《あと》が文字通り裸の体全体に残り、その痕を流れ落ちるおびただしい汗が覆っています。まことに『額に汗して』彼らは日ごとのパンを得、彼らの家族の生計を正直に稼いでいるのです」

だがこのいずこに行っても同じように見える秩序、親和、安定などの連続性は、ひとたび津軽海峡を渡って北海道に行き着くと、幾分か変化して見える。ここの風土には本州に比べて自由であり、野性味あふれた成り行きまかせの人生があった。ここには頭数を数えたりするリーダーや通行証を調べる警官もほとんどいないので、「イギリスの社会のようにおしゃべりして疲れてしまうようなことはない」とイザベラは友人に話している。

北海道は鉱物資源に恵まれ、処女地が多く豊かな水産物を蔵し、半ば開拓されたがまだ半ば未調査で、人間や野獣にとってまだ十分に余地のあるところだった。イザベラはここに約三週間滞在し、とうとう馬を速駆けさせ、ダマスク・ローズが咲き乱れ、幼芽のふき出た牧草地の中を走り回ることができた。荒れ果てた海岸をぶらぶら歩いていると、粗末な漁網、漂白した鯨の肋骨、難破した平底舟などが打ち棄てられているのが目につく。この滞在中に、イザベラは日本列島の先住民であるアイヌ人と面識を得ることができた。

アイヌ人はがっしりした体型を持ち、穏やかでのんびりした気質を備えた民族であり、海岸沿いや森の中の人里離れた集落に住んでいる。彼らは体型がほとんど似ていない日本人から、原始的であまねく広まっている侮りを受けているが、見知らぬ人に親切で愛想がよく、イザベラも簡素なわらぶき屋根の小屋に案内され、一切質問されることなく、まるで「家族の一員のように」歓待された。一夜を彼らと一緒に過ごしたイザベラは、こう書き残している。「このときアイヌ人は床の中央の囲炉裏の傍らから盃《さかずき》を取り上げると、両手を広げて自分の顔の方に手を振って私に挨拶をしました。それから酒に棒を浸し、神に対して六回神酒《みき》を捧げます。そのときに削りかけの房飾りのついた棒を部屋の真ん中に立て、数回自分に向かって盃を振り、火に向かって献杯してから自分で酒を飲むのです。彼の周りには十人の男女が座り、首長の妻はなにやら料理をしている様子。男たちは自分の食べ物が目の前に出てくるまでじっと待っているようです。他の女たちは遊ぶことなく、自分の衣服を作るために樹皮を裂いており、私は賓客なのでなにもせずに席についています。ここは囲炉裏の片隅にあって一段と高くなっていてその上に黒熊の毛皮が敷かれています」

熊狩りについていえば、熊の皮は客人の座席のカバーや靴を覆う材料に用いられ、肉はシチューに、油は灯油として使用される。アイヌの男たちにとって熊狩りは、退屈な生活に刺激を与え興奮させるものなのである。狩りがはじまるのは春の初め頃、村の男たちはナイフや槍、弓とトリカブトの根から抽出した毒を塗った矢をたずさえて森の中に列をなして入っていく。彼らは常に鋭い眼差しで周辺を注視し、どこを探せば熊が冬眠しているかを探しあてる。そこは雪の表面がわずかに変色している場所である。熊は自分で選んだこの穴で冬眠するのだが、うるさい犬や槍、棍棒などで眠りを妨げられても、すぐに出てくることはない。穴にこもっている熊は襲ってくることはないと知っている勇敢なアイヌ人は哀れな熊を追って中に入り込む。そうすると、大抵の場合、熊は人間をつかまえて背後に押しやる。アイヌの男は冷静にナイフで熊の背中を刺し、嫌々ながら日光の下に追い出された熊は、毒を塗った矢で射られ、犬に咬みつかれ、槍で突かれ、最後にナイフで心臓を一突きされて息の根を止められる。頭と内臓は仕留めた者に贈られ、巨大な死骸は勝利の雄叫びとともに村に運ばれる。

イザベラは実際に熊狩りを見たことはなかったが、数多くの肉を削がれた熊の頭蓋骨がトロフィーのように首長の家の柱に掛けられているのを見ると、狩猟者の過去の成果を確認する他なかった。

イザベラはいくつかのアイヌの集落を訪れ、日が暮れると村の長老と一緒に火の周りに座り、伊藤を通じて諸々の質問をして、自分が見たものを注意深く正確に記録した。彼らの精力的ながっしりした体軀、しなやかで優雅な行動、豊かな頭髪とひげに彼女は感嘆した。ちっぽけな日本人と比べて、彼らは「獰猛《どうもう》で頑丈な身体は力にあふれて苛酷な精神的緊張に耐え、いったん口を開けば輝くような微笑を浮かべて女性のように優しく応対し、どこかしら忘れがたい印象を与える」と彼女は記している。

彼らはイザベラの質問にとまどいながら忍耐強く真摯に答えてくれ、それによって彼らが拝んでいる神々はあらゆる木、岩、川、山に宿っており、成文化された歴史も法律も持たず、日本人を憎んでいるが冷淡な嫌悪感をもってあきらめているということが分かった。というのは、彼らはまったくかけ隔たった新生日本に対して、なにほどの期待も抱いていないからである。「彼らは稼いだ分だけ全部、しかもとんでもない酒の量を飲んでしまう」とイザベラは書いている。「彼らが知っている良いものの中で、想像することができるものは酒であり、それこそが最高善であり、酩酊が最高の幸せであり、この行為は『神々のために飲む』というフィクションの下に正当化されている」という。彼らは口ひげが濡れないように薄く湾曲した板で口ひげを上げながら、底の浅い椀で酒を飲む。この儀式に用いる「口ひげ上げ」用の板は、彼らの数少ない誇り高い所有物であり、酒そのもの同様に漠然と神聖なものと考えられている。

切望する酒以外は、アイヌ人は多かれ少なかれ自給自足している。自分の衣服は樹皮と獣皮で作り、食べ物は干し魚、カボチャ、海藻、鹿肉、熊と豆などである。家はわらと木で建て、控えの間に織機、弓矢、網、臼、すりこぎ、料理用の壺と桶などが入っている。イザベラが彼らに子供たちや自分の機会を増やすために、教育を希望するかどうか尋ねたところ、彼らは優しいあきらめの表情を伴った悲しそうな微笑みを浮かべただけだった。それはまるで彼らが現在これ以上ないほど幸せであるということを告げているように見えた。

イザベラは、できればアイヌ人と一緒にもっと長く住んでいたかった。というのも、強情で騒々しく、好奇心の強い日本人から離れていると、日本人よりも穏やかで天真爛漫な彼らといる方が心が平穏だったからである。

しかし彼女は伊藤が北海道に住んでいる外国人と契約をかわしているのを知って、その契約を実行するために伊藤に北海道に残るように勧めた。彼女の方は一人で本州に行き、「自分自身の経験を買う」ことにしたいと思った。いざ別れるとなると、イザベラは自分の決断を悔いた。というのも、伊藤はそれなりに誠実で正直かつ勤勉だったからだ。「別れの朝は淋しいものですね。あなたはどうですか？　私は淋しいです」とイザベラが北海道を離れる前の晩に伊藤は言った。彼女は尊大だが思いに沈んだ利発そうな伊藤の顔を見、二人の旅が終わってしまったことをとても淋しいと思うと同意した。

それから数週間後、本州に着くと、もう秋の冷気が漂っていた。内海の漁船は両舷に冬の間に干物にするイカ釣りの鉄製の籠を海中に垂らし、人々は霜が降りると同時にはえてくる水気の多いキノコを採取するために森の中に入っていく。農村の宿屋に行くと、客が詰め物をしたどてらにくるまり、縁側に出て燗をつけた酒を飲みながら紅葉したモミジや風にそよぐ黄色の竹の葉、紫がかった緑色と黒色に包まれ列をなしている針葉樹の並木などで覆われた丘を眺めていた。

世界各地を旅行する人々の通る道をたどって、イザベラは古都京都に行った。そこは薄暗い寺院、豊富な芸術品、にぎやかな茶房などが立ち並んでいる町である。京都に滞在中にイザベラは彼女の人生の中でたった一度だけ、もっとも熱心に、かつ意識的に努力をした。その目的は、仏教、つまり後年に至って次第に辛辣なもの言いで触れるようになる信仰を理解するということである。日本の農村地帯を旅しているうちに、彼女はキリスト教の救済という難問について、多大の時間を費やして考えるようになっていった。たとえば、彼女の馬の世話をしてくれた勤勉で無垢のように見える陽気な馬引きたちのような人間の不道徳は、本当に「けちで利己的な」キリスト教会の怠惰と努力不足に起因しているといえないだろうか？　神は確かに異教徒も「継ぐべき者の中に」数えたのだろうか？　そして天国に至る門は、彼女が子供の頃に教わったものよりもはるかに広いのではないだろうか？　こうした「陰鬱な疑問」に取りつかれたイザベラは、浄土真宗の高僧である赤松師のもとを訪れる約束をとりつけた。

彼は理知的で深い教養を持った精力的な人物で、英語を自在に使いこなし、明るく鋭いユーモア心のある瞳をしていた。彼とイザベラは、一点において共通していた。彼らはどちらも「神なき実利主義」が国内に蔓延しているのを憂え、見境いなく普及していく西洋科学思想の教えが仏教徒やキリスト教信者の信心を蝕んでいるのを嘆き悲しんでいたのである。その他については、彼らの道は異なっていた。イザベラはたちまちに「何事も形あるものはなく、生と死は未来永劫果てしなく続く輪廻《りんね》の輪にすぎない」という形而上学の迷路に捕われてしまった。だがこういう分野は、彼女の得意とするところではなかった。彼女は精神的思弁に対して最後まで突き進むという適性を備えてはいなかった。もし彼女が救済に到達することがあるとすれば、それは良い仕事と道徳的な努力を通じてであって、神との神秘的合一によってではない。

師は彼女に説教し、「正義の行き着く先は安息である」と言い、それに続けて「涅槃《ねはん》に至るためには、再度生まれかわるという無慈悲な因果関係から解放され、『無念無想に至り、しかも無念無想であるという意識もない』という境地に達しなければならない」と諭した。この説教は彼女を憂鬱にするだけだった。赤松師は心優しい案内人で、彼の仲間と弟子が住んでいる寺や魅惑的な庭園を彼女に見せてくれた。それから以前将軍が住んでいたという御殿に連れて行ってくれた。

「お茶と糖菓が古い加賀焼の茶碗を乗せた黄金の漆器の盆に載せられて、無言の侍者によってふるまわれます。夏の大広間は暗い門柱や天井が鈍い金色の光をとどめ、法衣を身にまとって説教している僧侶の姿が小さい灯に映し出されています。その荘厳さはほとんど重苦しいほど。薄暗い殿中ではもう死んでしまった信仰（私は仏教は確かに死んでしまったと思っています）の代理人、深まる薄闇、上方にある木の枝の風にそよぐ音、障子のさらさらいう音、遠くから聞こえる寺院の低い太鼓の音、微風に乗ってときどき耳に入ってくる連禱など に身を任せていると、私は生者の国からはるかに遠く隔たった地にいるような気がします」

　とイザベラはその印象を書いている。

この出会いはイザベラを憂鬱にさせ、仏教はもはや美しいだけで意味と目的を失った信仰の脱け殻にすぎないという彼女の確信を強めただけだった。イザベラは再び生者の国に戻ってきた。外に出てみると、寺の近くの大通りには絹の着物を着た物売りが敷物を敷いた露店の床の上に座って、優雅に茶を喫しながら自分たちの品物を見てくれるように勧めていた。そこに陳列されている品物は、数世紀以上にもわたる伝統を持つ「工芸家の国」の工人たちが技術の粋を集めて作ったものである。すり足で歩く老僧の背中を輝かせていた、金糸銀糸をちりばめ、多彩なデザインを浮き織りにした織物がイザベラの前に広げられ、竹をアレンジしたように思われる古びた絹織物が陰影を添えている。次の戸口にはひび模様の入った陶磁器の花瓶、ふっくらした形の草色の急須、痩せた鶴をかたどった高貴なブロンズ像などが置いてある。「私はこれらすべてを私の友人に買ってあげたいと思います」とイザベラは声を大にして言った。「しかし彼らはどうせこれらの名品を蔑み、がらくたの山の中に埋めてしまうでしょう」と書き添えている。彼女の知り合いの西洋人が芸術的空間と不均衡の調和について理解する前に日本へ来るべきだったと、イザベラは思った。それにもかかわらず、彼女は世界を股にかける旅行者よろしく、絹製品、障子、ブロンズ像など——それに大名の風呂桶という妙な物——を、その冬日本を去るときに運び出している。「私は日本に魅了されたわけではありません」と、日本の旅について出版社に出した手紙の中でイザベラは書いた。「それはきわめて興味深いので、真剣に研究したくなる対象なのです」。

しかし嵐のために、それ以上の調査はできなかった。彼女はこの関心を深く心に秘め、一八九〇年代に二度目の東方旅行の合間に——彼女の古い友人がいる——日本を数回訪れた。その後、彼女はもっと汚くて粗野な国を訪れた後の疲れを癒やすための、几帳面で快適な安息所として、日本が次第に好きになってきた。

だが今回のもっとも刺激的で楽しい経験は、まだこれからだった。日本の南方、中国の南方に位置する、無数の猿、象、夜中にギャーギャーと鳴いている不思議な生きものに満ちた赤道直下の暑い黄金の国、マレー半島がイザベラを待っていた。

タイ
ケダー
ペナン島
ペラク
ケランタン
トレンガヌ
ラリュ
クアラ・カンサー
イポー
パンコール島
ペラ川
ドリアン・サバタン
パハン
セランゴール
クアラ・セランゴール
クアラルンプール
クラン
ランガット
ヌグリ・スンビラン
スンガイ・ウジョン
マラッカ海峡
マラッカ
マラッカ
ジョホール
シンガポール
シンガポール
0 50 100 マイル
0 100 200 キロメートル

マレー半島

第四章　マレー半島――熱帯の夢

I

「私には適当なタイトルをつける能力がないのです」と、イザベラはかつて出版社主ジョン・マレーに言ったことがある。言われてみれば確かにそうで、本当にこれはふさわしいと思うようなタイトルは、彼女の妹がつけた『黄金の半島とその向こう側』だけである。しかしこれはいささか大げさなタイトルであった。というのは、プトレマイオスを下敷きにしたミルトンの詩句からヒントを得た「半島」はマレー半島全体を指しているのだが、イザベラが旅をしたのは西海岸地区だけで期間も六週間にすぎず、日本からシンガポール経由で帰国途中のことだったからである。

しかしこのタイトルは、日光がさんさんと降り注ぎ怠惰でエキゾチックな古代東洋王国の旅の物語を彷彿《ほうふつ》させるこの本に風味をかもし出すという点で、まことに適切であった。これよりもはるかに成功した旅と同じく、マレー半島への旅は幸運に恵まれ、シンガポール駐在員とイギリス人居留地で会い、彼の提案から生まれたものだ。単純だが堂々とした年相応のマナーで、彼はイザベラに旅程に入っているルートの駐在員に何通かの政府の公式紹介状を書いてくれ、これは彼女の旅券として役に立つはずだと言い、ちょうど出港する船があると勧めた。

そのとき、彼女は行く準備ができていたのだろうか？「それを決めるのに五分間の余裕しかありませんでしたが、文明社会から脱出することができるのなら、決心するのは簡単なことでした」とイザベラは書いている。そして翌日、マラッカ行きの中国船レインボー号に飛び乗った。こうした偶然のたまもので書かれた『黄金の半島』は、イザベラの著書の中で現代の読者にとってもっとも愉快で受け入れやすい書物のひとつである。それはおかしな人々、さらにおかしな動物の豊富な逸話で一杯であり、彩り豊かに、そうかといって重荷になるほど凝りすぎない鋭い観察が見られ、嘘偽りのない事実によって重苦しくなることもない、ほどよい本であると言えよう。

イザベラ自身もこの本にそれほど期待していたわけではない。それはたまたま個人的に悲しい状況の中での出版だったことや、「小さな出来事とごく些細なことをしばしば拡大したもの」の寄せ集めにすぎないと思っていたからであろう。イザベラはジョン・マレーに「私はあまり教育を受けていない人たちの方に好まれると思います」と書いている。

そういうわけで、沿岸航海用小型船レインボー号に無事乗船したイザベラは、陽気なウェールズ人の機関士について最初に話を進める。彼がイザベラに語ったところによると、彼は現地人を娶《めと》り十七歳を頭として十六人の子供がいて月に三十五ポンド稼ぎ、「家庭を守る男」として「女たちが気持ちよく暮らしているのを見るのが何より楽しい」と言う。ちっぽけな船尾楼に横になって周囲を観察していたイザベラは、シンガポールの港の光景を正確に以下のように伝えている。

「黒い船体をした陰気なヨーロッパの汽船から、大小はさまざまだが一定の型をしたマレーの軽快なプラフ舟へ船荷を下ろしているのが見えます。このプラフ舟は広東やコーチシナの舟のように船首に目の模様が描いてあり、船首も船尾もともに鋭くとがったもので、まるで大きな帆柱の下でひっくり返りそうなほど揺れ、ハンサムで彫像のような体をした漕ぎ手にあやつられた小舟がそれに近寄っていきます。ジッダからきた汽船からはそれぞれ精一杯晴れやかな服装をした六百人の巡礼者が降りてきて、ボートには深紅のターバンを頭に巻きつけ、真っ白なモスリンの長衣を身にまとった男たちを乗せたものや、青い日傘を積んだものもあります。その他、カースト制の身分の証しである人目につく印を額につけた僧侶も乗っており、ココヤシの重々しい房のついた黄金色のベールの下で動いています」

その日の午後四時頃になってやっとのことで冷気を帯びた微風がヤシの葉をそうそうと鳴らす頃、マラッカ海峡の「燃えたつように熱く凪《な》いでいる」海へと彼らはすべり出ていった。次の日の早朝、東洋でもっとも早くヨーロッパの植民地になったマラッカに到着した。そこは時の流れを感じさせる傾いたタイル張りの屋根、半ば水に浸かった腐朽した小屋、破壊された大聖堂、それに誰も居ない長い桟橋があり、錨《いかり》でつながれた木造船が二、三隻、軋みをたてていた。イザベラは官僚による庇護の下で旅をしているようなものだったので、すぐにかつてオランダの統治官が住んでいたというマラッカのスタッドハウス（訳注　タウンホールのこと）に身を寄せることができた。

そこは今ではイギリスの「大蔵省と郵政省、それに総務」の役所として使われているところである。この町の過去の歴史をこれほど鮮やかに示している建物は他にはない。この建物はだだっ広い古い住宅で、堅太りのオランダ人が威厳をこめて踊った円天井のついた舞踏室、タイルの床を張ったがら空きの部屋の数々、青い壁に白い垂木などが見える。

「そのドアと窓はドイツ製のシャッターが残っているだけで、驚くほどの高さのある古い寝台があり、周囲を取り巻く深い沈黙と妖しい雰囲気が漂っています」

オランダがポルトガルからマラッカを奪ったのは一六四一年のことであり、その後の輝かしい栄光の日々、ここは東洋貿易の中心地として隆盛をきわめ、血色のよい頰をしたオランダの軍人はスタッドハウスの窓の下にある中庭を闊歩していた。オランダの鐘が鳴ると商人とその家族一同が近くの教会に礼拝に行き、オランダの東インド会社の頑丈な船は半島の産物――胡椒《こしょう》、金、タピオカ、丁香――を積載してマカオ、ボンベイ、アムステルダムへ出航していった。しかし会社が一手販売の方針を取ったことや競争相手ペナンの貿易量の増大によってマラッカの重要度は低下し、一七九九年に取り引きが停止され、それから二十五年後にイギリスがこの港を奪ったのである。「ポルトガルとオランダの支配が終わり」「その主な記念碑として――まず崩壊した大聖堂とハーフの子供が、そして最後にスタッドハウスと平らなファサードの集会所が後世に残ったのです」とイザベラは書き留めている。

イギリスの支配は記念碑も繁栄もほとんどもたらさなかったが、その理由は六年前にスタンフォード・ラッフルズが湿地帯でほとんど住民のいないシンガポールと呼ばれていた南方の島に上陸したことに起因する。彼は上陸するとすぐにそこを極東貿易の交差点に指定したために、古い港は急速にさびれていった。そして一八七九年にはごく少数の西洋人しかそこに住んでいないという状態になり、ヨーロッパからの定期船もなくなり、旅行客もめったに来ない有様だったのである。したがって、この地の眠気を催すような物憂い美しさが乱されることもなかった。

イザベラのようにたまに訪れる旅行客は、スタッドハウスに宿をとると、毎朝白いモスリンの長衣を着たイスラム教徒の下僕が紅茶とバナナを持って起こしにくる。太陽が昇って暑くなる前に礼拝堂付き牧師で聖歌学を専攻しているビッグズ氏が、バンガローから出てきて健康のためにほこりっぽい道を散歩している。やがて遠くに見えるオフィル山頂に雲が立ち昇ると、毎日必ず午後に豪雨となって降り注ぎ、ポルトガル人とのハーフが「厚い布で覆われた窓の後ろで、いつまでも続く昼寝」に入り、雨がやむと「深紅の制服を着た下僕を乗せた政府の馬車がマラッカからゆっくりとやってきて、サゴヤシの林を通り抜けて再び帰っていく」という毎日が繰り返される。マレー人の時間の過ごし方は、「日向ぼっこをしているか、毛のないバッファローそっくりな牡牛がゆっくり歩いているのを引っ張っているか、何も見えない橋に寄り掛かっているかであり、……たまに動くことで、動きが少ないことが余計に目立って感じられる」のである。

夢でも見ているような蒸し暑い一日が終わると、イザベラは一人で自分の部屋に戻り、けだるい溜め息をもらした。ベランダの周りにはチューベローズ、ブーゲンビリア、アラマンダなどの花の香が漂い、攻撃的な蚊のブーンという音、生温く湿った闇の中を二人のマレー人の衛兵が歩いている足音が聞こえていた。

ここでは実際に行なわれているビジネスの大部分は中国人の手に委ねられている。後になってイザベラも気がつくことになるのだが、中国人は半島を通じて大きな経済力を行使していた。広東や福州から仕事を求めてやってきた希望にあふれたクーリーでごったがえしている港に、北東のモンスーンの間に入ってきた中国の木造船が波に揺れている——三十年前には年期の入った大工や仕立屋の賃金は大体十二ドル相当、体の強いクーリーは八ドル、弱いクーリーは三ドル以下だった。こうした男たちの子孫である彼らの中で特別に勤勉で現在幸運に恵まれた者は、マラッカ街道を政府高官のものと同じくらい大きな馬車で走り回り、自分の所有地の砂糖やパイナップルの農園にバンガローを建ててダイヤモンドの冠や金とエメラルドで細工した首飾りをつけた妻と子を住まわせていた。

数年間、閑職ともいうべき副総督の地位にあったのは、陽気なアイルランド人のショー大尉で、イザベラに近くにあるスンガイ・ウジョン州に行ってみたらどうかと勧めてくれた。そしてその際、彼の二人の娘を見学のために一緒に連れて行ってほしいという。イザベラは同意はしたのだが、娘たちの面倒を見るなどということは大いに迷惑だったろう。というのも、本になったものを読んだだけでも、雑な扱いが見てとれるからである。数日後、警察署長である「ヘイワード氏の心強い保護の下」にこの少人数の一行は、気ままな一人暮らしをしているイギリスのマレー大尉が管理しているスンガイ・ウジョンに向けて蒸気船で旅立った。

当時、植民省と海峡植民地政府（シンガポール）の行政官にとって最大の関心事に、それぞれの駐在員の適切な働きぶりと身分に関するものがあり、今でもマレーシアの歴史家の関心の的になっている。一八六〇年代末まではほとんどの植民地は無政府状態に近い状況にあったということが一般に認められている。それまでは種々の領土をめぐっての絶え間のないライバル間の内紛があり、暴力的侵攻、強力な中国の秘密結社間の血なまぐさい反目が見られた。さらにイギリスが六〇年代を通じて採用した政策は、第一に安全確保であり、大英帝国の強引な拡大よりもその地区の貿易拡大を根底においた不介入政策であったことも認められたようである。しかし一八七〇年代初頭になると貿易摩擦が大きくなり各州が混沌としてきたので、植民省はもしイギリスがイニシアティブをとれなければ他のヨーロッパ列強が介入してくるに違いないと確信した。したがって第一の権限を有する由緒あるイギリスの戦略として、海峡植民地長官に新たに任命されたアンドリュー・クラーク卿は、一八七三年に植民省に着任すると以下のような方針を発表した。「平和と安全のためにマレー諸国の国内事情に制限つきながら介入し、政府職員や各州にいる駐在官を通じて侵略の抑止、道路、学校、警察の拡充を図るものとする」。

一八七四年の初めにアンドリュー卿とマレーの高官および中国の指導者との間で批准されたパンコール条約によると、「マレー諸国のすべての収益取り立てと一般行政の管理についでは、これを駐在官の意見の下に取り締まること」と明記されている。後に彼自身も居留民になるフランク・スウェッテンハム卿は、この目的は「地元の支配者に忠告を与え、政治制度を組織化し、いわゆる文明化の恩恵として知られている公正、自由、安全をあらゆる人にあまねくもたらすものである」と言っている。といっても、これは全くのところ高すぎる要求であった。というのは、当時のマレー諸国にはいかなる意味でも民意を反映する中央集権の政治体制が整っていず、裁判は主としてスルタンや村の長の気紛れによって裁かれ、自由は、広くゆきわたり有害な奴隷制度の枠からはずれた者だけにしか与えられず、安全は敵よりも速く短剣を抜くことができるかどうかにかかっていたからである。

駐在官は提案した案を採用し運用する現実的な力を持たず、海峡植民地と植民省の間にはどの程度まで権力とイニシアティブを付与すべきかについて、常時意見が対立していた。このあいまいな状況のまま、現代のある歴史家の見解によれば、彼らは何も行動しないか、あるいは「助言」をした場合には自分でそれを実現するかしか方法がないことになったという。その結果、駐在官とその支持者の中で決断力と精力に満ちた男たちは、割り当てられた単なる相談役の権限をしばしば逸脱して政務を取り仕切ったことはよく知られている。

イザベラは自ら認めているように、マレーに来るまではこうした事情について何ひとつ知らなかったが、当時在住していた三人の駐在官によって採用された方法があまりにも劇的に差異があったので、その状況に魅了され、政策――そして失敗――も含めてその潜在的な可能性に気がついた。彼女が見たところにしたがえば、スンガイ・ウジョンの状況は、内部のライバルと外部からの侵攻に悩まされた、この地を支配しているバンダール族長が、「イギリスの保護によって何となく不安定な地位を保つことができるという名案を思いついた」という有様だった。

このことはまず近隣の首長による敵意を引き起こしたが、イギリスの小軍隊が二、三の謀反人を粛清するために派遣された後、状況は沈静化し、一八七九年までにマレー駐在官が「事実上の支配人」になった。イザベラの結論は「イギリスの力を十分に感じているスンガイ・ウジョンの他、弱い立場にある反抗的傾向のある州は、長い年月をかけて独立に向けて細々と努力を続けたが、全体として見れば彼らに安全と公平を与えてくれる現時点の制度を追い払うことは、まずないだろう」というものであった。イザベラからすれば、彼女がこれまでに会ったほとんどの駐在官にとってイギリスが最高なのである。彼女は西洋の政治制度と道徳規範が、それと相容れない東洋の人々にどれほど害悪をもたらしたかという倫理上の疑念を問題にしなかった（かなり熱心に日本の軽率な西洋化の弊害を観察してきたばかりであったのにもかかわらず）。しかしながら彼女は、イギリス帝国に対する先入観があるにしても、植民地行政官の統治方法に鋭い批判を下すのにためらうことはなかった。彼女はこうした精神構造を持っていたために――興味を抱き観察し、やみくもに偏見にとらわれない――意見を言い、ショー姉妹とたくましいヘイワード氏とともに駐在官に会うためにスンガイ・ウジョンに出向いていったのである。

この旅は何よりもまず交通手段の困難がつきまとった。蒸気船は――航海に適せず、信用できず、帆装していない——というもので、半島の海岸やリンギ川に沿った島々を不規則にシュッシュッと音をたてて進んでいく。マレーのほとんどの水路と同様に、ここも緑がかった灰色の川が渦を巻き、泥だらけの湿ったマングローブの根が川底に張っている。そこにはしなやかなクサリヘビが滑るように泳ぎ、カメ、ワニ、徒党を組んだトカゲが湿った泥の土手で眠っており、ポップアート色——ライム色、レモン色、あるいは郵便ポストと同じ赤色のオウム、華麗な青色をしたカワセミ、濃い紫がかった赤色と黒色、それに白い縞模様のついた羽、コバルトとオレンジのくちばし、鳴き声が雨の前触れと信じられた、ムクドリ大の、エメラルド色に輝く目を持った各種の鳥がいた。

しかし日中の太陽が焼けつくような熱気を放つ真昼になると、動物の王国は店じまいになり、動物はすべて穴や陰に隠れ、マレー人は昼寝をし、イギリス人だけが起きて動いているのだが、それさえも会話は物憂く途絶えがちになった。船の舷側を覆っている銅板は触れると火ぶくれになるほど熱くなり、ショー姉妹はパラソルの下で青ざめてぐったりとあえぎながら横たわり、聞こえてくる物音は不分明なエンジンのバンバンという音、急に元気になった昆虫の飛び回る音、それにときたまワニが水中に飛び込むドブンという音だけである。

ペルマタン・パシルという村に着いたとき、旅の手配に行かせていた使者がしたことは「海岸に男どもは全員集合せよ」と命じただけのことである。そこには陰気でよそよそしい村人がぶらぶら歩いていた。大人は「イスラム教徒」のターバンを頭に巻き、短い上衣を着、白い長ズボンと赤い腰布をつけ、腹の出た少年たちは「銀色のイチジクの葉と腕輪だけ」しか身につけていない。

上陸に際して外国人はその夜それ以上進むことは不可能だと言われ、議論している間、田舎の警察の宿舎に休憩することになった。そこはなかなかに良いところで、高い支柱の上に建てられ、ヤシの葉で覆われたベランダと赤い絹と黄金の刺繍で飾られた巡査用の二台のベッドがあった。木の壁には「ライフル銃、マレー人の短剣、手錠が並べられ、しゃれた時計、『グラフィック』誌から切り抜いた版画、イスタンブールの風変わりなトルコの絵画など」が掛けられている。巡査のひとりは風が外側にいくように吊りうちわを引っぱり、もうひとりの巡査はココナッツミルクを持ってきて、別の二人が見張りに立った。イザベラはこの体験を面白いと思いたいところだったが、ショー姉妹がいる前ではそうもいかなかった。というのは、妹の方が熱中症にかかり激しい頭痛に襲われて震えながら横になり、もう一歩も歩けないと言い張っていたからである。

マレーのジャングルの中にある小さな警察署は、もし彼女が本当に不快な熱に冒されているとすればいかにも不向きだったので、ヘイワード氏とイザベラは今後どうすればよいのか「熱心に相談」した。「二人の虚弱な姉妹を預かってしまったことでかなり参っていた」ヘイワード氏は、椅子に座りこんで額の汗を拭ってこう言った。

「もし万一、あの姉妹に何かが起こったらとても私の手に負えない。彼女らはこの旅がどんなにきついものか知らないのだ。こんなところに来るべきじゃなかったのだよ」

それを聞いて、イザベラもこう書いている。

「彼女らのうちのひとりがマレーのベッドでぐったりと横になっているのを見ると、私もヘイワード氏と同感です。私の責任はヘイワード氏よりも小さいのですが、私と同様に彼も間違いなく、『足手まといなしに』旅行できた日々へと思いを致しているのだと思います。その他にも文字通り厄介なことがあるのです。なんと、彼女たちは大型トランクを持ち込んでいたのです。この厄介なトランクは朝のうちマラッカに残してきたのですが、私たちがいざ出発というそのときに、四つの外輪のついたカヌーに積まれて到着したのです」

しゃきっとさせるために病人にウィスキーを飲ませ、日が沈んでから彼ら一行は出発した。悩み多いヘイワード氏が先頭である。

「ヤシの枝葉を細く裂いたものをしっかりと縛りつけて、燃えやすいゴムの樹脂に浸して作った松明《たいまつ》を持ったヘイワード氏の後に続き、まず一名の警官、姉と私に支えられ呻きながら震えている病気の娘、元気一杯のバブと呼ばれている下男、私たちの荷物を運んでいる警官数名、最後に松明を持ってついてくる人々が続きます。私たちがゆっくりと言葉をかわすこともなく歩いて行くと、松明の炎が滴り、その行列はまるで薄気味悪い葬式の列のように見えます」

この陰鬱な重い足取りの徒歩の後、彼らはヤシの葉でふいた低くて丸い屋根のついた細長い舟に乗った。この舟はくねくね曲がりながら進むように作られており、泥深くて狭いリンギ川を進むのに向いている。外国人は屋根の下で一枚の毛布を分け合って横になり、下男たちは船首に身動きせずに座ったまま十八時間もかかって大体十八マイル（約二十九キロメートル）進んだ。無数の木が薄暗闇から突き出てくる。

「前後左右、至るところ木ばかりです。頭の上にもありますが、私はあえて言いますが足の下にもあるのです。川の中に数えきれないほど多くの木が水中に倒れて沈んでいるのです。夜は物音ひとつしない全くの静寂――葉はそよとも動かず、完全な沈黙は重苦しいほどです。私は破られることない真の沈黙を期待したのですが、私が決して忘れることはないと思われる物音が時々聞こえてきました。それは鋭い叫び声で、オーストラリア先住民の『オーイ』と言うかん高い澄んだ声に似ていますが、これに応えて遠くから、人間そっくりの声がするのです。この叫び声の主は大型の夜鳥セイランで、森の住人、あるいは奥地の野蛮人と呼ばれているオランウータンの鳴き声に似ているといわれています。遠くから長く続く汽笛のように聞こえてくるのは、大型の猿が鳴いているとのこと……肉食獣とその獲物が追いかけたり逃げ回ったりしてついに捕まえられた獲物が荒々しく鳴いているような叫び声、そして深い静寂の中から不意に聞こえてくる水に飛び込む音は、私はワニが飛び込んだのかと思ったのですが、マレー大尉によれば水を飲んでいるところを邪魔された象が暴れている音のようだというのです」

突然稲妻が走ったとみるや、頭上に繁茂したオレンジ色のつる植物の花、深紅のつる植物の巻きひげ、下男のターバンの冷ややかな純白さなどが目に映った。「青白い光を発するキノコ」がところどころに生え、彼らの頭のすぐ上にある屋根が暗闇に覆いかぶさっている群葉に突っ込んでいく。イザベラはうんざりした調子でこう書いている。

「ショー姉妹は不安な夜を過ごしたことでしょう。ウィスキーを飲ませたので妹のひどい頭痛は治まったようですが、今度は恐怖のとりこになってしまいました。彼女たちは舟が転覆するのではないか、屋根がとれてしまうのではないか、木が倒れてきてつぶされてしまいはしないだろうか、よくあることだが舟から落ちたらワニに食われてしまうのではないだろうかなどと心配し、鋭く光る目を見るたびに『虎だ』と叫ぶ声が船首から聞こえてくるので私を起こし、あること、ないこと、これから起こる凶事を私に話し、一睡もできないので不機嫌になっていました。一方、古つわものの私の方は世慣れたもので、何を言われても平気で眠っていました」

ようやく待ち望んだ夜明けがくると、またもやうんざりする霧が沼にたちこめてきた。

「灼熱の太陽が地平線から急速に昇り、容赦のない熱気が一時に降り注ぐとたちまちジャングルは騒々しくなりました。せわしないセミの鳴き声が一斉にわきあがり、霧で覆われた世界中のあらゆる空間が騒音で満たされたような感じです。突然セミの鳴き声が消えたと思ったら、それに代わってうるさい昆虫の世界が現出し、かん高い音、チューチューいう音、ブンブンいう音、ヒューという音が重なり合って聞こえてきます。鳥の鳴き声もそれに劣らずうるさく耳につき、ホーホー、ギャーギャーと金切り声で鳴きかわし、調子はずれの大声で太陽に挨拶しているのは無尾猿でしょう。有尾猿はキャッキャッと鳴き喚き、大声で鳴きながら喧嘩し、縄張り争いに余念がありません。ここの喧騒は耳が聞こえなくなるほどです。しかし森はまったく動ずることなく、熟れきった重い果実が水をはねあげて川に落ちてくるだけです。頭上の木々は文字通り猿が一杯で、好奇心の強い猿は枝を伝ったり『猿渡し』で下りてきて、尾を枝に巻きつけて両手で面白半分に舟の屋根に触ったりしています」

波乱の多かった一日が終わって遅くなった頃、ヘイワード氏とイザベラ、弱りきったショー姉妹はぼろぼろになったスカートを引きずりながら無事にスンガイ・ウジョンに到着したが、そこにはマレー大尉が今や遅しと待ち構えて大歓迎してくれた。イザベラのヘニー宛ての手紙によると、マレー大尉は面白い人物だった。「ひどく情熱的な小男で、一瞬たりともじっとしていません」。彼は少し神経質なところもあるが元気がよく、鼻歌を歌っており、人の肩を気軽に叩き、場違いなところで大声で笑い、心根が優しく正直者である。

「中国人やマレー人に好感を持っており、彼らの丁重な挨拶には我慢できないようですが、善意のかたまりで紳士であることは確かです。でも洗練されていなければならないとまでは言いませんが、かなりの如才なさが必要とされる立場には最も似合わない人のような気がします」

翌日、この駐在官が裁判所で豚を盗んだ科《とが》で訴えられた中国人を裁く場面に立ち合ったイザベラは、儀式めいたことを一切はぶいてはいるが彼の慈悲心に大いに感動した。彼は尊大な態度を見せることなく裁判を進めていった。

「彼はナイフで机を削ったり叩いたりして、何やらアリアの一節をハミングし、とりとめのないことを私に言いました。『お前ら、うるさいぞ』とか『ひどい嘘をついたもんだな』とか、『進めろ。誰にも邪魔させるんじゃない』などと言っています」

このやり方に怒った慎重なヘイワード氏はホワイト・ラビット（訳注『不思議の国のアリス』の白ウサギ）を思わせる態度で批判を口にしていた。証人の言うことを全部聞いた後、マレー大尉とイザベラは法の裁きに全く触れることはないと結論を出し、法廷は解散になった。「それでもあの豚は盗まれたのでしょう」と彼女は叫んだ。彼女の一般的結論は以下のようなものだった。

「この法廷では裁判の権威は保たれているとは言えないものの、裁判官の意図は優れており、もし犯人が逃げたとしても、そのことで無実の人が苦しむことはなさそうなのです」

罪を犯した中国人はスンガイ・ウジョンの多くの仲間と同様に、錫鉱夫であった。中国人はマレーにおける錫採掘の先駆者であり、約四十年前から鉱夫として働き、今でも数千人単位でやって来て、彼ら独自の慣習的美徳を持ちこんだ――それらは勤勉、創意工夫、進取の気性などであるが――一方で特有の悪徳――アヘン吸飲、ギャンブル、殺人も辞さない内輪もめ――も同時に入り込んだ。彼らは仕事熱心で、平均して一日に十二時間も働く。一八四九年にカリフォルニアにやってきた人々が金を選り分けたように彼らも錫を選り分けたが、四九年の鉱夫と違うところは彼らの大多数が貧しいことである。彼らは掘っ建て小屋にマット一枚だけ敷いて共同で住んでおり、わずかな所持品といえば蚊帳、アヘンパイプ、ヤシの葉で作った合羽、籠に入れられた茶器だけである。時間は線香で計られ、金は故国へ送金できる額で計算される。彼らはきわめて創意あふれる資質があり、中国の方法を取り入れて錫を選り分ける洗い樋を応用したり、農園に水を引いたりするなど進取の気性を発揮したり、錫採掘をあきらめて、自分に向いた仕事を始めるなどした。それ以外にもマレー半島を通じて自分たちの才能を十分に発揮した。

販売業者としては豚、かんしゃく玉、砂糖菓子、油などの販売、製造業者としてはレンガ、手提げランプ、棺、二輪馬車など、その他石鹸や砂糖、ボイラー、ブリキ製の容器、銃器、錠前の製造、木炭や石灰の焼き職人、水運びやその他何でも運ぶ運搬人、豆挽き、象牙細工師、事務員など——さらに彼らの悪徳に根差したギャング、海賊などもあった。これらの職種についてすべての中国の社会に食い込んでいる秘密結社同士の油断のならない破滅的な反目がついて回った。各々の共同体入会者に宗教的儀式の洗礼を受けさせ、ヨーロッパの石工組合《フリーメーソン》を思わせるような方法で、入会者に絶対的服従を誓わせ、忠誠を強いたのである。

これはしばしば危険な状態に追い込む原因となった。というのは、多くの共同体が博愛を唱え、相互扶助の目的を持っていたとしても、中には犯罪的意図を持ったものもあり、そのメンバーは恐喝、掠奪、殺人を犯すからである。こうした団体で「中国の大立者」として名を知られているリーダーは、礼儀正しく裕福で、黒いサテンの衣服を着、つばのない帽子をかぶり、一般にイギリス人と協力関係にある人物である。しかし裏では誰にもはかり知ることのできない強力な権力をふるっているのだ。

イザベラがここに来て最初にひどく驚いたのは、中国人の浸透とその影響であった。「私は中国人のことばかり書いて、名目上の国民であるマレー人についてはほんの少ししか書いてきませんでした」と、イザベラはスンガイ・ウジョンについて書いたときに認めている。

しかし、彼女は中国人が、そのあふれるエネルギーや秘密の規律、節制、無条件な服従などによって事実上、この地を荒廃させているという印象を受けた。

彼女はマレー大尉と一緒に州で二番目の首長である典型的なマレー人バンダール家を訪問した。彼らはドアを通って小さい部屋に入っていった。

「私は彼の家がすっかり気に入りました。この家は趣味がよく、風土に合っています」

「部屋の中は金で刺繍した絹の掛布があり……ほのかな照明の下で見ると豊かな感じの赤茶色の木を素材にした羽目板が回してあり、同じ木材の窓枠がついた低くて長い窓が一つあります。……家具は長椅子といくつかのひじかけ椅子、黄色いテーブルクロスのかかった円いテーブルと、壁にもたせかけてあるテーブルがあり、それには金で花の刺繍がほどこされた深紅の絹布がかけられています。床や素敵なマットの上にアウド産の毛氈《もうせん》が敷かれているのですが、その混合色の織物の美しさはたとえようもないほどです。部屋全体が豊かさと調和を表しており、これがマレーの特徴なのです。これに匹敵するものがあるとすれば、暗いところから透かして見える昔のステンドグラスしか思い起こすことができません」

こうした優雅な家で彼らは——赤い長衣とターバンをつけたすばらしく立派そうな——首長の二人の親戚に丁寧にもてなされ、「船乗りのような真心のこもった」駐在官の応対がとりわけイザベラの心に残った。彼は主人の背中を叩き、せっかちな笑いをふりまき、小柄でがっしりした体を絹の長椅子に横たえて悠然と構えていた。外見にもかかわらず、イザベラは彼の心情がまっすぐで、「マレーや中国に見られる品位のある東洋風マナーとは相反しているが、誰からも尊敬されている」と思った。

翌日、一行は熱血漢マレー大尉のもとを離れて出発した。彼は裁判官という孤独な立場に戻り、「警察署長、財務省役人、関税検査官」という任務につくのである。一行は何ごともなくマラッカに帰ったが、見たところ弱っているように見えていても、実際は何でもないショー姉妹を愛する父親の腕の中に送り返すことができたので、ヘイワード氏が安心してほっとした様子がうかがわれた。姉妹にとっては冒険は終わりだが、イザベラにとっては多くのことが行く手に待ち受けているのだ。

II

二月一日、イザベラはマラッカの停泊地に投錨《とうびょう》していた風変わりな小さな汽船レインボー号に再度乗船した。今度は新たに「中国とマレーからの積荷、家禽、パイナップル、サトウキビ」などが無理やり積みこんである。それに加えて多数の中国人、マレー人、ジャワ島民、山羊、水牛、アヒルなどがデッキに押しこめられて積まれていた。そして満載した船がついに海に出ると、後に五隻の平底船が鉤にかけられて曳航され、中国人がまだ舷側をよじ登っている最中にイザベラはブリッジの上にある鳥籠の上に腰を下ろした。彼ら一同は皆「キラキラ輝く海上を派手な日没」に向けて波に揺られていった。

ところで、イザベラの長い「マレー便り」のタイトルは次のようなものである。「イギリス居留地、クラン、セランゴールより」――この重要な地名はヘニーがどんな世界地図を探しても見つからないだろうとイザベラは書いている。

セランゴールはマレー半島の西海岸にある中程度の州で、南方の小さい州スンガイ・ウジョンと北方のもっと大きな州ペラとの間にある。この森林の中で約一万五千人ほどの中国人が、その多くは錫鉱山で働いており、四千人ほどのマレー人が住んでいる。彼らはほとんど川辺の村落に住み、必要上やむをえない時以外には仕事らしい仕事はしない。そこに一ダース程度のヨーロッパ人がいて、鉱物資源の調査をしたり、植物相の研究に従事したり、あるいは正義、自由、安全を推進する機関を設立しようとしていた。この機関設立で多忙なのはイギリス人で、彼らは正式な首都であるクランかその周辺に居を構えたが、そこは「栄えず、破壊され、朽ち果てて見るも無惨な」地域で、クラン川の土手に一群の住宅がかたまっている。どろどろの道に沿って建っている家はぼろぼろに崩れ、雑草が繁茂し、主にわずかばかりの武器を持った尊大な警官が住んでいる。その周りでもっとも目立つのは草深い丘の上に建っている刑務所で、台座に据えつけられた銃がとげのように突き出し、その上に木製のバンガローがある前庭にイギリス国旗が熱気の中で元気なく垂れ下っていた。

この居留地は駐在官ブルームフィールド・ダグラスがすべてを取り仕切っていた。彼は「長身で元気潑剌、血色のいい顔色をし、よく通る声で威厳のある話し方をする白髪の老人」というのがイザベラの受けた第一印象である。埠頭《ふとう》でイザベラを迎えた彼は自宅に彼女を招いてくれたが、それはまるで敵意を抱いた住民の真っ只中にある武装した駐屯地のようだと彼女は思った。前庭の芝生には対戦車砲が据えられ、後ろの詰め所にはライフル銃と銃剣が叉銃に組んで立てられていた。完全武装のボディガード十二名が常時警戒し、「さらに百名の軍人がいつ呼び出されても出動できる態勢を整え、玄関ポーチに待機している」。

ダグラスは自分の時間をほとんど彼の正装した軍隊（「警官」と呼んでいる）の視察に当てて過ごし、やたらに金箔のついた軍服を着て威張って歩き回り、命令を下したり、シギを撃ったりしていた。ある夜、彼はとくにイザベラのために「緊急警戒警報」を発令したことがあった。だがイザベラはこう説明している。「これは嘘であるということに、私はすぐに気がつきました。彼はどれほど敏速にこの小軍隊が出動できるのか確かめるだけだったのです」。ダグラスは自分自身と家族の安全のために用心に用心を重ねていた。彼はマレー人が怖かったに違いない。マレー人は彼に「蹴爪のないカモ」という腰抜けという意味のあだ名をつけて蔑んでいた。

イザベラはダグラスの愚行と無粋に心底驚いた。彼は軍隊活動に熱中するあまり、住民の真の要求を無視し、セランゴールのスルタンその人をいじめ、人を馬鹿にして威張り散らしていた。彼女は居留地の集まりでスルタンを訪れ、ダグラスが最近の「審議会」の議事を読み上げるのを見て、スルタンに確認を求めたところ、彼は言われた通りにした。「駐在官によって提議され、審議会で承認された手続きを名目上認可することと、死刑執行令状に署名することだけが、『スルタン閣下』が保有する数少ない特権なのです」と彼女は苦々しく書き記し、この州の事件を裁くに際しての独裁的行為が、「助言者」と「助言を受ける者」の法で定める役割とは、およそ似ていないことに気づくよう、彼女の本の読者に注意をうながしている。

ダグラスの行動によって敵意がかもし出され広まっている地区の感情は、駐在官と義理の息子、それに新たに任命された徴税官と一緒に、公用船アブダルサマート号に乗っていったイザベラの小旅行の間もつきまとった。三十名の警官が彼らにつきそい、銃、銃剣、短剣で武装した船がつき従った。目的地はランガットで、警察治安判事のフェルネイ氏が丘の上の小さな家に住んでいるところである。イザベラにとってランガットは魅力的な場所のように見えた——ここは典型的なマレーの農村で、家は川のほとりの支柱の上に傾いて建てられ、二、三人の漁民がカヌーをあやつっている風景は絵のようである。汚い子供たちは、澄んだ茶色の目で彼女を穴のあくほど見つめていた。恐らく彼女はここに長期滞在——一ヵ月かあるいは一年ほど住むとどうなるだろうかと思い浮かべることはなかったに違いない。

実際、あるイギリス人の女性が一年間滞在した後、最近帰国したのだが、彼女はここはまるで地獄だと思ったらしい。彼女はその理由をぐちぐちと書きつらねた本を、イザベラの本が出版された一年後に『黄金のメッキのはがれた半島』というタイトルで刊行し、その中でイザベラの本に反撃している。この本の著者はエミリー・イネスという女性で、その地区の治安判事ジェームズ・イネスの妻であった。ジェームズは今の判事フェルネイの前任者だ。エミリーは、ある暑い夜に川岸に打ち捨てられ、沈もうが泳ごうが好きにしろと放置されたことがあった。彼らが最初に住んだ「宿舎」は「ヤシの葉の屋根と板張りの床という普通のマレー人の粗末な小屋」であり、これにはイネス夫人は大いに不満だった。「庭もなければ木も花もないし、その上社交界もない」とこぼしている。

　ジャングルに囲まれた中に住む彼女がこのようなコメントを述べるのは、とても不思議な気がするが、彼女は真の愛国者であって、本物の木はカシかニレ、本物の花はバラかタチアオイ、そして本物の人間はイギリス人なのであった。

　イネスの「小屋」の背後には滑りやすい小道があって、それが次第に細くなって水田につながり、昆虫が群がっている沼地へと続いている。庭というものがないので、「天気が良ければ泥だらけの道を歩き、夫がいないときには私一人でその泥んこの道を歩きました」。彼女が憂鬱な気分でその道を足を引きずって歩いて帰ってくると、ありとあらゆる虫が体にへばりつき、スカートは泥のはねで汚れ、焼けつくような太陽とじめじめした雨から守るためにパラソルで守られた帽子も同様だった。なにしろ「社交界」がないので、エミリーは穏やかだが遅鈍なマレー人の女性を相手にする他なかった。彼女たちは腐ったような臭いのするココナッツ・オイルを体に塗り、「居間」と称している床に体を投げ出すと、しっしっという声で追い出すまでは何時間も彼女を見つめているのである。イネス夫人によれば、彼女たちは「このドレスはいくら？」と「ヴィクトリア女王様はどうしています？」という二つの質問しかしない。

　彼女たちが恐ろしい様相に見えるのは、話すときに口の端から真っ赤な滴りが流れ落ちるからで、まるで口の中が血であふれているように見える。これは彼女たちがビンロウの種子を常時嚙んでいる習慣があるからで、中国人がアヘンを喫し、スコットランド人がウィスキーを飲むようなもので、この種子は刺激的でささやかな贅沢、かつ必要不可欠なものなのである。ビンロウを噛んでいると歯が黒くなり不健康に見え、外国人から見ると実に嫌なものだが、いずれにしてもこれがマレーの風習というものであった。

イネス夫人の「孤独を慰め元気を回復させるもの」は午後のお茶で、ベランダで紅茶を飲みながら悪臭を放ってゆっくりと流れる広い川と泥地を眺めるのが常であった。そこはどろどろした泡が湧き上がり、魚が産卵し、悪臭に満ちている。生暖かいじめじめした泥の中にカニが汚い穴を掘り、ヒルが吸いつき、ネズミがはい回り、ウナギが滑っていく。名も知れぬ爬虫類が口の下にしまりのない袋状のものをつけて餌をあさり、腐肉をあさる鳥が虫を探してついばみ、子供たちは水をばちゃばちゃさせて遊び回っている。卵の殻とココナッツ、バナナとマンゴーの皮が捨てられ、人間と水牛の糞便が水中に沈みこみ、ジェームズ・イネスのもったいぶった記録が突然の熱風で法廷の開いた窓から吹き飛ばされて風に舞っていた。

哀れなエミリーにとってこれはまさしく陰々滅々な場所であり、不利な状況にあって最善を尽くすというタイプではない彼女の不満はとどまることを知らず、これでは黄金の半島からメッキを引き剝がしたくなるのもむべなるかなと思われる。不満の種は無数にあった。ムカデに刺されると痛みがひどくて困るのだが、ムカデは風呂の水栓から出てきて身をくねらせてイネス夫人の体を這い上ってきた。シンガポールから持ってきた缶詰の肉にはカビが生え、飛び回っている甲虫《かぶとむし》が彼女の髪の毛の中に入り込んでくる。召使いはイネスの服を洗って漂白することを覚えようともしない。ゴミをついばむ鶏を煮たものはまるで白木のような味がし、川魚は泥を食べているようだった。トゲバンレイシの果実は原綿を砂糖水につけたような風味であり、ジャックフルーツの実は缶詰のバターのような味がする。テーブルクロスの上にトカゲが寝そべり、彼女の宝石箱はアリの巣となり、スープの中にはゴキブリが浮かんでいた。帽子箱の中にはサソリが潜み、鶏がイネス氏の裁判所の机の分類棚に卵を産みつけていた。また時には闇夜に人間を食べる虎の唸り声がすぐ近くに聞こえるので、燃えるような虎の目が見えるような気がすることもあった。

エミリー・イネスは一人ぼっちでベランダの上に立ち、本当にそのようなことを目撃したのかもしれない。というのは、ランガットには虎が生息しているのである。イザベラが滞在していた短い期間に、美しいメスの虎の死体が勝利の掛け声とともに森の中から引き出されたことがあった。

「それを見て中国人、マレー人を含んだ近隣の人々が外に飛び出し、踊り回り、スルタンはゴングを鳴らしました。誰もが虎の肉の一切れにあずかったのですが、スルタンは肝臓を要求しました。乾燥させて粉状にすると、薬剤として同量の金の二倍の価格がつくのです。血液も抜きとられ、中国人が小さな平板の上に置いて日光に干してそれを乾かすと、それはこの上ない強壮薬になるということです。巨大なサイズの目も羨望の的です。目の中の固い部分は魔除けになるのですが、金の中に組み込まれ輪の一つになります。ジャングルにいるときに『輝いていた目玉』が、こんなに暗く硬直しているのを見るのは悲しいことです。骨は煮込まれてゼリー状になり、それに神秘的な薬を加えると、さらに一層薬効あらたかな薬剤になると言われています。その中でも胆嚢《たんのう》はもっとも値が高く、目的は知りませんが肉はみんな持ち去られてしまいました。その肉の切り身はシチューにされ、私も食べたのですが、一種の古代の味、あるいは牽引用の年老いた牛のような味がしました。もっともフェルネイ氏によれば、美味な子牛の肉のようだと言うのですが……」

確かに虎の通り道に住んでいることは恐ろしいし、その唸り声は怖くて血も凍るほどだったが、ランガットに住んでいるエミリー・イネスにとって、それよりも恐ろしいものがあった――それは川から聞こえてくる叫び声、彼女の夫の上役であるブルームフィールド・ダグラスの到着を告げるアブダルサマート号の汽笛であった。ダグラスの物腰は大げさで、その声は「嵐の海上で号令を下すときにしか似つかわしくないような突拍子もない大声」だとイネス夫人は思った。彼はいつも腹をすかせており、やはりいつも腹をすかせている部下を引き連れていた。しかも、シンガポールから元気づけるような便りも貴重な食料も持たずに来られては、舟を持っていないイネス家にとってたまったものではない。したがって、彼がやって来ると、召使いたち、地方の警察官、それに親切な中国人店主はあわてふためいて干潟の中を走り回って鶏を追いかけてつぶし、急いで煮てカレーシチューを作って「客人」にご馳走する。

最後まで取っておいたコンデンスミルクの缶を開け、赤ワインの栓を抜いて接待し、駐在官とその一行が撃ち落としたタシギとともに楽しい旅を続けて出ていった後に、法を破って勝手に鶏をつぶされて怒り心頭に発した現地人にイネス夫人は頭を下げて回らなければならなかった。しかし、イザベラは駐在官のパーティの一員としてヨットのデッキの上でのんびりと籐椅子に腰を下ろし、フェルネイの新しいバンガローで何も知らずに虎のステーキを食していた。イネス夫人が苦々しく吐き出すように、こうコメントしたのも無理はない。

「バード嬢は特別な人なのです。何処へ行くにも、いつでもその土地の高官に会うことのできる紹介状を持参し、彼女の思いのままに移動する公用船は快適そのもので、政府の役人は最善を尽くして彼女の役に立とうとします。というのも、彼女の右手には彼らの行動に応じて誉めたり懲らしめたりすることのできる権力を預けられているということなのです」

これは負け惜しみ以上の意味を含んでいる。イザベラに与えられた権力については大げさに言っているが、幾分かは本当であった。それにダグラスはイザベラに「称賛をもらいたくて」ひどく気を使っていたのは事実である。もしそうなら、かなり落胆することになるだろう、というのも、イザベラの手中にある「ちょっとした権力」を用いて誉められると思ったが、彼女はこのセランゴールの威張りちらしている駐在官の行動を記すに際して、辛辣極まりない言葉を使ったからだ。

イザベラはスンガイ・ウジョンに滞在していたときに、その地区の裁判所に出席したことがある。「ここではイギリスの国旗の下で風変わりで混乱した制度が施行されていました。悪い慣習の下で変更されたイスラム教の法律にイギリスの刑法の一部が入り込み、『正義のための正義』を厳格に適応した駐在官の『公平』に対する解釈が最優先されているのです」。彼女は囚人たちが彼女の視察にそなえて整列させられている刑務所を訪れた——彼らの半数は足枷をつけられ、ダグラスが長官の前で「ぐずぐずしている奴は鞭でひっぱたけ」と怒鳴っていた。イザベラはアブダルサマート号のデッキに立って、ダグラスが「いつものものしさ」を感じさせる衛兵の側を気どった足どりで歩きながら、そこにいる全員に対して、現地語でチラカ（恥知らず）でボド（愚か者）などといった罰当たりな言葉を浴びせているのを見た。この不快な光景を見ているうちに、彼女は次のような警告があるのを思い出した。

「マレー人は恨み深い人々なのです。イギリスの役人が彼らを殴りつけたり侮辱したりすると、私が現地へ来てから聞かされてきたのと同じことを、彼らはこう言うだけなのです。『それじゃ、いつかそのうちに仕返ししてやるからな。せいぜい神に祈っていろ』と。だが本当に役人が短剣で刺されたりすると、マレー人の言い訳などお構いなく、小型軍艦が『懲らしめる』ために川を上ってきてマレー人を殺し、焼き払い、破壊し尽くすのです。そして『小戦闘』が勃発し、重い戦争賠償金が課せられ、本当の原因は永久に閉ざされたままなのです」

幸いなことに、今回はこのような大事件に発展する危険が避けられたのは明らかだった。というのは、セランゴール問題の不安に関する備忘録が、海峡植民地政府によってすでにファイルされていたからである。たとえば、当時植民地次官補だったフランク・スウェッテンハムがこの頃マラヤを訪問し本部に提出した報告書は、まったく不満足なものだった。彼はクラン川の漁業からあがる収益のほとんどが「警察」の武器と衛兵の制服、そしてアブダルサマート号の新装備に使用されていることを知ったのである。地区公有地管理事務所の報告も「不備が目立った。……現金出納帳もないし、認可記録、さらに貸付け帳さえもない」という有様だった。翌年、総督代理公邸が成長著しい上流のクアラルンプール居留地に移動すると、それ以外のでたらめと不備が明るみに出た。これらはひどい幻滅を覚えて退職したジェームズ・イネスとスウェッテンハムによって調査された。一八八二年、ダグラスは査問に応じるか辞職するかの二者択一に直面し、辞職することを選んだ彼は、傷つくことなくその地位を去ったが、イザベラから見れば言語道断なことだった。彼女はジョン・マレー宛ての親展書でこう述べている。

「ダグラス氏は、私がこれまで会った人間の中でもっとも極悪非道な人間です。近くで見た結果、彼の性格の中に何ひとつとして長所を見つけることはできませんでした。マラヤの失政は甚大でひどいものです。私はこの駐在官こそがこの失政の張本人であるシーンを目撃し、また耳にしました。それは欺瞞、偽善、暴力による支配です」

こんな状況にあったことを考えると、イザベラがセランゴールを離れたときには心底ほっとしたことだろう。これからは銃剣のきらめき、ターバンの下から見るむっつりした眼差し、磨きあげられたヘルメット、とりわけ勝ち誇った声と内部に恐怖心をかかえこんだ血色のよい顔を見なくてもよいのである。

Ⅲ

イザベラがアブダルサマート号に乗ってペナンに到着したところ、彼女の到着は以下のように地方新聞にしかるべく掲載された。「この新聞の購読者は、かの有名な女性作家、イザベラ・バード女史が当地を訪れたことに興味を持つことだろう。彼女の来訪の目的は著述の資料を集めるために現地の様子を観察し、取材することである」。大げさな評判をたてられたイザベラは、海峡植民地の総督ウィリアム・ロビンソン卿の送別会を兼ねた朝食会に招かれた。植民地の役人が全員出席したが、彼らは優位に立とうと立ちまわっているように見えた。

「彼らの中にはライバルを蹴落として昇進を謀ったりする者もいます。中には率直に、公明正大に我が道を歩んでいる人もいるようですが、自分の立場が有利になるように下劣な手段を弄したり、他人の名声をひそかに傷つけたりする人もいます。誰もが何かを望んでおり、大抵の場合、それは他者を出し抜いて達成しようとしているように思われます」

出席している男どもの隠された競争、独断的で有害な攻撃、心配そうで不安げな眼差しを見ているうちに、イザベラはこうしたことは個人的には関係がないのだと思い切ることにした。総督のお気に入りだという特権のあるイザベラが、中立の立場からものを見ているということは興味深いことである。さらに恐ろしいことには、この堅苦しい朝食会で将来の展望が見えてしまうことであった。それはどんなに尽くしても認められないままの期限のない辺境への追放かもしれず、そうなると沼地へ追いやられ、いつ離れられるかも分からない小屋に住むことになり、そのあいだ一年間も一心不乱に願った地位を他人が占めることになるのである。

出席した役人の中に、ペラの駐在官で次の旅にイザベラと同行することになった次官補のウィリアム・マックスウェルという男がいた。彼は陽気で頭がよく、戦闘的であり、独断的かつエネルギーにあふれた人間だった。イザベラの人物評によると、「彼はそれにもかかわらず完全な紳士」であり——傲慢、放縦、中国人に対しては短気に過ぎるとヘニー宛ての手紙に書いている。しかし彼はマレー人を好いており、イギリス人の誰にでもニックネームをつけるマレー人は、彼のことを「猫の目をした男」と呼んでいた。マックスウェルの居留地はラルであり、ペラ州の湿っぽい海岸地方である。そこからイザベラはキンタ号という大型船に乗って旅を続けたのだが、この船はアブダルサマート号と違って、もったいぶったところのないのんびりした船で、表現豊かな日本語のフレーズによれば「瀕死のボイラー」をつけた船であった。これに同乗したのが他ならぬジェームズ・イネスとその妻であり、彼らはランガット、セランゴール、ドリアン・サバタン、そしてペラという風に任地を転々としていた。今度の転任もエミリーが後になって話したように、悲惨なことに変わりはなく、良くなったことはほとんどなかった——バンガローの屋根にネズミが異常発生したことが新たな苦難に加わっただけである。思うにイネスは、総督の朝食会で昇進を希望したが入れられず、良い知らせがまったく期待できなくなったので、行動に物憂い感じがつきまとっていたのだろう。イザベラはヘニーに書いている。「彼は弱々しく絶望しているように見えます。目も虚《うつ》ろで焦点が合っていないのです」。

彼らは夜更けてからペラに向けて出発した。ヤシの木が波打ち際に沿って影を落とし、モクマオウ属の高木の枝が優雅に垂れ下っていた。「海面は油を流したようであり、オールから水滴が滴り落ちています。一列になった長い磯波が雪の上ではなく、緑色に見える海流の速度に応じて海岸に押し寄せてくるのが見えます」。彼らはデッキに座り、顔を上げて爽やかなそよ風を体一杯に浴びた。イネスは顔をしかめたままむっつりしており、その隣にはペラの警察署長に任命されたばかりのウォーカー大尉が「防空司令部の長官にでもなったような気取った話し方」でイザベラに話しかけ、マックスウェルはペラの不穏な状態について詳細に話してくれた。

ペラは近隣の州と同様に一八六〇年代はほとんど混乱の極みにあったが、イギリスからの駐在官を真っ先に受け入れたところである——一八七四年、J・W・バーチが次官補を伴って赴任してきた。フランク・スウェッテンハムによると、当時の状況は以下のようなものであった。

「美しい肥沃な土地で鉱物と水資源に恵まれ、ほとんど赤道直下に位置している。住民はまばらで、彼らの性格は感情豊かで勇敢、迷信的、情熱的、因習を守る人々である。これまで記憶されている中で、この州に入った白人は六人に満たない。自動車道路はわずか十二マイルしかなく、中国人がマレー人を上回ること約十倍である。さらにこれら中国人同士は一年以上にもわたってあらゆる支配権を無視して互いに交戦中であり、家を焼き払い、鉱山は閉鎖され、武装した男に占拠された砦があるだけで、海岸の村落は海賊の手中に落ちている——一群のシク教徒に守られた二人のイギリス人がこうした状況を変え、法と正義を守ってこの地区を隆盛にするべく努力している」

状況は多かれ少なかれ一変したのだが、バーチの力によるものではなかった。彼は勇気があり、頑固一徹であったが、「前後を顧みない夢想者」だというのが現代の歴史家の評である。赴任後、一ヵ月ほど経ってバーチは、シンガポールにいる上司に、ペラの状況は「あまりに無秩序なので、直ちに変更する要あり」と一報し、マレーの族長に（通訳を通じて）税金の徴収のやり方、記録の取り方、徴収した税の使い方などを大急ぎで指示した。一八七五年十一月のある早朝、バーチは経済上の諸問題に対してイギリスの支配を強化するようにとの告知を急がせるために川上の村に赴いた。その日の午後、彼はマレー人の集団によって浴室で刺殺されているのが発見された。その時点ではこの事件はそれほど大きく問題視されていなかった——セランゴールでダグラスが殺されたとしても、同じだったろうか。だがイギリスの役人が、任務遂行中に殺害されたのである。直ちに復讐しなければならなかった。

こうして開始された「ペラ戦争」の詳細は、悲劇的かつ滑稽である。逆上した大げさな電報が、海峡植民地政府からあらゆる方面に打電された（電文は「戦艦と軍隊の増援を頼みたし。マレー半島に武装蜂起勃発す」）。やがて無防備なペラを攻撃すべく、マドラスから工兵隊と地雷工兵が出兵し、野戦用携帯電信機が百マイル（約百六十キロメートル）も付線され、帝国第五連隊が五・五インチ砲と臼砲を引いて参加、砲兵隊は砲弾百発とロケット弾二百発を携えて馳せ参じた。香港からは帝国第八十分遣隊の将校と帝国連隊、およびカルカッタからの傭兵がやって来た。

ペラの静かな緑色の海岸線は、帝国海軍のモデスト、シッスル、フィロメル、リングダブ、フライ等そうそうたる軍艦で埋め尽くされた。そのうちの一隊がジャングルから出てきたマレー人を一掃し、二、三の村落を焼き払った後、撤退していった。後にバーチ殺害のマレー人共犯者が捕えられ、イギリス人の気を静めるために一人か二人が処刑され、他の者はセーシェル諸島に追放された。首長のユスフがペラの傀儡《かいらい》政権の支配者になったが、一八七七年にイギリス人の役人が駐在官とその助手としてこの難しい任務に就任した。彼らはヒュー・ロウとウィリアム・マックスウエル（二人とも後にサーの称号を受ける）で、イザベラはキンタ号のデッキでマックスウエルと歓談した。

翌朝、マックスウェルとイザベラは、ラリュ川に沿って波音高く下っていった。甲虫やハエ、（それに恐らく）ハチなども腹一杯に詰めこんだハチクイが栗色の喉と青い尾をひらひらさせて頭上に飛びかい、金色の殻皮で包まれたヤシの実が浮かんでいる——だがそれを拾おうとして手を水に入れると、ワニにパクッと指を食いちぎられてしまうだろう。タラク・カルタンの不潔な埠頭に下り立つと、男たちは税関の調査に行き、イザベラは事務所で待っていた。

「椅子が一脚とインクのしみだらけの机、カビで覆われたインクスタンド、古い暦、それに空のジンの瓶がころがっています。部屋の外はザルガイの殻が壁の前にうずたかく捨てられ、掘割りと小さな流れが豊富な草原の中を胸が悪くなるような悪臭を発して流れており、ヘドロが光り、玉虫色の太った昆虫や爬虫類が照りつける太陽の下で這い回っています。いずれにしてもこうした気味の悪いものがうごめいているのですが、これらは奇妙な紺青の甲羅をつけた小さなカニのようです。野菜の強い悪臭はとても耐え難いのですが、私は手紙を書いたり、あなたへの刺繡に没頭して、ここに足止めされているのを少しでも忘れてやり過ごすようにしているのですが、これ以上長くなったり暑くなったりしては大変です」

男たちが戻ってくると、イザベラは陰気なイネスと一緒に「辻馬車」に乗せられ、水牛が通った跡のでこぼこ道をはね上げられながら連れていかれた。この馬車は二輪で屋根が低く、二人乗るのがやっとで、大抵はインド人の所有物で彼らに運転されている。彼らはしなやかな体型をした害のない連中で、トルコの赤いターバンを頭に巻き、白い腰布を着、鼻に宝石をつけた輪をつけている。辻馬車の乗客は「前足を前の床板に乗せて踏ん張り、倒れるまで走るというスマトラ産の気性の荒いポニーの走りに合わせて激しくゆさぶられながらしがみついていなければならない」。

この格好でイザベラは次官補のところに辿り着いた――そこは丘の上に建ったどっしりした建物で、天井が高い部屋と大きなベランダがあり、まるで「クライド蒸気船の船首室」のようであった。ベランダと素晴らしい眺望を考えると、現職者はマックスウェルの前任者に感謝したくなるかもしれない。この男はトリストラム・スピーディ大尉で、陽気で派手好き、名前が示すように活発でブロンドのあご髭を風になびかせ、空威張りするので上司にはよく思われていなかった。当時の植民地の長官は、植民省にこんな電文を打っている。「スピーディ大尉は水準に比べてかなり劣った人物です。彼は見栄を張るところが目立ち、豪華な豹皮の服を着、頭に大きなターバンを巻き、かなり巧みに演奏するバグパイプを吹いて現地人の好奇心をあおっています。彼の象のような体格を見れば、こうした環境の中で彼に何ができるのかはっきり分かるでしょう」

恐らく現地人はこの見せ物を楽しんだだろうが、スピーディ大尉が錫鉱山の中心地である不穏なラリュ地区に、裁判所の設立や警察機構の土台を築こうという任務を果たそうとして命令書を交付したのは間違いない。しかし彼は公金を有効に活用しなかったと告発され――公邸の大きさと、そこに通じる道路がないことも問題視された――一八七七年、辞任のやむなきに追いこまれた。

スピーディのベランダからイザベラは中国人の鉱夫が住んでいた村を見下ろした。そこにはよどんだ水が立坑《たてこう》によどみ、鉱坑が廃棄され、まだらな黄色い葉をつけたコーヒー園が目についたが、経営はうまくいっていないようだった。はるか遠くに目をやると、「何マイルも続くような木の先端が海面と同じ高さに平行して見え、その上には紫色の雲の影が一日中漂っていた」。そこからは、シク教徒とパターン族の軍人が四角い広場で淡い赤色に見える列を作って毎朝パレードをしているのが見えた。彼らは「古典的」で「仰々しく」、「素晴らしく見栄えのよい」男たちで、朱のコートと白いズボンで身仕度をし、編んだ頬髭を青いターバンにたくしこんで頭に巻いている。

この色鮮やかな軍隊は、興味深い人物ポール・スウィンバーン少佐に率いられており、この人物の評判はイザベラはすでに耳にしていた。彼の人物評は「輝かしく魅力的だが、何となく見当違いなところにいる人物」で、その風評は「日本、中国、シンガポール、その周辺」にも及んでいるとイザベラはヘニーに書いている。彼女がマラッカを去るとき、ショー大尉はイザベラに「もしポール・スウィンバーンに会えたら、生きているうちにそのような人物には二度と会えないということが分かるでしょう」と言ったが、その翌日彼女は彼に会った。

「背の高い貴族的な風貌で、ポール・モール・クラブの戸口からは全貌が見えない男が下りてきて、いきなり『こんなところは早く出るにこしたことはない。ここにはするべきことも学ぶべきことも何一つありやしない』と言うのです。これには私も驚き、すぐに彼に興味を抱きました」。この不意打ちに威圧されることも、気を悪くすることもなく、イザベラはスウィンバーンはまさしく「良き友人」であり、「きらびやかな話し手」で、芸術、文学、社会のあらゆるテーマについて深い造詣を持っていると確信したが、彼は人の話に「対等に耳を傾ける」ことはなかった。彼はアルジャーノン・チャールズ・スウィンバーンの従兄であり、才能ある親族を評することに、いくぶん無慈悲な喜びを感じていた。「望むところはすべて手の届くところにあるほどの富を持った才能ある道楽者という感じで、酒とアヘンの常飲者であり、彼の詩の幾分かは疑いもなくそのせいだと思います」というように。

彼とマックスウェルは無二の親友で、熱帯の倦怠を紛らわせようとして自作自演の激しい騒ぎを撒き散らしていた。スウィンバーンの習慣はこんな風に始まる。「攻撃的な口調で、現実上のことであれ想像上のことであれ、友人の弱点や風変わりなところを皮肉、物真似、毒舌で容赦なく痛めつけ、返答する間を与えずにこう言って、パルティア人のように立ち去ってしまうのです。『ところで諸君。怒っても仕方がないのじゃないかね。世の中に私ほどの友人はいるものじゃない――もし私がいなかったら、とても耐えられるものじゃないということはご承知のことだろう』（訳注　パルティア人騎兵が退却するときに後向きに矢を射たことから、別れ際に言い放つこと）」。

こうしたときの騒ぎは大変なもので、こぶしを打ち下ろし、床を踏み鳴らしたりして暴れるのだが、それが終わるとさっぱりして関係は以前よりも良くなる。彼の仲間たちは痛快で愉快なので、イザベラは大きな客間で一人で気ままに休息をとった。そこには「おしゃべりする女ども」がいないので、議会や政府の報告書等を読み切ることができ、立ち去る気になれなかった。しかし、気に病むことはなかったのである。というのは、黄金の半島の旅の中でもっとも楽しく、刺激的で異常な経験をもたらす旅が彼女を待ち構えていたからである――彼女はラリュを出発するとすぐにクアラ・カンサーにあるペラ地区へ向かった。

マックスウェルがジャングルを通り抜ける徒歩旅行についてきてくれた。華やかな蝶と無数の猿が木々の間を跳ね回り、一群の琥珀《こはく》色と明るい青緑色をしたハチドリが羽を震わせ、大きな透き通るような緑葉の下にはガサガサいう音を聞きながらヒルが体を一杯に伸ばして飛び下り、どんなものでも生きものであれば吸いつこうとしている。繊細なサンゴ色の斑紋のあるランの花のトゲが彼女の肌を刺し、卵の黄身色の嚢状葉植物が頭上に這い上り、固い各種のシダと紅鮭色をした名も知れぬ匍匐《ほふく》植物が黒いビロードのような植物の周りに扇状に広がっていた。つややかなショウガ属の多年草が光彩を放ち、赤い百合が揺らめき、クリーム色の長円形の果実がぶら下っている。

六フィート（約百八十三センチメートル）も長さのあるのこぎり状の葉をしたシダが垂れ下り、そこにしみのついた紫色の三種類のウツボカズラがあった。水差しの形状をした花の縁は果汁で輝いているが、それにつられて飛んできた昆虫はカップ状の花の中に入りこみ、サテンのような壁に足を滑らせて底にたまっている水の中で溺れ死んで餌になってしまう。これらのぞっとするような水差しの中には「捕えられた昆虫の死骸」が一杯入っており、食虫植物の栄養の源になっているのであった。

彼らが一時休憩のために立ち止まると、マックスウェルはこれからの旅は一人で行っても全く安全だからと言い残して、イザベラのもとから立ち去った。これを聞いたイザベラは、全くその通りだと思った。「私の安全について、私は露ほども疑いを抱いておりません。それはひとえに元気のいい馬がいるかどうかに深く関わっていることです」と彼女は説明している。前もって手筈を整えていた「元気のいい馬」が、彼女の前に連れてこられた。

「ここへ来る前は、私は美しい象と黄金の布地で飾られた象の籠を想像していましたが、目の前にいる象はそのどちらでもありませんでした。実際に私が乗る象は、堂々としたところなどまったくない醜い生きものにすぎません。その背中は生皮で覆われ、その上にマットが敷いてあり、隆起した背骨の両側に新鮮な葉と小枝の入った狭い籠が籐のロープでつながって下げられているという代物でした。私はこの片側の籠の中に玄関ポーチから投げ入れられ、若いマレー人が反対側の籠に入ってバランスをとり、私のカバンは籐のロープで象の後ろにくくりつけられました。御者が登るためのあぶみはロープの輪で作られ、御者のマレー人が身につけているものはハンカチと腰布だけです。彼は無駄話が大好きで軽率な男で、話をするチャンスがあると見るや象から飛び降りて私たちをほったらかしにして行ってしまいます。彼は先の曲がった釘のついた棒で象を御し、象が言うことを聞かないと薄く透き通った『耳の後ろ』の薄い膜にその釘をひっかけるのですが、象が長い鼻を立てたりして抵抗すると、一マイル離れていても聞こえるような罵声を発して激しく象をののしります。……彼は象の頭の上に座っており、足を組んだり巨大な耳の後ろに足を伸ばしたりしています。

乗り心地はよくありません。ぶらぶら揺れる籠の端に足をかけて前を向いて座っているのですが、この端に乗せている足がすぐに痛くなり、それを避けようとして後ろにもたれかかろうとすると、曲げたり伸ばしたりする動きによってさらに痛みがひどくなり、仕方なく痛みが耐えきれなくなるまで以前の姿勢に戻る他ありません。これでは象からすれば、『知的なもの』を乗せていないも同然であり、日本の馬の足にはかせているワラジ同様に厄介なものにすぎないでしょう。籠はいつも前後に揺れ動き、私の方が反対側の若者よりも体重があるので、私の乗っている籠が垂れ下り、象の背骨である大きな隆起に向けて引き上げようとするのですがうまくいかないのです。そのつど象使いの男は象を止め、籐のロープを引っ張るのですが、これが全体にからまっているので決してうまくいく筈がなく徒労にすぎません。

二時間も経たないうちに象の巨体が突然何の前触れもなくゆっくりと後ろに沈み、続いて前に沈み、巨大で醜い足が前に伸びたところで、象使いが私に下りるようにと指示しました。そこで私は象を踏みつけ、籐のロープ伝いに下りたのですが、象使いが『ひざまずいて』いるように見える象の背中を後ろの方に歩いている様を見ていると、そこから安心して乗り下りするにはやはり梯子《はしご》があった方がよいのにと思いました」

旅行用籠を「再整備」している間、イザベラは周囲の環境にすっかりとけこんでいる典型的な村人の家に梯子を使って上ってみた。それは支柱の上に建てられており、ヤシの葉でふいた急傾斜の屋根、割いたアシの壁、竹の垂木でできており、全体はおきまりの籐で結びつけられていた。家の内部は木陰の草原のような日陰になっており、簡単な家具の上をひらひらと震えている木漏れ日が舞い——アシのマット、長枕、槍、鉄製のポット、釣り竿などが置いてある。

黒いカバイロハッカ、緑色のハト、青いインコなどが垂木から下げられた鳥小屋の中でさえずっていた。マレー人はこうした鳥を馬のたてがみで編んだわなで捕え、可愛がって育てて慣らし、「おしゃべり」するように仕込むのである。床の上で飛び回っていた丸々とした褐色の子供たちの主な仕事は、これらの鳥の餌にするバッタを捕まえることである。村人の性格は温和で活気がなく、人好きがし、一人の男は猿を使ってヤシの木に登らせ、イザベラのためにココヤシの実を取ってくれ、ある男はバナナと水牛の乳をくれた。正午になって日光が紺碧の空から降り注いでくる頃、イザベラは再び象の頭を乗り越えて籠に乗り、「恐怖のお楽しみ」である旅を続行した。

「御者は噂話をするのと煙草を吸いに象から飛び降りて行ってしまい、象は一マイルほども離れている『自分たちの群れ』に加わるために勝手にジャングルの中に入ってしまい、木を引き裂いたり木の皮を剝いたりし、泥の穴のところに行ってそこにある泥水を鼻で吸い上げ、大きな声で鳴きながらそこら一面に水を振り撒いて乗客と荷物もずぶ濡れにしてしまいました。道に戻ってきた象は何度も立ち止まり、鼻を硬くし、それを支えにして逆立ちをするような仕草をするので、私がこうもり傘で叩いたところ、今まで聞いたこともないような大きな鳴き声をだしました。それを聞いたパートナーのマレー人がびっくりして御者を連れ戻すために籠から飛び降りたので、籠が私の方に垂れ下り、どうしてよいのか分からないほど困難な状況に陥ってしまい、この生き物が鼻を振り回して私を放り出し、私を泥の穴に押しこめるのではないかと思いました。

御者が戻ってくると私は再び籠から下ろされ、今度は象がどこへ行こうと自由にされたので、早速川へ水浴びに出かけ、大量の水を上から自分の体にかけ、体の側面を冷やすために川の中を歩きながら水をかけています。象の皮膚は厚く見えますが、皮のひだの間に小さな昆虫が入りこんで血を吸い取ってしまうらしいのです。だから象は放されるとすぐに体に泥を塗りつけて水牛のように皮膚の保護に努めるのでしょう。私は再び象に乗り二時間ほど行ったのですが、象は一時間に一マイルほどの速度でのろのろと歩き、どうやら休みたいという明白な理由があるようでした。もっと速く歩くように命令されると、そのつどときには怒りをこめ、あるいは悲しげな鳴き声をあげて抗議します。御者が下りて象の後ろから歩いて行ったのですが、やがて止まってしまったので、巨大な『耳』の後ろを例の棒でひっかいたのですが、象はただ鳴くだけでまったく効果がありません。再度象の頭に乗って歩かせようとしたのですが、象は何度も大きくよろけ、落とされてしまう危険を感じた御者は、もう駄目だという表情で象から下りてきました。

そこで私も下りると彼に合図をしたのですが、今度は象がひざまずくのを断固として拒絶するのです。止むを得ず私は籐のロープにつかまって不恰好な象の肩から下り、象使いの肩を梯子の代わりにして下りました。籠を取り外して自由にしてやると、象はゆっくりとジャングルの中に戻って行きました。その後、私はクアラ・カンサーへ向けて残りの数マイルを徒歩で行き、御者が私の大型カバンを持ってついてきました」

この象による旅は、その後イザベラの全生涯の中でももっとも風変わりで奇妙なものとして引用されるが、確かにそうであって一日で十分だった。彼女が言っているように、ただしペラはこの限りではなく、そこでは環境が変わり、びっくり仰天するようなことが続き、とりわけ陽気な食事風景ほど彼女にとって面白いものはなかった。駐在官ヒュー・ロウ氏がクアラ・カンサーを二、三日離れていることはイザベラも知っていたが、彼が不在の間、「アッサムという名の素晴らしい東洋人の執事」によって総督代理公邸に招かれた。彼は浴室のある彼女の部屋に案内した後、夕食（あるいは彼の呼び方によれば朝食というときもある）の準備が整っておりますので是非にと勧めた。

「準備が整っているというのは、まったくその通りでした。テーブル掛け、磁器、クリスタル・グラス、花などが揃い、料理は申し分ありません。マドラス出身の執事アッサムは、マラッカの召使いに比べてはるかにハンサムで威風堂々としています。気のきいたマレー人が手伝い、中国人が階段のところに座って吊り団扇《うちわ》を引いて風を送っていました。

周囲の全体の風景は調和がとれ、見事なヤシの木、輝く緑のスロープ、湖のような川に落ちかかる黄金色の夕焼け、森林に覆われた山脈が紫色の光にとけ入り、日焼けした顔をし深紅の制服に身を固めたシク族の護衛兵、麗らかな大気に漂ううっとりするような甘美な香り、燃え立つ熱帯の壮大な光景、それらを眺めていると、あまりの美観に言葉を失いとても明確に伝えることは不可能です」

「……私の旅行カバンがまだ届いていないので、私は泥のはねのついたツイードの服を着る他ありませんでした。だから三人用にセットされたテーブルを見ると、ひどく困ってしまいベランダでぐずぐずして時間をつぶしていたのですが、一点のすきもない服装できめた二人の政府事務官が呼びにきたので、一人でいることができない事情に苛立っていました。アッサムがやってきて断固たる口調で食事の準備が整いましたのでどうぞと言われ、指定席に座ったのですが、この時ほど私は煙に巻かれたような気がし、驚いたことはありません。アッサムが大きな猿、マレー人は小さな猿、シク教徒は大きな猟犬をそれぞれ連れて食堂に入り、シク教徒はその犬を私の座っている椅子に縛りつけたのです。しかも彼らはこれ以上ないほど厳かに行動し、これで食卓は満席になりました。夕食は堂々たる格式をもって進められたのです。

猿の料理は磁器の容器に盛りつけられたカレー料理、チャツネ、パイナップル、卵とバナナであり、私の料理とまったく同じです。主な違いは私が給仕されるのを待っていると、執事がテーブルを回ってくる間に大きな猿がぶしつけにも皿から勝手に取ってしまうこと、小さい猿が自分の椅子からテーブルまでの長い距離を移動し、私の皿の側に座ってその皿から上品そうに何ごともないように食べていることです。何というグロテスクな、そして何という素晴らしい夕食なのでしょう！　私の『近い親戚』は道理をわきまえて沈黙を守っていました。彼らは会話を交わすという努力を一切せず、私にとってもっとも興味ある同席者です。『沈黙は金なり』と、私は痛感しました。これほどの楽しい夕食会を今後持てることがあるでしょうか？」

イザベラと同席した猿はエブリス（悪魔の意）とマームードで、エブリスは身長二十一インチ（約五十三センチメートル）、赤ん坊のような手をしている愛敬のある古代風の面立ちをした猿で、身長約四フィート（約百二十二センチメートル）のとても力が強く活発で毛むくじゃらな顔をしたマームードにいつもいじめられている。マームードのいかめしい顔を見る度に、イザベラははるかかなたのエディンバラ教会の長老を思い出した。イザベラがやってきたその日に、エブリスが執念深いマームードに太いマラッカのステッキで叩かれていたのを間一髪のところで救ったことがあった。それ以来、エブリスは救済者であるイザベラにへばりつき、一瞬も離れなくなった。ときには彼女のペンを取り上げて書こうとしたり、「ウフ、ウフ」と甘えた声で鳴いて膝に乗って横になったり、またときには自己啓発をしたくなったのか、封筒から駐在官の公文書を引っ張り出し、まるで読んでいる風に見つめ、折り畳むと元に戻したりする。

それは陽気な動物園のようだった。トカゲが二匹、彼女の黒い絹のドレスの中に巣を作り、装飾用のベッドカバーの下で蛇がとぐろを巻いていた。エブリスとマームードの他に、穏やかな猟犬がベランダで跳ね回っており、赤と金色のきらびやかな衣裳をつけた四頭の象がバンガローの前をゆっくりと歩いている。夜は虎がジャングルの奥で唸り、屋根に住んでいる飼い慣らされていない手長猿がふざけて突然客間に飛び込んできた。この熱帯の典型的な朝のシーンをイザベラはこう描写している。

「エブリスは私への手紙を『読む』ためにテーブルにかがみこみ、手長猿は猟犬の背中に悪鬼のように飛び乗ってその背中にまたがり、定規で打ち叩いています。騒々しくて意地悪なマームードは椅子からクッションを引き剝がして一列に並べ、テーブルからテーブルクロスを引っ張り出して丸めて枕にし、その上に気持ちよさそうにのんびりと体を伸ばしてときどきパイナップルをつまんで食べています」

近侍している象の一頭はペラ王室付きの象で、普通の象に比べてひときわ大きく、従順で気品があり、イザベラは以前の惨憺《さんたん》たる苦労を償うためにその象に乗るように勧められた。王室付き象は猿と同じくらい器用にバナナの皮をむき、倒木を取り除いて道路を整備し、乗客を陸上であれ水中であれ、安全に運ぶように訓練されていた。イザベラがその象に乗ってペラ川を渡ろうとして急勾配な土手を下りていったときの様子を、彼女はこんな風に書いている。

「岸辺から離れて川の中程に入ると、象は静かに水の中に沈み、そのうちに体全部が水中に没してしまいました。水中を悠々と進んでいくのですが、巨大な体はまったく見えません。鼻の先端が前方に見え、それが水蛇のようにくねくねと動いたり巻いたりしていました。鼻だけはいつでも見えましたが、それは体から遊離し体と関係があるとは思えません。

言うまでもなく私たちは水中に座っていたのですが、まるで大気の中にいるように暖かで、かなりの距離を行った後、私たちは水面に上がったのですが、川面は澄明で日光がさんさんと降り注ぎ、熱帯の太陽がまぶしく輝いています。すべてのものが人々の目を楽しませてくれます。黄金色に見える小さな砂浜、森林の上方には山々が刻々と変化する色彩の饗宴を映していました」

それからこう続ける。「もしあなたがここへ来て、象が背中に三つの異なる人種の人々を乗せて熱帯の川に毎日水中に潜っているのを見たように装ったとしても、これ以上欲しいと思うようなものは何ひとつここには残っていなかったでしょう」。しかし突然、騒々しく溢れるような色彩と自由奔放な活気に満ちたこうした状況にいるイザベラだが、青白い顔をした穏やかなヘニーにも会いたいという熱望が募った。そこで彼女は自分のもっとも得意なことをし、最高な状態にいる自分の姿を一瞬でもヘニーに見せて驚かせようとした。だがそう思いながら、その欲望が萎えていくのに気がついた。というのは、もしヘニーが魔法の翼に乗って、イザベラが象の背中に乗ってペラ川を渡っているのを見に来たとしても、ヘニーはそれほど驚きもせず、淑女らしからぬ突飛な行動も見せず、実際にはこの大胆な冒険に浮かれているイザベラに冷徹な一瞥をくれるだけだということに思い至ったからである。ヘニーはいつも正気そのもので、旅をする必要は全くなかった——そして絶対に旅には行かなかったろう。なぜなら彼女が旅に行ったとすれば、イザベラはこれほどまでにヴィヴィッドな手紙をヘニーに書くことはできなかっただろうからである。

翌日、イザベラにとってクアラ・カンサーの補助管理人としての素晴らしい幕間は終わった。ジャングルから駐在官の帰還を告げる軍隊ラッパが鳴り響き——その騒々しい旋律に、魔法にかかったエブリスはイザベラの肩を滑り下りると、本当の主人のもとへ駆け寄っていった。ヒュー・ロウというその男はすぐに階段を昇ってベランダに上がり、お出迎えにきた毛むくじゃらのペットの手をはずしてイザベラと握手した。彼は年の頃五十代半ば、黒い顎髭を伸ばし、忍耐強そうなどこか遠くを見ているような眼差しをした男だった。彼は植物学者であり、もっとも関心があるのは第一に植物、二番目が動物、そしてやっと三番目が人間という感じだった。約二年間ペラの駐在官を無難に務め、マレー語に堪能でマレーの風俗・習慣に共感を抱いていた。それ以前にボルネオの北西海岸沖にあるラブアン島で、彼はほとんど三十年間もみじめな生活を送ってきた経験がある。陰惨でだらけたとり残されたような島で、彼は報いられない日常のあらゆる取り引きに——財務省長官、警察裁判所判事、三度の代理総督を歴任し——うんざりしており、そのために気性の荒い才気煥発なジェームズ・ポープ・ヘネシーの激しい反目を受けることになった。ヘネシーがラブアンの総督だったとき、ロウの一人娘キティと結婚し連れ去ってしまった（彼の妻は三年前に死亡していた）。それはともかく、この娘との婚姻に起因するもめ事でロウの昇進に邪魔が入り、内気でぶっきらぼうな態度のためにイギリスの要職にある人々の承認を容易に得られなかった。ペラへの赴任はロウの紛れもない能力を遅ればせながら認めたということであり、彼は与えられた機会を生かすべく誠心誠意できるだけのことを実行し、その結果を植民省に報告した。

「彼は一日のうち、十四時間も働いています」とイザベラは記している。「仕事こそが彼の熱情のすべてなのです。仕事の変化こそが彼の気晴らしであり、州の利権の躍進を図り、現地の首長を指導して公平ということを教えるというのが彼の念願です」。そういうわけでイザベラがそこに滞在していた期間は言うまでもなく、彼女が来る前と立ち去った後もほとんど毎日ヒュー・ロウはまるで「親しい人間」のようにエブリスをそばに置き、献身的な犬を足元につなぎ孤独なバンガローのベランダのテーブルについて仕事に没頭した。

「彼は昼食と夕食の間隔を長くとり、黙々と食事をします。ドアについている歩哨《ほしょう》は一言も口をきかずに交替するので、青いターバンと深紅のコートを着ているのはいつも同じ人間のように錯覚してしまいます。前景は川が静かに流れ、柔らかい大気がかすかに動いても、ヤシの葉と屋根のニッパヤシの葉はそよとも揺れず、暑くて物音が聞こえない沈黙の世界、これが熱帯なのです」

この静かでささやかな中心地から、地上の表面を変える異国のエネルギーが整然と放射状に広がっていた。強奪と海賊行為に明け暮れし、奴隷制が残存し、混乱が長く続いたこの地に、ロウは租税制度と自由を導入しようとしていた。彼は勤勉な男だったが、それでも分類棚の上には、中国の漁師の漁獲高の十分の一を税として取り上げるのを免除してもらいたいという書類、警察署長から田舎の監獄で赤痢が蔓延したとの報告、錫鉱山の水門に使用する予定の新型分離式ポンプの説明図解書、クアラ・カンサーの道路工夫の監督官からのさらなる馬を要求する請願書、あるいは三人の女奴隷の負債による拘禁を解いてほしいという陳情書などが山積していた。

人々は書類というものを一切信じていないので、代理人ではなく本人がやってくる。「中国人の管理人」が彼に鉱夫に脚気が大流行していることを報告し、水利権をめぐっての争議を収めてもらいたいことや、アヘンを独占販売し法外に稼いでいるブローカーに対する憤懣《ふんまん》を述べ、鉱山から出る砕石を道路建設に使用するために入札をどうするかなどを絶えず聞きにくる。こうしたことはどれもロウにとって緊急課題であり、とくに現在の道路はほとんどが象の通り道を利用しているのが問題だった。象は必ず先行する象が掘った穴に巨大な足を入れる習慣があり、その穴は「泥と水が一杯入った深い穴なのです」とイザベラは書いている。

マレー人のリーダーたちは彼のところへ来て紅茶と砂糖菓子をご馳走になりながら体を伸ばし、何時間もマットの上に長々と横になっていることがあった。彼らはロウに虎が村のアヒルを皆殺しにしたことや、農地の境界線争いを解決してほしいという請願、道路建設に必要な資材を運ぶのに水牛を売りに出す話、あるいは逃亡した二人の奴隷を地区の判事が捕えようとしないことなどについて、愚痴をこぼしに来ていた。

時々トーピー（日除け帽）とズック製スーツの粗末な服装をした孤独な白人が、ロウのベランダにやってくることもある——彼は恐らくセイロンから来た農園主を望んでいる白人で、ペラでコーヒー園を持つ可能性があるかどうかを探りに来ているのであろう。あるいはオーストラリアから来たひどく楽天的な試削者が鉱脈の調査に来ていたり、中国人の独占を止めさせてパティーニョ（訳注　ボリビアの錫鉱山王）並みの一財産を築きたいと思っている男や、シンガポールからは正しい評価制度を確立するために近隣の土地の価値を測定しに農地検査官が立ち寄ったりしていた。その他、ロウ本来の関心の後を追って放浪している博物学者が訪れることもあり、永遠にピンで止められ標本になっているワインレッド色をした銀の小斑点のある蝶、ガラス瓶に入れられたホルマリン漬けになりとぐろを巻いたしみのついた蛇、深紅の耳をした珍鳥・ゴシキドリ、玉虫色に変化するジャワの孔雀、ケーキのくずとオオバコを餌にして籠で飼い馴らされた黒いまだら模様のサイチョウなどが見えた。

ロウのところにもっとも頻繁に顔を出す人間の中に、ペラの居留地の首長でユスフという男がいた。多くの人の話では彼が残忍で破廉恥な人間であることは間違いないが、同時に彼を支持しているイギリスの忠実な下僕であることは疑いない。イザベラが彼に会ったとき、その容貌と感覚的な野蛮性が気に入らなかった。彼女が彼に扇子を贈ったところ、彼はまるで奴隷が何か持ってきたとでもいう風に、まったく関心を示さずにその贈り物を受け取ったのも気に入らなかった。それについて彼女は彼の残酷な性格を示す最新の逸話を書き留めている。あるとき、逃亡した女奴隷を折檻するのに背中に熱湯を浴びせ、そこに赤蟻の巣を乗せたのである。そんな男にもかかわらず、ロウはこの男の信頼と称賛を得ているのだが、その原因のひとつはユスフとロウ自身とマックスウェル、マレー人の有力者、中国人のリーダーたちから成る州会議の設立を計画していたからであろう。会議は法律の整備と執行を任務とするもので、州のリーダーは警察官や徴税官に任命されるかもしれないと期待し、こぞって「設立に参画」した。法廷は近隣の州よりも筋の通ったものにし、海賊の侵略を防ぎ、徴税制度と関税手続きを簡略化して租税の節約化を図るというものである。ロウはペラの経済的独立を目指していた。

ロウにとってもっとも困難な問題は、負債奴隷の慣習である。どんな種類であれ借財を負った人は（あるいは借財があると告発されただけでも）村の長や首長によって奴隷として遇されてしまう。すべて流通可能な貨幣と資源は奴隷所有者の手の元にあるので、一旦奴隷の身に落とされた者が自ら解放されることはほとんど不可能であった。さらに悪いことには、奴隷の家族や子孫も永久に奴隷の身から離れられないことである。その結果、マレー半島には膨大な奴隷が存在し、彼らは虐待され蔑視されていた。当然のことながら、ウィルバーフォース（訳注　英国の政治家・奴隷廃止論者）の例を見るまでもなく、イギリスの駐在官は熱意をもってこの悪習を断ち切ろうとした。たとえばバーチが駐在官だったとき、逃亡した奴隷をよくかくまったものだが、彼が暗殺されたのはそれが原因だったという。ロウはもっと用意周到に取りかかった。奴隷制度は西洋の見方からすれば確かに嘆かわしいものだったが、数世紀にわたって受け継がれてきた社会慣習に根ざしたものであり、奴隷所有者から見れば自分の奴隷は当然のこととして彼らの所有物であり、その意味では家や妻や象と同じなのである。甘言を弄し、忠告し、あるいは弁償をしたりしながら、最終的にロウはこの目的を達成することができた。ペラでは一八八四年に公式に奴隷制度は廃止されたのである——何の騒動もなく達成されたこの偉業は、この当時世界からそれほど注目されたわけではなかった。

しかしロウは一般の世評をまったく気にかけなかった。イザベラと同様、彼は独創的な人物で——孤独癖があり多少エキセントリックだが、感受性豊かで気取ることのない人間だった。彼とイザベラは互いに友好を図ろうと思い、実際に親しくなった。彼は彼女の独立心の強い直情径行な点と抜きんでた才能、自分の仕事に対する知的好奇心などを高く評価し、彼女は彼の正直な勤勉さ、如才のない優しさ、とりわけセランゴールの駐在官にしばしば見られた威張ったり尊大なところがかけらもないところが気に入った。

夕暮になって淡いレモン色の黄昏《たそがれ》にヤシの木が静かに黒々と影を落とす頃、緑金色のホタルがポインセチアの木々の間を上下に飛びかい始める。ロウはその頃になってようやくリラックスし、パイプをふかしながら客とおしゃべりを楽しむ。彼らはもちろん有名人の噂話にふけった――たとえばバーチの不幸な出来事だが、高圧的で横柄な男だったので、これはロウの見解によれば酒を飲みすぎていたのでいずれ悲惨な最期を遂げるだろうと思っていたそうだ。香港の長官ポープ・ヘネシーのことも話題になったが、イザベラはこの男に最近会ったことがあった。彼は押しの強い自信満々な男で、軽率な理想主義はイザベラの気にそぐわず、二人ともこの男を嫌った。イザベラとロウがブルームフィールド・ダグラスの横暴きわまる統治について話し合ったのは確かで、ロウによると二千人ほどのマレー人がその統治から逃れてペラに来ているという。

彼らは話を止めて、一匹のトカゲがハエを追って壁伝いに這っているのを眺めた。トカゲは恐怖に駆られた獲物を飲み込む前に一瞬動きを止めた。それを見たロウは、「トカゲでさえハエに祈りの時間を与える」というマレーの諺を引用した。その後、彼は小さなゴムの木を育てている実験用の庭園について語り始めた。彼はその庭園で二種類の南アメリカの弾性ゴムの木と、シンガポールの植物園から送ってもらったゴムの木を育成しているのだと言った。彼はまだ知らなかったのだが、このゴムの木こそ歴史的に有名になったものなのである。これらの木はすくすくと成長し、一八八四年、最初の種子を手に入れることができたので、ロウは農園主をペラに招待し、コーヒーに代わってゴムの木に投資するように勧めた――とはいえ、これは冒険的投資だった。当時は誰も彼の言うことを取り上げず、ゴム産業がこの地で盛んになってきたのはロウがペラを立ち去ってから何年も経った後の、次の世紀になってからである。彼のクアラ・カンサーの庭園で育成したゴムの種子から次第に成長したゴム産業が根付き、一八九九年にマレーからロンドンに向けてゴムが最初に出荷されたのを見たロウは、すでに老年に達していたが安心したことだろう。

その庭園とそこで飼っている動物が、ロウの唯一の道楽であった。彼はアメリカのトウモロコシと煙草の他にコーヒーを栽培し、七面鳥、インド産のネロール乳牛、食卓用に山羊、アヒルとヒドリガモを飼っていた。招待客は皆美味な食事を堪能したが、その他特別な機会があれば冷えたシャンペンがでることもあった——もっとも、その際どうなるかは予見できなかったのだが。二月十八日付のイザベラの日記に、こんな記事が載っている。

「午前中にスウィンバーン少佐とウォーカー大尉がやってきて、十二時になると盛大な昼食会が執り行われました。マームードも相伴することを許され、ソーセージ、ザボン、バナナ、パイナップル、チキンカレー料理などを食べていたのですが、長いグラスにつがれているシャンペンを取り上げられる前に一気に飲み干してしまったのです。飲酒は人間にとってそれほどの悪徳ではないのですが、猿が酔っ払っている様を見るのはとても面白いものです。猿は大真面目に立ち上がろうとするのですが、椅子にぶつかってよろめき、しゃきっと歩こうとしてもままならず、小器用にうなずいているのですが、実はふらふらしていました。とうとう立っていることができないでクッションに倒れ伏し、それでも肘に頭を乗せて正気な風を保っていたのですが、突然眠ってしまいました」

マームードは目が覚めると相変わらず落ち着きなく動き回り、いつも困り果てたような顔をしている哀れなエブリスは、嬉しいときは「ウフウフ」と鳴き、不満がたまると「ワーワー」と金切り声をあげていたが、完全に食欲を失い病気になってしまった。ロウはバナナをちぎってやったり、三十分ごとにミルクを飲ませたりしていたが、それは見ていても痛々しく感動的であった。「魅力的だったこの猿はやせ細ってしまい、他の動物だったら病気になると隅の方に隠れてしまうのですが、今は一刻も主人から離れようとはせずまとわりついています。弱々しく細い腕を下ろし、言葉に表せないすがりつくような目で主人を見つめ、かぼそい声で『ウフウフ』と鳴くだけです」。

気の毒なロウはエブリスのことを心配するあまり、いまにも泣きださんばかりだった。彼は娘（今は香港の高官夫人になっている）に、「おまえを除いて、世界中でエブリスほど可愛いと思ったものはない」と手紙を書いたとイザベラはヘニーに知らせている。

そのとき恐らくロウはとりわけ孤独に思ったのだろう。イザベラにもう一ヵ月ほどクアラ・カンサーに滞在してはどうかと言い、珍しいことにお世辞をつけ加えた。「あなたは普通の男半ダースを合わせたくらい勇気があるね。この家の周りを歩き回っているが、私の都合の悪いときに話しかけたことがない——ところが男どもときたら、私を訪問するときはいつも忙しいさなかに来て、私の仕事の邪魔をするだけなのだ」。

さらに活気があり風変わりな少数の「ペラの住民」も、口をそろえてイザベラを誉めそやした。ロウに会いに来ていたマックスウェルはイザベラがほとんどの男たちよりもつき合いやすいことを認め、威勢のいいスウィンバーンはそれまでの意見を変え、「あなたは私が知っているどんな女性よりも素敵だと評価していますよ――あなたは素晴らしい旅行者だ――あなたは自分ができることとできないことを十分にわきまえている」と言った。マックスウエルはそれに同意し、イザベラが「バッグと巻き毛布」だけを持ってペナンに来たのを見た途端に、「これこそ本物の旅人だ」と思ったと言った。イザベラはそれまでに男たちにこれほど誉められたことがなく、まったく慣れていなかったので笑いながら受け流したが、これらの誉め言葉はまさにその通りで、彼女の得難い資質のひとつであった。彼女はヘニーにこんな説明をしている。

「考えるまでもなく、いつでも最初は見下されたものです。男たちは笑い続けていますが、私の体が弱く私の話が上手くないのは本当のことです。だが私が『騒ぎたてない』ために、初めの一日か二日、やらなければならないことが、私にはできないのではないかと人々に思われるのでしょう」

イザベラは物事をそれ以上追及しなかったが、イザベラが自分自身を他人がときとして彼女を見ていたのと同様に見ている点に注目していることは興味深い。彼女のマナーは「淑女」のようであり、沈着冷静だが識別力と鋭気に欠けていると思われていた。彼女の話し方は「情けない」ほどではないが、ゆっくりと熱意をこめて一本調子で話すので、人々は最初は彼女の頭越しに話をするようになってしまう――というのは、彼女の身長が低いのでどうしてもそうなってしまうのである。これはイザベラが正直に自分を評価したものであるが、後年に至って「肉体上のハンデ」は次第に高まってきた評判によって完全に補われた。

しかし彼女がマレー半島にいた頃は初めて会う人に対していささか不安であり、男性からの賛辞がとても嬉しく思ったので、ヘニー宛ての手紙の中で素直に詳しくさらけ出したのであろう。実際のところ、付き添いもいない中年の未婚の女性が、野望を抱き妥協をしないペラの独身の男たちから誉められ、好意を持たれるということは大変なことであった。だがイザベラの見解によれば、女性の不在ということがたまたま彼女にとって都合がよかったのだという。「ペラにイギリスの女性がいなかったのは、私にとって幸運なことでした。最高の女性がまったくいない状況というものは、あなたには分からないでしょう」とイザベラはヘニーに書き、「女たちは無駄話をし、噂話で傷つけ合ったり嫉妬したりし、夫の昇進を図って公務員である立場をゆがめたり、小さなサークルを面倒に巻き込んだりします。クアラ・カンサーから歩いて十二時間以内にヨーロッパの女性は一人もいませんが、これは幸せなことです」。もっとも近いところにいたのは、イザベラもその噂を耳にしたことがあるに違いない哀れなエミリー・イネスだが、彼女は典型例であった。

女どものおしゃべりがなく、暖かいもてなしと象や猿といる楽しさや野性味あふれる美しい環境に囲まれており――彼女は実際に「クアラ・カンサーは今まで見てきたアジアの中で一番良いところだ」と言っていたにもかかわらず、彼女はロウに勧められた滞在を断った。自分で断っておきながら、「そうした自分が嫌になった」とヘニーに告白している。「私はあなたの手紙がないと長生きできません。その手紙はコロンボ（最初に行こうとした目的地）にあるのです」。

イザベラは他の旅行者と同様に、熱烈に愛する故郷という目に見えない強い糸に引っ張られるようにそこを立ち去った。彼女はポニーに乗って駐在官宿舎を出発し、王室付きの象が彼女の荷物を運んでくれた。「私の小さなバッグと巻き毛布、マラッカの籐製のステッキ、マット、虎の牙と爪などの小物を入れるために、大きな象が膝を曲げて小さくなっているのを見ると、おかしくなってしまいます……」。太陽は昇ったばかりで、パイナップルの葉から露の雫が滴り落ち、虎はねぐらに引きこもった頃だが、ロウは起きて机に向かい書き物をしながらエブリスの世話をしていた。ロウの頭上には野生の手長猿が部屋の梁から元気よくぶら下がってロウをのぞきこんでいた。

イザベラがジャングルの小道を辿っていくと、早朝の霧が次第に晴れ、バラ色や黄金色の原色が見えてくる。猿が朝の挨拶を太陽に向かってホーホーと鳴いてかわし、鳥がギーギーと鳴き、蝶と蘭の花が強い光の中で舞い輝き、トンボとミツスイがゆらゆらと飛び回っていた。それを見たイザベラの目は歓喜に輝いたが、これから帰っていく「ほの暗くかすんで見える島」に目を向けたとき、悲哀に似た感情に彼女は捉えられた。

最後に出発するとき、イザベラはロウから次のような電文を受け取っていた。「エブリスの具合は今朝になって少し良くなってきました。バッタを二匹食べ、ミルクも嫌がらず飲みました。それでもひどく弱っているのですが……」。イザベラが立ち去るときの後悔の念をやわらげる唯ひとつの朗報は、これだけだった。イザベラは彼女の著書の最後をこうしめくくっている。

「私たちはまだ太陽がまぶしい午後早い時間にペナンを出発しました。凪《なぎ》できらきら輝くマラッカ海峡からうねりの高いベンガル湾へ出、汽船は北西に進路を変えました。はるかかなたには、マレー半島の丘が赤味がかった空を背景に、霞のようにたなびいて見え、私の熱帯の夢も色褪せてきました。『黄金の半島』はすでに記憶の中に没していました……」

第五章　牧師の娘――病弱の長女が旅に出るまで

I

イザベラは熱帯の太陽が輝いている明るくのんびりした雰囲気の中で、こんな便りを出している。「この青い海上に浮かんだ島で風変わりな衣裳をまとっている人々を見ていると、妙な気分になってしまいます」。彼女は一八七四年、ハワイとアメリカの旅から故国に帰ってきた（土産は山男ジムから貰ったビーバーの子の毛皮とハワイの友人からの贈り物であるシダの模様のついたプリント地であった）。そして一八七九年にはマレー半島の旅を終えて帰国した（その際の土産は大名の風呂桶とペラで捕らえたベンガル虎の爪である）。旅から戻ったイザベラは、故郷の風景にさりげなく溶け込んだようである。イザベラの友人はイザベラがエディンバラ時代の淑女を思い出させる「控え目で繊細な物言いをする女性」に戻ったようだと評した。当時の女性と彼女が属した階級特有の思慮深い環境から逸脱することのない、この第二のイザベラが、海外の旅への挑戦と刺激から離れると、前面に現れた。

イザベラには二面性があり、旅に出る前の四十年間を統《す》べていたのは、家族や友人に愛され親しまれた温和な女性であり、さらにまた牧師の娘としての行動を期待された女性である。ここでは、こうした彼女の側面に注目してみよう。

イザベラ・ルーシー・バードは一八三一年十月十五日、ヴィクトリア時代のいわゆる良家の長女として生まれた。父エドワードは知的で活動的な性格であり、イザベラの性格は父親からの遺伝的要因が大きいと思われる。エドワードはウィルバーフォース家と姻戚関係にあり、この一族からは優れた主教、伝道師、牧師などが出ており、女性には聖職者の妻になった者が多い。エドワードはカルカッタで弁護士をしていたのだが、こうした一族の伝統に従ったのか、妻子をコレラで失ったのをきっかけにイギリスに戻って牧師になり、牧師の娘であるドーラ・ローソンと再婚した。ローソン家もバード家同様に上位中流階級に属し、責任感の強い人たちであった。ローソン家の実家はヨークシャー州のボローブリッジ・ホールにあり、この地でイザベラは生まれた。

彼女が育った環境は安定していて、真面目で信心深く、義務を忠実に果たすようなところである。親戚にもキリスト教徒として博愛精神が横溢した情熱家が多くおり、叔母のメアリはインドで宣教師をしており、その母親は私費を投じて日曜学校のために一室を借り受けていたほどである。さらに従妹のメアリはペルシアで有名な宣教師になっている。その中でも傑出しているのはウィリアム・ウィルバーフォースであり、イザベラが二歳のときに世を去ったが、奴隷解放者、人道主義者、敬虔なキリスト教信者として一族の誇りであり、それもとりわけ「未婚を通した婦人」から誉《ほ》め称《たた》えられたとアンナ・ストッダートが述べている。

彼女が言うには、「これら未婚の婦人たちは聖書の空白の頁に彼によって献じられた数行を彼女たちの偉大な血縁者の記念碑として心に刻んでいる」とのことである。

エドワードが聖職者として辞令を受けたのは三十八歳のときであり、それまでの彼は必ずしも信仰に忠実であったわけではなかったが、遅れて聖職者になった後、それ以後の十年間はその遅れを取り戻すべく必死になって牧師としての職務を完璧に遂行しようとした。彼は情熱的で衝動的な性癖があり、一切の妥協を許さない人間だったに違いない。彼はどちらかというと虚弱な体質であったが、この性癖のために休養せずに働きづめに働いた。長女であるイザベラは父親の気質を受け継いでおり、それだけ一層父を愛していた。イザベラが幼い頃、一家はチェシャーのタッテンホールに移り住み、そこで妹が生まれた。彼女の名はヘンリエッタと名づけられたが、その由来は叔母にちなんだものである。アンナ・ストッダートによれば、この叔母は「幼児の洗礼に関して独自の見解を持っており、その見解のために聖職者である恋人を断念した女性」であったという。

妹のヘンリエッタも、この叔母のように自分の人生を強烈な個性の姉のために断念したような感がある。ヘンリエッタは性格が素直で、勉強が好きなおとなしい子供であり、自己主張をあまりしなかったらしい。彼女の性格は生涯変わることなく、とりわけ志操堅固が彼女の最大の特徴であった。

イザベラの少女時代の逸話はあまり伝わっていないが、それでもこんな逸話が残っており、彼女の気質を暗示しているように思われる。

六歳のとき、彼女は自宅を訪問したある紳士の話に耳を傾けていた。その男は自分自身の選挙のためにタッテンホールを遊説している最中だったが、彼が可愛らしいヘンリエッタをあまりにもあからさまに誉めるのをとがめて、辛辣な調子でこう尋ねた。「マルパス・ド・グレイ・タットン・イガートンさま。小父《おじ》さまは妹がとても可愛いとおっしゃいますが、その理由は自分に投票してもらいたいからでしょうか？」。これはとても六歳の子供が発する言葉ではない。それにこの気取った名士風の名前の呼び方も、通常の子供ではできるものではないだろう。この逸話はイザベラについてかなり重要な二つのことを示唆している。ひとつはヘンリエッタに対する独占的でやや異常でどちらかというと男性的な愛情であり（イガートン氏を前にしての構えた発言は、妹を保護しようとする典型的な兄の行動である）、もうひとつは偽善に対する激しい反発であり、たとえ相手が不快であっても容赦しない態度である。イザベラは生涯を通じて見え透いた嘘や胡麻《ごま》すりを徹底して嫌った。後年になって本が評判になると、彼女に追従しようとしてご機嫌をとろうとする輩《やから》にどうしても我慢がならなかった。

エドワードとドーラ夫妻は教養があり、観察力の鋭い夫妻であった。彼らは長女のイザベラに突出した知性と洞察力が備わっていることを見てとり、それにふさわしいと思われる早期教育を施した。イザベラに対して幼児向けの絵本の類を読むことを一切禁じ、幼児言葉を使うことも許さなかった。わずか七歳にして彼女は馬小屋で寝そべりながらアリソン著の『フランス革命史』を読みふけっていたという。当時のこととて正式な学校教育は受けなかったが、母親から文学、歴史、絵画、フランス語、聖書からの引用文などを教えこまれ、父親からはラテン語、植物学を学び、その後は独学で、化学、形而上派の詩、生物学という風にありとあらゆる学問を習得した。イザベラにはおとなしい妹が一人いたにもかかわらず、日常の日々は子供じみた遊びに費やされたのではない。

この一家は毎年、タップロー・ホールに住む祖父の家で夏の休暇を過ごす習わしがあったが、これはヴィクトリア時代の中流家庭でよく見られたものである。屋敷は広大で、馬小屋や放牧地、灌木の植込み、クローバーの生えた草原などがあり、子供たちは喜んで走り回っていた。アンナ・ストッダートによれば、この休暇の日常は以下のようであったという。屋敷の主人が家族と雇い人を集めて「ソーントンの祈禱書」から適当な教訓を選び出して読み上げてその日の安息を祈り、大人たちは桑の老木の木陰で籐椅子に座ってくつろぎながら飲んだり、おしゃべりをしたり、手紙を読んだり書いたりし、子供たちは駆けっこをしたり、ジャコウソウやノコギリソウ、ヤエムグラの生い茂る土手から滑り下りたりして遊んでいる。客間にはサテンウッド材の高級家具があり、鉢植えの植物の傍らにはピアノがでんと据えられ、夕刻になるとピアノの周りに家族が集まって「囚われの騎士」や「入相《いりあい》の鐘」など、その時に応じてふさわしい曲に合わせて歌ったとのことである。

タップローでの孫たちは、世の中には様々な主義主張があることをこの家で耳にしたようである。インドで布教活動している親戚の手紙によると、「一般大衆に読まれるためにとりあえず礼儀正しく書いて」はあるが、要するに貧困や道徳心の欠如、精神の堕落について綿々と綴られ、さらなる伝道が必要であると訴えていたし、中国や西アフリカのミッション系病院から来た客の一人は、異教徒の苦しみについて物語った。また眼鏡のために「元来は優しいのに厳しい表情」に見える近視で未婚の叔母は、西インドの奴隷制度が廃止されているにもかかわらず、かつて奴隷制度があったことを理由にして茶に砂糖を入れることを自粛していた。彼らはプロテスタントにおける罪の意識に過剰に反応したらしい。イザベラはこうした話を聞いて、草葺きのあばら屋に住む教養のない現地人や、カルカッタの貧しい通りに産まれた望まれない赤ん坊に比べて、自分の恵まれた運命を幸運だと思ったことだろう。彼女は自分の幸運についてあまり表現していないが、それは宗教上の罪、あるいは幸運に恵まれない人々に対する罪の意識と関係があるかもしれない。

しかし、そうかといってイザベラの運命は幸運に恵まれていたとは必ずしも言い難い。彼女は決して頑健ではなく、幼少から病いに悩まされていたのである。未婚の叔母たちは長い日曜礼拝の時間は立っているべきだと孫たちに強要したが、健康な子供でも苦痛であるこの苦行は、とりわけ脊髄の持病があるイザベラには苦しいことだった。

「イザベラが勇気を持ってこうした苦行を克服したのは、持病にめげることなく立ち向かうという強い性格があったからである。もしこの病いに負けるようであれば、一生ソファに寄りかかっているような生涯が待っていたかもしれない。彼女は子供の頃から勇敢であり、自分の弱さに甘んじることを嫌った」

とアンナは指摘している。彼女は他の子供と一緒に馬に乗って駆け回り、走ったり丘に這い上がったりして、男の子に一歩も譲るようなことはなかった。というのは、肉体上の不利を人に見せたくないために、どこへでも出っ張り、恐いものに対して敢然と立ち向かう癖がついていたからである。

イザベラが十一歳のとき、この祖父が亡くなった。彼の死はタップローでの幸せな時代の終焉を告げるものであった。同年、父エドワードは宗教的な情熱に促されてチェシャーからバーミンガムへ移り住んだ。彼は安息日の労働に対して厳しく戒律を守るように要求して、タッテンホールの多くの農民を敵に回していたのである。農民の乳牛は日曜日でも乳を出すので、農民も休むわけにはいかず、名産のチーズ作りに励んでいた。この対立によって、タッテンホールの教会はエドワードが去るころには「がっかりするほど空席が目立った」ということである。

エドワードはバーミンガムへ移っても自分の主義を断固として変えることなく主張し、「教区の人間は日曜日でも商売を行い、これではまるで底無し穴に住む悪魔と闘っているようだ」と告白している。しかしチェシャーの草原や畑を離れて人口稠密《ちゅうみつ》で風通しの悪い陰気な町へ移住したことは、都会の風物に対して違和感を持っているイザベラにとって気が滅入るようなことだった。それでも彼女は日曜学校で自分と同年代の少女に勉強を教え、合唱を指導したりした。勉強しているうちに、彼女は保守系の色合いの濃い政治感覚を身につけたように思われる。というのは、彼女の最初の著作は自費出版であったが、コブデンやブライトの自由貿易主義に反対し痛烈に批判する内容のものだったからである。

エドワードはさらに教区の人々の魂を救うために心身を捧げ続けたが、彼らの魂は日常に流され、多くは惰性で教会に来ているようなものであり、彼の説教を辛辣に批判した。初めのうちは集会は彼の理想主義に同調したかに見えたが、彼らは途中で嫌になり、彼の主義である安息日の労働の禁止と礼拝を嘲笑した。

一八四八年、エドワードの健康は衰え、人々の意識を変革しようとする意欲も消失してしまった。彼はバーミンガムを去り、人生の最後の十年間、ハンティンドンシャーのワイトンの小さな教区を敢えて引き受けることにしたが、そこは人口はわずかに三百人という村で、ここでは誰も安息日に仕事をするような人間はいなかった。バード一家にとっては神のいない町で布教するという厳しい現実から事実上撤退したことではあったが、イザベラにとっては幸いだった。彼女は葦の茂ったウーズ川に沿ってボート遊びをしたり、霧のかかった湿地の牧草地を馬に乗って走らせたりすることによって、自然の中で生きているという喜びを感じることができたからである。イザベラは当地の上流階層の中に気心の知れた友人ができ、チェスターやウィンチェスターの主教などを任じている親戚の教養ある家庭に滞在したりしているうちに、次第に社会的な自信が身についていった。

十八歳のとき、イザベラは長年の悩みの種であった脊椎の手術を受けたが、成功したとは言い難い状態だった。だがスコットランドの高地で転地療養した結果、健康を取り戻し、それ以後は毎年夏はスコットランドで過ごすようになった。スコットランドは荒々しい自然の美しさが残り、安息日の神聖な休息も守られていたので、エドワードを含めて一家は大いに気に入ったらしい。そうは言っても、楡の木陰や庭園の壁を這っている蔦の周辺をミヤマガラスが鳴いている平地のワイトンに戻り、客間のソファで文学書を読んだり針仕事をしていると、次第に物憂くなり健康が萎縮していくような気分に襲われた。

イザベラの悩みは彼女自身も気づいていたのだが、心理的なものが大きいものと思われる。後年、スコットランドの優秀な医師の一人はイザベラの症状についてこう語っている。「彼女は可能性を引き出すような環境に合えば好調になるが、それが合わなければ不調になってしまう。と言っても二重人格という問題ではなく、多様な状況の下で一人の人格が多様に反応するということである」。今日ではこうした問題を抱えた人々に関する処方についての知識も豊富になり、「文明化した社会」に住むと鬱病めいた症状を呈するのは、彼女の気質が環境に逆らうときに思わず反応してしまうものであろうということが推測される。

彼女の症状を見ると、身体の苦痛や不眠症、精神的な脱力感、腰痛、さらには機能不全感が度々生じていることが分かる。このことは、彼女が育った環境が彼女に合わなかったことを示唆している。というのも、この環境は彼女の可能性を「引き出す」ような要因が皆無だったからである。ワイトンの医師は、イザベラの症状の原因について多少は理解していたらしい。医師が彼女に勧めたのは長期にわたる船旅であった。これは当時の独身で神経過敏なインテリ女性に対する典型的な治療法である。

その進言にしたがってイザベラは一八五四年、初めての海外への長旅に発った。このとき、彼女は二十三歳である。それまでのイザベラは機知や美しさで誰かを驚かせたということもなく、一度も家出したこともなく、両親の判断に疑問を抱いたこともない。また知っている限りでは、若い男性と空想であれ、恋に落ちたということもなかった。彼女は文学的な才能の持ち主ではなかったし、若い女性らしい喜びや悲しみを日記に書いていたこともなかった。したがって、イザベラが最初の著書を出版するまで、彼女を外部から見ることができるのは、主としてイザベラを賛美している伝記作家アンナ・ストッダートの眼を通してのみである。表面から受け取れるイメージはそれほど感激を伴うものではない。イザベラは田舎牧師の長女であり、信心深く真面目一筋、地味で思いやりがあり、高潔で知的な繊細さを持ち合わせているが、少々退屈な女性であったことも付け加えておきたい。そうは言っても、これが彼女の全てというわけではなく、牧師館から飛び出した女性の中でもっとも気概のある人物であったことは紛れもない。しかし若かりし頃のイザベラは、こうした長所を発揮した証拠がほとんど欠落している。

イザベラは父親から百ポンドを与えられ、それがなくなるまで滞在してもよいという条件で、カナダと北アメリカへ旅立ち、旅費を節約してかなり長く滞在してそれなりの成果をあげた。この最初の紀行文は、堅苦しい表現を避け、広範囲にわたった旅で見聞したことを個人的に書き記したものである。これを読むと、彼女はものを書くという才能に恵まれており、文体は躍動して、鋭い観察眼でものを見ていたことが分かる。彼女が訪れた辺境の町に住む「植民地の婦人」はヴィクトリア女王の近況やパリの最新のファッションについて聞きたがった（彼女たちはイザベラがそれを身につけていたと単純に誤解していたらしい）。さらに東の果てまで航海してきたと自慢するボストンの船長は、ハリファックスの青鼻と別称されたぐうたらな漁師をののしり、親切な列車の車掌はイザベラにバッファローの毛皮でできた外套を掛けてくれ、紅茶を出しながらイギリスとアメリカのブレーキ操作の違いを説明してくれた。ケンタッキーから来た頑健そうな男たちは互いに背を叩きあいながら「やあ、しばらく。元気でな」と挨拶をかわし、またカナダの奥地に住んでいる気取ったイギリス人は、故国にいる侯爵や侯爵夫人のことを話題にしてイザベラの注意を引こうとしていた。これは後になって分かることだが、イザベラの好みに合いそうな荒野の男たちも西部へ行く列車に乗り込んできた。

「砂金を入れるための革製のポケットのついた服を着たカリフォルニアから来た男や、黒くて柔和な眼をしてスペイン語で物悲しいメロディを口ずさんでいるメキシコ人、それに一見して大草原の森林監視員と分かる男性も乗ってきました。彼らは皆ハンサムで広い胸板を持ち、運動神経が抜群のようで、高い鷲鼻、灰色の鋭い眼とカールした褐色の髪と頬髭を蓄え、刺繍をした着古した革のジャケットを着ています。大きなブーツは上部に刺繍が施してありそれに銀製の拍車がついています。帽子はやや色褪せた金色の線が入った深紅の布地で作られていました。これはどうやら彼らのハンサムな容貌と果敢な行動に惚れこんだ婦人たちからの贈り物のような気がしました」

とイザベラは書いている。こうして見ると、彼女はロッキーの山男ジムのようなタイプが好みであったことが分かる。

ハリファックスから千マイル（約千六百キロメートル）も東西を往復した旅によって、イザベラは変化に富んだアメリカ大陸の雄大な風景に驚嘆し、なにものも見逃すまいと緊張した。上陸した途端に彼女の体の痛みは消え去り、活力がよみがえって元気になってきた。ノヴァスコシアで松の幹で作られた丸太橋を旧式な駅馬車で揺られていったときには、座席の外に出て御者の隣りに座り、暗くなってきたのを機に怪談話をして彼を楽しませたが、近くのカバノキが不意に光ったのを見てびっくりした御者が飛び上がったのを見て大いに満足した。セントジョンに着くと、波止場のざわめく活気が彼女の気に入った。「ここには千人もの船乗りがいます。筏乗りや労働者、大型平底船を綱で引く者、巨大な四角い船に荷物を積み込んでいる者、鋸でひかれたばかりの木材を転がしながら運んでいるコール天の上着を着た忙しそうな男たちがいます……」。しかし一方では、ボストンのホテルの豪華絢爛な「客間」のように、まるで別世界のような劇的な格差も味わった。

「この客間の絨毯《じゆうたん》はヴィクトリア調の豪華な花模様の入ったふかふかしたもので、どんな足音でも聞こえることはありません。テーブルは大理石で作られ、脚の部分は金箔が張られており、長椅子は金の錦織りで覆われています。ぴかぴかに輝くピアノの傍らで優雅なドレスで着飾った婦人が『いまでも私を愛してる？』という曲を歌っており、歌いながら楽譜をめくっている顎髭を生やした南部人に流し目をくれています。古代風に作られた泉からはオーデコロンの香りのする噴水が吹き上げられ、照明は四つの素晴らしいシャンデリアで照らされている様子。壁が大理石の柱で仕切られているのですが、そこに鏡がはめこまれているので光が反射し、全体が輝いて見えます。ここは音楽や針仕事、会話、それに恋のたわむれにもってこいの場所です」

シンシナティの様子はこんな風であった。「ここはヤシの葉で編んだ帽子と軽い上衣、白いズボンが大流行しています。ドイツ人は袖のついたシャツを着て、トルコ風の煙管《キセル》で煙草を吸い、褐色の顔をしたメキシコ人は、ソンブレロを被ってハイブーツを履き、マムルークはみをつけた小柄な馬にまたがって駆け回っています」。

ミシシッピ川に沿った人里稀な村で供された朝食のメニューはこんなものであった。「トウモロコシ粉のパン、リスの肉、アメリカバイソンの肉、イーストを入れずに熱灰で焼いたパン、ソバ、コーンウィスキーと紅茶」。その後に訪れたシカゴで口に合いそうなものは、「玉葱をつけあわせた豚肉」だけである。食卓用ナイフはないので、誰もがボウイナイフで豚肉を切り取って食べる他にない。「塩スプーンがないので、それぞれが自分の油ぎったナイフを白目《しろめ》製のポットに入れてすくい取るのです」（これにはイザベラも驚いたようである）。

翌日、イザベラは強風の吹き荒れるオンタリオ湖を船で渡った。彼女の話によると、荒波で一度船外へさらわれたが、次の波で再び船に戻されたという。トロントに行くと、人々がセヴァストポリの陥落を祝って祝杯をあげており、ほの白い光を発するガス灯の下でタールを塗った樽にたかれた大きな焚火がごうごうと燃えているところだった。群衆は「ロシア人をやっつけろ。イギリス万歳」と叫んでいた。それを聞いたイザベラは、彼らの忠実な祖国愛に素直に感動している。ニューヨークに戻ると、そこに待っていたものは交通渋滞であった。

「赤色や黄色の乗合馬車が空いているところを求めて競い合って押し合いへし合いし、狭いところに入り込んだ馬車は動きがとれなくなっています。泥道の真ん中に下ろされて、荷馬車と馬の間で立往生している婦人が何人もいました。大きなホテルの前を行ったり来たりしている馬車には、商品の貨物が満載してあります。馬を速駆けさせて人込みの中をすり抜けていく『アメリカの若者たち』がおり、車輪は動かなくなり、ひっくり返る馬もいます。時間に追われている人々は気もそぞろになり、何らかの妨害や混雑の結果として交通は完全に麻痺状態になっても、交通指導して『早く動くように』と命じる警官は一人として見当りません」

と彼女は記している。

初めてアメリカ大陸を訪れたヨーロッパ人の記述としては、彼女の紀行文は驚くほど真率である。ブロードウェイの店の宝石類は法外なほど高価で、男たちは騎士道精神にあふれ、ホテルの部屋は耐え難いほど暑かったが氷で冷やした水がいつでも使えるのは有り難いことだった。初対面の人に対しては親しげに話しかけるが、それでもどこかよそよそしい感じがある。都会の婦人たちは羨ましいほどにほっそりした体型で優雅であった。そして男たちの大げさな法螺《ほら》話は際限もなく、愛国心は異常と思われるほどである。至るところに雑多なものが混じり合い、変化と流動化が求められ、将来手に入るかもしれない富に対する希求はとどまるところがない。「私はアメリカに来て以来、ものを見る見方が完全に変わりました」とイザベラは告白しているが、最初の作品の最大の特徴になっているのはこのものの見方である。

「私は過去の偉大な遺品や建造物を探し求めることを止めて、現在進歩の真っ只中にある広大な資源に目を向けるようにしています。この地に風光明媚なところがないことに慣れてきたので、実務的で有用なものに深い関心を抱くようになりました」と言っている。

しかしイザベラの思考が変化したと言っても、それは「全面的」に変わったわけではない。それでも彼女は「アメリカの旅によって、私の抱いていた偏見は全く除去されました」とこの本の序文で堂々と述べているが、神に定められ歴史の流れに則った不変の戒律に、それとは気づかずに束縛されていた。彼女はアメリカではどこへ行っても日曜日の礼拝が少ないことに不満を抱かずにはいられなかった。実際にイギリスと比べれば、「アメリカでの礼拝日が少ないことは言語道断です」というほどであった。栄光ある伝統を持続しているイギリス帝国に比して、アメリカの共和政体というものはまだ粗雑で弱体であり、「このままの状態であれば、長くこの政体が維持されるのかどうかいぶかってしまいます」と言う。この政体は結果としてかなり特殊な実例を残している。たとえば、「入り混じった階級」（彼女は部屋のメイドが同僚のメイドに「若奥様」と呼び掛けるのを耳にした）。だが、このことが不愉快だったのではない。というのは、自由が拡大されたアメリカでは自分のような「お付きの者のいない若奥様」が一人で列車に乗って旅をすることが可能だが、イギリスではとてもそうはいかなかったからである。

時間はあっという間に過ぎ、イギリスへ帰国する時が来た。故国では厳格な礼儀作法や格式が守られており、彼女が乗船したリヴァプール行きのキュナード社の汽船「アメリカ号」は、すでに形式ばった作法が行き渡っていた。甲板では一定の散歩が強制され、食べきれないほどの食事といつ果てるともないチェスやトランプ、午後のお茶の時間にはバイオリンの演奏がなされたが、イザベラはこうした娯楽にはあきらめムードで身を任せていた。だが突然突風が吹き荒れ、船が「荒波にどれほど耐えられるか」を試されるような状況に陥ると、彼女は俄然生気づいてきた。

「操舵室からの眺めは素晴らしいものでした。船の後方から襲いかかる大波はまるで内部に燐光を発するランプが潜んでいる緑色のガラスを思わせる丘のようであり、マストと翼桁は空を背景にして突き立ち、泡だつ波の上方に輝く月に照らされて帆が浮き上がって見えました。遠くから見れば、船の先端が泡の中に突っ込み、再び浮き上がって輝く舷側が揺れている有様は、船が浮力を楽しんでいるように見えたかもしれません。男たちはざわめき騒ぎたてていましたが、真夜中の大西洋という孤独な神聖さにとって何ほどのことでもありません。月は煌々《こうこう》と周辺を照らし出し、オーロラが光を放ち、流星が流れています。この光景を目の当たりにしていると、神の存在がいやが上にも感じられる気がして、『創造主の底知れない深淵と驚異』に胸打たれる思いです」

と彼女は感動している。

神が示し給うた美と危険を伴った自然のドラマ、一瞬も止まることのない変化と目新しさほど、全能の神の存在を確実に思わせるものはなかった。だが無事に港に戻り、平穏無事な日常の中で「文明」なるものに囲まれると、イザベラの活力は失われ、心身ともに元気がなくなっていくようだった。「私は動かないでいると、体はもとより精神も沈滞してしまうのです」と、後年になってサンドウィッチ諸島からの手紙で彼女は妹に書いている。「孤独という状態は、しばしば恐ろしいものに思います。旅をしているときは感じないのですが、一ヵ所に留まるとそう感じてしまうので、どこにも留まることができないのです」と彼女は言っている。

アメリカへの旅を終えていやおうなしにワイトンに帰ってくると、旅の体験を書いて追体験することによって窮地を脱しようとした。この草稿をジョン・マレーに見せたところ、彼は直ちにその長所を認め、彼らの間に真の友情が芽生えたが、この友情は生涯にわたって続くことになる。この最初の作品は当時の風習に従って匿名で一八五六年に『イギリス女性のアメリカ紀行』という題名で出版され、かなりの評判を得た。だがその翌年、生気のない牧師館に戻ったせいか、再び健康を害した彼女は大西洋の旅による療養を試みた（これについてはほとんど記録は残っていない）。この旅の直後、父エドワードが他界した。イザベラにとって父親は彼女の人生の「指針であり目的」だったので、衝撃は大きく彼女は嘆き悲しんだ。親しい家族の一員が亡くなるたびごとに彼女は打ちのめされた。イザベラに対する父親の影響は甚大で、彼の信条と道徳観は彼女の思考を束縛し、それ以後の彼女の生き方に父親の影を読み取ることができる。

II

父親の死によって牧師館にいられなくなったバード一家は、一八六〇年になるとエディンバラのキャッスルテラスに移り住むことになった。そこはつつましやかな牧師の未亡人と繊細な二人の未婚の娘が住むにふさわしい、質素できちんと整備された厳格な住居であった。イザベラは当時二十九歳であり、将来イザベラの伝記を書くことになる伝記作家のアンナ・ストッダートはここで初めてイザベラに会うことになる。若年の頃のイザベラに関する数少ない記述が残されているが、これは全てアンナの筆による。アンナはイザベラをこう評している。

「喪服を身にまとった小柄でほっそりしたイザベラの容姿がいまでも眼に浮かびます。シェトランド織物の黒いベールを通して青白い顔と大きめな観察力がありそうな眼差しが見え、話すときは生き生きと微笑んでいますが、黙っているときはやや憂鬱そうな表情がうかがえます。物腰は穏やかで非常に謙虚ですが、柔らかく完璧に整えられた声音は決して大声になったり乱暴な口調になることはなく魅力的だったので、部屋にいる人々は皆彼女の言葉に耳を傾けたものです」

やや感傷的な描写であるが、それに以下のような事実をつけ加えてもとくに失礼には当たるまいと思う。実際の彼女は前歯が突き出ており（これは落馬した後に歯科矯正して目立たなくなっていた)、友人の一人が言うには、「イザベラの話し方は静かでゆっくりしているので、あれほどの才能の持ち主でなければかなり退屈な印象を与えたかもしれなかった」とのことである。それに敢えて加えれば、彼女の身長は四フィート十一・五インチ(約百五十一センチメートル)しかなく、これは自己申告によるものだから本当であろう。

スコットランドの首都での新しい生活は、体調不良で昼頃になるまで起きることができない有様だった。午前中はベッドに横になったまま、『耳よりな話』『余暇の過ごし方』『家族宝典』などの信用ある家庭用定期刊行物のために寄稿した。聖歌学や形而上派の詩が彼女の得意な分野であり、彼女のテーマへのアプローチは誠実かつ理路整然としており、抑制された文体は洗練され、良質なグレイシルクのように磨きのかかった光沢を発しているようだった。午後起き上がると、いくつかの委員会に出席し、外食することがしばしばだった。

ところで、イザベラが慈善的な義憤に駆り立てられた最初の契機は、一八六一年にアウター・ヘブリディーズ諸島を旅したときにその島の小作人の悲惨な状況を目撃したことである。そのときに描かれた『ペンと鉛筆の画集』は後に刊行されたが、人間の悲惨な状況に直接に触れたとき、彼女がどれほど生彩に富んだ文章と絵を描くことができたのかを証明している。たとえば、彼女がウイスト島にあるあばら屋に入ったときの情景の描写は以下のようである。

「汚物のむっとする臭気が小屋の中に充満し、泥炭の臭いと重なりあってむんむんしていて、何も見分けがつきません。それに煙が眼にしみて涙腺を刺激するので、涙が自然に出てくるようです。何も敷いていない土間は、乾いたり湿ったりしている穴が至るところにあり、もっとも湿った穴で肢体不自由な幼児が痩せ細った指をしゃぶっていました。明かりは全くなく、煙出しの穴から差し込む光だけが頼りなのですが、その穴からどっと風が吹き込んでくるのです。この風のために煙が下方に流れるので、小屋の内部はもうもうと煙が漂い、泥炭のやにが天井から滴り落ちていました。この小屋には五人が住んでいますが、煙が体に染み込んでしまったように見えます。泥炭の火の向こうに老婆が座っていましたが、その皮膚はまるでミイラそのものです。見るからに弱々しい幼児が老婆を見上げていましたが、その幼児も老婆のように見えるのです。ぼろをまとった病気の女がよたよたと歩いて灰の上に座り、その膝にやはり病気の子供が毛布にくるまって横になっており、煙と残り火がこの子の瞳にちかちかと映っていました。小屋には仕切りがなく、牛が二頭と数羽の家禽が隅の方に固まっており、これらは客がいるときは隅にいることを心得ているように見えました」

こうした状況を見て、何とかしなければならないと思ったのは、イザベラだけではない。良心的な人々の解決策は、北米かカナダへ移住することだろうと思われた。今になって振り返って見れば必ずしも良策とは言えないが、当時の心ある人々から見れば、これは自明のことであった。イザベラが書いたように、一方において悲惨な状況で苦しんでいる小作人がおり、他方において彼女がすでに見てきたように、人口の少ない肥沃で広大な土地が大西洋の向こう側にある。そしてその広大な土地に移民した多くの人々から、楽天的な情報が入ってきた。「ここには食べきれないほどの食べ物と酒がある」とか「木材と水が不足することは絶対にない」というものである。それに有名になった文言、「アメリカに行けばパイとプディングは食べ放題」というものもあった。こうした情報はイザベラにとって移民を推進するに足る十分な理由のように思われた。彼女は長期展望でものを決するよりも、眼前に迫った社会問題を即決する方が性に合っていたのである。

イザベラにはオーガナイザーとしての才能があったようで、実務的な問題に際して直接本人が指導した。この件で彼女が接触した船主のダンロップ氏の証言がある。

「最初に会ったときの印象は、彼女が際立った才能に恵まれていることが分かったことです。私は彼女の役に立ちたいと痛切に思いました。彼女が準備するに際して発揮した能力とエネルギーは大したものでした。……準備が整っていざ乗船というときには、彼女は一行とともに居て忘れ物がないかどうか点検していたものです。出発前に役人が調べに来たのですが、彼女の指導のもとで一行は整然と快活に行動していました。船が離陸するときは悲しいものですが、彼女のお陰で皆朗らかに出航して行きましたが、それもこれも彼女が付き添っていてくれたからです」

「整然と快活に」行動をまとめるには、普通は威張ったりパトロン風を吹かしたりするものだが、イザベラに限ってそれはなかった。ダンロップ氏の言によれば、むしろ逆であった。「彼女の持っている雰囲気には、何となく自然に彼女の役に立ちたいと思わせる何ものかがあったと思います。彼女は移民する一行が彼女の言うことに関心を払わなくても不平を言う

 こともなく、彼らや自分自身に対してとくに配慮を要求することもありませんでした。彼女は無私の精神の持ち主であり、ひたすら彼らの幸せを願っていたのです。彼女の生き方には人を魅了するものがありました。ひどく小柄な女性で、服装は質素でさっぱりしていたようです。話す内容はいつも優雅で洗練されたユーモアにあふれ、隠された知的な能力が自ずから発揮されていました。しかし軽率な親しさを受け入れない威厳も備わっていたようです」

こうした特質は、イザベラが本格的な旅に出る以前からあったもので、これが将来の彼女の成功のよすがになったものである。というのは、旅で出会ったクーリーや通訳、ガイド、ラバ追い人たちは並々ならぬ献身をもって積極的に彼女に仕える気になり、男たちとともに旅をすることが頻繁になっても、男たちが「馴々しく」近づくのを許さない威厳が彼女にあったということである。

イザベラが慈善運動に参加するようになってから、彼女の社会的立場と人を引き付ける魅力によってエディンバラに多くの友人ができた。彼らの大部分は当時、知的で慈善的なサークルを形成していた有名人で、アンナ・ストッダートはその頃を回想してこう述べている。

「キャッスルテラス三番地に集まったのは、芸術家や大学教授、詩人、出版社の社主など錚々《そうそう》たる人たちでした。とりわけ元気のいいジョン・ブラウン博士は、『過激な婦人たちと一緒になる』ということで興奮してしゃれた警句を発し、それに同調するのはブラッキー教授、ハンナ博士、コンスタブル氏、ノエル・ペイトン師などでした」

その中でイザベラがもっとも親しくしていたのは、ジョン・ブラッキー教授と彼の妻エラであった。教授は大学でギリシア語を教えていたのだが、ひどく風変わりな人物で、騒々しくて落ち着きがなく、つばの広いハットをかぶり、学生用のマントとキルト風のスカートを身にまとい、長く伸びた顎髭が眼を引く大柄な男だった。妻のエラはイザベラの親友だったが、夫の陰に隠れて生きているような女性で、彼の強烈な個性に振り回されているような趣きだった。神経質な性格で内気な顔立ちは、引っ込み思案で内省的な内面を表している。彼女は知的で憂鬱そうな表情をした美人だったが子供はなく、夫が家に居るときには魅力的な家庭を演出することができたのだが、そういう機会はあまりなかったようである。

アンナによれば、エラは自己不信に悩まされ、後年神経衰弱を病むようになるのだが、この病いはヴィクトリア時代の婦人に流行したらしく、イザベラも生涯この病いと闘ったという。イザベラはしばしばエラの客間を訪問した。壁は象牙と金で飾られた鏡板で、彫刻した蛇腹が取り巻き、赤いビロードで覆われた長椅子が置いてあるやや古典的な雰囲気の部屋だった。そこに一八六〇年代の冬期、夕方になるとボンネットとマントを身につけた勉強好きな若い女性が出入りしていたが、その中にはストッダート家やカミング一家、バード姉妹も招待された。彼女たちの会話の中心はスコットランド教会の分裂や婦人の権利、ジョージ・エリオットの小説の長所などであり、会話が終わりヤカンが沸騰する頃になると、ブラッキー自身が足音高く入り込んで来て「お茶を飲んでいる婦人たちに軽口や世辞を振り撒いていった」とアンナが証言している。

エラに宛てたイザベラの手紙は（この中で彼女はブラッキーについて愛すべき教授と持ち

上げている)、愛情と親しみのこもった率直なものであり、当時のイザベラの情緒面を知る上で貴重なものである。これらの手紙から推察すると、彼女の最大の関心事は哲学的、宗教的な側面だったことが分かる。だが知的な楽しみは、他の楽しみと同様に、罪の意識によって阻害されたように思われる。イザベラはエラにこう書いている。「私は自分自身が自己愛という危険な罠に落ちかけているような気がします。この点についてこの夏、私は大変な経験をしたので、『それ自体を追求するのではない』快活な知性と無私の精神に憧れるようになりました」。

しかしイザベラがこうした高い知性と無私の精神という才能に恵まれていなかったのは、悲しいことではあるが事実である。彼女は強固な意志を持っていたが、かなり自己中心的な女性であり、単純に自己本位の楽しみに没頭する性癖があって、どれほど高い教養と無私の精神で克服しようとしても無理というものだった。と言っても、幼少期に受けた教育の影響で、彼女は道徳的な自己犠牲に容易に従うことのできる素質を持った人々を賞賛し羨んだ——この資質は母や妹には十分に備わっていたものである。

一八六六年、イザベラの母親が亡くなった。残された姉妹の悲しみは深く、これを機にイザベラの愛情は全て妹のヘニーに注がれるようになる。ヘニーは姉ほど複雑な性格ではなく、それほど情熱的でもなかった。一家の雰囲気がそのまま彼女の中に醸成されたような聖職者的な緊張感を持ち、内気で真面目、勉強熱心で心根の優しい女性だった。彼女は一途にキリスト教を信じ、決して動揺することのない芯の強さも備えていたようである。アンナに言わせれば、「心が乱れることのない平安」をヘニーは他の人々に与え、それに加えて内気で優雅ではあるが、他人の事柄にも強い関心をもって対処するので、イザベラの友人が自然にその周りに集まってきた。ヘニー自身は自分から友人を求めるようなことはなく、平穏な家庭から外へ出ることは滅多になく、姉のような幅広い知的好奇心はなく、精神的、情緒的な不安定もなく、激しい衝動もなかった。彼女は何事にも積極的に行動することなく、わずかに水彩画を描くことで気晴らしする程度だった。

ヘニーはブラッキー教授の女性向けのギリシア語のクラスで三番目の成績を修め、母の死後はマル島のトバモリーで小さな家を借りて住み、そこが気に入って、「いつも幸せで喜びに満ちた」生活をしていたとイザベラは述べている。姉ほどの熱中は見られなかったが、ヘニーも自然の美に感動する質で、島の岸辺に咲くワレモコウや、苔むした小川が大きな滝や深い割れ目へ流れこむ様を見るのが好きだった。こうした光景は、ヘニーだけでなくイザベラの想像力を刺激したのは言うまでもない。再びアンナの記述によれば、「祝福された人」と村人はヘニーを呼んでいたという。ヘニーは目立つこともなく人々を引き寄せ、何度となく友人をお茶会に招待した。

「ヘニーの友人は、あまりまともな理由でヘニーと友人になったわけではありません。というのは友人たちはヘニーに比べて皆貧しく、彼女を必要としていたのです。孤独と依頼心、若いための不安定と指導してもらいたい願望、病い、悲しみ、死別などの理由で、ヘニーの同情と信頼が必要だったのです」

ヘニーは姉と異なり、強いが挫折感を伴った母性愛があり、周りに集まってきた村の女性を養女にしたような感覚で面倒を見、勉学を保護したのだと言っても、とくに言い過ぎにはなるまいと思う。ところで、ブラッキー家はオーバンに居を構え、時折マル島のヘニーの家を訪問することがあった。これが契機になり、ブラッキーはヘニーに捧げるバラードを作るようになった。彼は多忙な日常の合間をぬって詩作に励んだが、この類の詩ではかなりなものである。その作品についてのアンナの評価は「浮かれ過ぎて危険なところがない」という。その詩は『マル島のバラード』というものである。

船が係留された小さな入江に
ひそやかに　可愛い人は住む
小さな家に
わたしの愛らしい妖精よ
小ネズミのようにおとなしく
カナリアのように楽しそうに
すべてのものよりもいとおしい人に
わたしの詩を捧げよう
わたしのいとしき人よ

小さな家にいる恋人よ
明るい空色の衣裳
雪のように純白な縁取り
すべてが素晴らしく真新しく
見せかけの偽りはどこにもない

この詩は延々と続くのだが、信じがたいほどに愚劣になっていく。ヘニーは控え目な妹であったが、それでもトバモリーの小さな家に住んでいたこの数年間は幸せで、できることならずっと住んでいたかったことだろう。それに比して姉のイザベラは自己矛盾の固まりのような女性だったので、都会の退屈な因習と義務を嫌いつつも、都会生活の刺激と挑戦を求めた。そこで二人はエディンバラで冬を過ごすことにした。イザベラが次なる攻撃目標を見出したのは、他ならぬこの都会においてであり、なかんずくスラム街であった。彼女のペンは容赦のない武器になり、一八六九年に『エディンバラ旧市街に関する覚え書き』を刊行したが、そこは彼女や友人が住んでいる整理された界隈からわずか一マイルしか離れていない。

彼女の覚え書きによると、そのスラム街には皮膚病にかかった汚い子供がぼろを着て不潔な排水溝の上でぼんやりと座っており、汚れた窓から「落ち窪んだ眼をした皺だらけの人間が悪意に満ちた眼差しで」外を見やり、女どもはひとつしかない共同井戸から水を汲むためにバケツを下げて三時間も待っていた。周辺は魚の頭やら臓物から出る息が詰まるような悪臭が漂い、灰や糞便の臭いで眼がチカチカするほどであった。建物の内部はさらにひどく、薄暗い迷路のような廊下の左右に不潔極まりない部屋があり、藁床に臥している妊婦と障害を持った子供が這っていた。また他の部屋には床ずれになって水を求めて呻いている死にかけている男、自分の赤ん坊を汚い床に寝かせたまま客をとっている半裸の三人の売春婦、少量の酒を求めて階段を荒々しく下りていく騒々しい男ども。イザベラは、「禁酒同盟の会長がこの部屋に隠れ住むことになったらどう思うだろう」と思わず慨嘆した。

イザベラの怒りは地主にも向けられた。彼らはこれほど最低の部屋でも不当な部屋代を要求しているのである。壁にはしらみが這い回り、床には害虫が群がり、土台は捨てられた生ごみで文字通り腐っている。「ここに住むみじめな数千人の住民は、獣と同じだけの光と空間と空気が与えられているだけだ」とイザベラは怒りをぶちまけている。この覚え書きはある程度の効果を発揮したようだが、アンナに言わせると「博愛主義がようやく緒についたばかり」で、この当時にあっては、いかに力強く扇動的であってもパンフレットを刊行した程度で解決できるような問題ではなかった。イザベラにしても、そのくらいのことは分かっていたに違いない。仮に彼女が都会のスラム街の状況を改善しようと本気で決意したとしたら、二十年以上にわたる献身的な努力が必要になろう。そうなれば、道徳的な面での満足を得ることはできようが、健康面でも不安があるし真の幸せにつながるとはとても思えない。

この真剣な活動の後、彼女の健康はさらに悪化した。一八六九年の六月、彼女のかかりつけの医師がこうアドバイスしたとアンナは言う。「あなたは海辺に行くとよいでしょう。一階で眠るようにし、日中はなるべくボートに乗って過ごすことです」。アンナはイザベラが数年間にわたって医師から受けたアドバイスについて詳細な資料を残しているが、それによってイザベラの多くの病歴が分かる。イザベラ自身、自分の病状について「息が詰まり痛みが消えないので、ヒルに血を吸い取らせたり湿布をするという治療を日に二回受けている」ことを認めている。アンナの証言によれば、一年後でもイザベラの状態に変わりはなく、「相変わらず虚弱で痛みが取れない」ので「背骨にかかる頭の重さのせいで痛むのだから、座るときに頭を支えるためにスチール製の網をつけたらどうか」と医師が提案したとのことである。

こうした悪条件が重なって、イザベラが重症の鬱病と不眠症の泥沼に落ち込んだのは驚くべきことではない。医師の忠告に従ってニューヨークへ出航し、地中海を経由して戻ってきたが、心身ともに疲労の極にあり、船から下りることもできないほどだった。そんな状態を見ても、医師の勧める対策はただひとつ、旅へ行きなさいということしかなかった。一八七二年の夏、すでに四十歳になっていたイザベラはいちかばちかの気持ちで、イギリスの反対側にあるオーストラリアへ行き、自分の精神と肉体が望んでいるものを突き止めようと決意した。

そして遂に彼女は自分の真の幸せとやりがいを、魅惑的なサンドウィッチ諸島と危険なロッキー山脈の旅に見出したのである。驚くべきことに、一八七〇年の夏には支えなしには枕から頭も上げられなかった虚弱な女性が、三年後には「太平洋のマッターホルン」と呼ばれたマウナ・ロアの登攀《とうはん》に成功し、さらにロッキー山脈では馬を駆って野生の牛を追い回すまでになるのである。

第六章　医師の妻――長く続いた悲しみと不安

I

一八七三年の夏、マル島に住んでいたヘニーは、イザベラから手紙を受け取ったことをエラ・ブラッキーに知らせている。「イザベラから三通の楽しい手紙が届きました。その内容は溌剌《はつらつ》として元気一杯という印象です。これは良い兆候ではないでしょうか?」。海外で過ごしているときのイザベラが元気なのは、私たちもよく知っているが、数年間にわたって続き、ひっそりとしたトバモリーの小屋に手紙が配送され、それによって地球の反対側でのイザベラの楽しい冒険譚を知ることができた。「私の最愛のペット」とか「私の一番大事なひと」と姉に呼ばれていたヘニーは、暖炉の傍らで紅茶を飲んだり、入江がよく見える窓辺に座りながら、姉からの懐かしい手紙を読みふけり、親しい友人とともに楽しみを分かち合った。

最初にハワイの火山への登頂という危険な旅の話が書いてあり、イザベラが実際に噴火口の縁にテントを張って寝たことが報告され、次いで冬のロッキー山脈での無謀な乗馬、さらに異常な人物としか思えないようなヌージェントに対する友愛（これは友愛以上のものではないようだが）が記されてあった。それに続いて、イザベラが帰国した後に配送されたのだが、思ってもいなかった北日本からの手紙が届き、それによると一八七八年の梅雨のさなかに旅をした惨憺《さんたん》たる記録が綴られていた。当時の日本はどの宿に泊まろうともノミだらけだったようである。

日本の旅は最悪でイザベラの健康にも影響したようだが、一転して「マレー半島の旅日記」は全部で百十六頁にも及び、どの頁も鮮やかな色彩と活気に満ちあふれていた。一八七九年の早春、忠実で我慢強く待ち続けたヘニーのもとへ、イザベラが本当に帰ってくるという知らせが届いた。マレーからの手紙にも書いてあったように、イザベラは熱帯の太陽で日焼けし、体もしっかりして「ポルトガル人と間違えられる」ほどであった。イザベラはハワイ、コロラド、日本、ペラなど、どこへ行っても、誰にでも好かれたようである。その理由は、彼女は頭脳明晰で話が面白く、情愛があって思いやり深く、さらに驚くほど勇敢で進取の気性に富んでいたからである。イザベラにもう一度会えるとは何と喜ばしいことだろう。

II

「黄金の半島」マレーから帰る途中カイロに立ち寄ったのだが、そこでイザベラは熱病にかかったのにもかかわらず、無理してシナイ山の山麓にたった一人で四日間も野営した。それが原因で彼女は胸膜痛（胸部の筋肉リューマチ）にかかってしまった。一八七九年五月にトバモリーの小屋に戻って来たときには、ポルトガル人に間違われたという面影は全くなく、病人そのものであった。エラ宛の手紙で彼女はこう書いている。
「私の体はひどく弱ってしまい、杖にすがっても三百ヤード歩くのもやっとです。でも頭の方はしっかりしているので、この静かな環境の中で日に五時間も仕事をしています。ヘニーは私が帰ってきたせいかとても元気になり、二人とも楽しい日々を過ごしています。私には『神のお恵み』がついてきているような気がしています。寛大なヘニーと優しい友人のもとへ帰ってきた喜びを毎朝ひしひしと感じています」

ヘニーの愛はゆったりとして純粋であり、他に求めることがないので心身ともにくつろぐことができ、邪魔になるものが二人の間に入り込む余地は全くなかった。イザベラはそれで十分に満足し、「第三者が介入しなかった」この夏を回顧している。

だが、第三者として介入してきた男がいた。彼はジョン・ビショップというエディンバラに住む医師で、イザベラを崇拝し、ヘニーの愛に匹敵する献身と貞節をもって交際することを切望していた。シェフィールド出身のビショップはイザベラより十歳年下で、数年前からエディンバラに居を定め、王立病院の外科医としてジョゼフ・リスターの助手を務めた後、開業した。彼は患者の受けがよく、患者は「当時としては知的水準の高い人たちだった」とアンナは言う。イザベラとヘニーは日頃から体調が思わしくなかったので、この二人が患者の中に入っていたとしても不思議ではない。

一八七〇年代の半ば頃になって、ビショップとバード姉妹の間に友情が芽生えた。サンドウィッチ諸島の旅の後、イザベラは植物学の組織研究に強い関心を抱いて研究し始めたが、ビショップもその分野ではかなりの専門家だった。当時、単に「顕微鏡使用」と呼ばれていた一般科学の分野に深入りしたイザベラは、一時は文学をあきらめようと思ったほど入れ込んだ。結局のところ、それは思いとどまるのだが、「大西洋の軟泥に魅了された二人は、情熱的に研究に没頭した」とアンナは証言している。ビショップはこの主題に没頭するイザベラの知的な認識に魅惑されたが、それ以上に彼女自身の魅力、たとえば他者の幸福への関心や好奇心の幅広さなどに圧倒された。そこで、一八七七年、ビショップは最初のプロポーズをしたが、彼女の答えは例によって「ぐずぐずと煮え切らない」ものであり、後になって後悔するものだった。この頃出版社主のマレーに宛てた手紙があるが、その中で「条件つきで婚約」したことを知らせ、マレーが恋愛結婚に共感してくれることを期待している。しかしながら、アンナの言い分によると、そのときでさえイザベラはビショップに「直面したくもない事情によって私たちの友情にひびが入らないようにしましょう」と答えたということである。

そう言われれば、ビショップも同意する他にない。仕方なくビショップはいろいろと世話をやき続けたが、この一ヵ月後にイザベラがエラに言うには、ビショップはトバモリーに滞在し、「病人の手当てをしています」と、ことさらに強調している。

イザベラがマレー半島と日本の旅に出立した理由の一部は、新たに生じた感情的抑圧と、「病弱な妻」にはなりたくないという思いがあったのかもしれない。彼女が旅から戻ってくると、辛抱強いビショップはまだ待っていた。今度は曖昧な答えではなく、「私は結婚にふさわしい女ではありません」からと言って、彼のプロポーズをはっきりと断った。彼は自分を抑えてそれ以上押しつけることはなかった。イザベラは、「彼は私に対して気高く優しく振る舞い、自分の苦悩について一言も口にしませんでした」と書いている。

イザベラとアンナは、ビショップとヘニーについて書くときに、常に「気高い」と「優雅」という形容詞を使う。そのためにこの二人はまるで汚れを知らぬ聖者のように語られることが多い。ヘニーは言うまでもなく、ビショップも無私の精神を持ち、親切で極めて誠実な人物だった。性格温厚で良心的、控え目、かつ精神的な優雅さと「世にも稀な純粋さ」を身につけていたとアンナは評価している。イザベラが友人に言ったように、彼の外見は「やや小柄で顔は十人並み、眼鏡をかけており地味な印象を与える」。「高くて広い額をしている」ので、教養があって「芸術に深い見識がある」ように見えた。彼には多少おどけたところもあったようである。イザベラを評して、「彼女は虎のような食欲と駝鳥のような消化力を持っている」と言ったことがある。彼から見ると、イザベラほど虚弱な女性がそれほどまで遠方の地に旅することが驚きだったのだろう。ビショップは確かにヘニーに気質的によく似ていた。ともに辛抱強く献身的なのだが、バード姉妹が幸せな日々を満足して過ごしていた一八七九年になると、ビショップの態度はやや過剰になったと言わざるをえないほどになった。イザベラの人生における彼の比重が増していったのである。

そうこうするうちに、その年の十月、イザベラがコロラドを旅したときの紀行文が『ロッキー山脈踏破行』という書名で刊行され、一躍評判になった。『スペクテーター』誌は口を極めて絶賛し、「イザベラの自由奔放で飾らぬ語り口は、他のどんな物語よりも面白く、人との運命的な出会いや人物描写、状況設定、劇的な効果など興味津々で、どんな小説でも九割九分まではこの紀行文に比べれば顔色を失うだろう」とまで書きたてた。他の雑誌の書評も好評で、自然で生き生きした文体、劇的な事件と自然との巧みな組合せに感心し、イザベラが安心したことは、少なくともジム・ヌージェントに関する限り、不道徳であると弾劾したものがなかったことである。『タイムズ』紙の評者はこの作品を快活で真に迫った好著であると誉めたが、イザベラが便利であるという理由だけで男物の衣服を身につけ、さらに歩くのもやっとの有様の馬を雇ってまたがって乗ったと付け加えた。これにはイザベラも我慢ならなかった。男物の衣服とは何ということを言うのだろう。彼女はマレーに手紙を書き、切々と訴えた。

「いわゆるハワイの乗馬服は、アメリカの山岳リゾートで着るために作られた婦人用の衣服であって、ハワイではイギリス人もアメリカ人も婦人が着用しているものです。ズボンの上にフリルのついたスカートをはくので、乗馬しているときは言うまでもなく、乗り降りするときもズボンは見えないのです。私の不愉快はとても収まりそうにありません。『男物の衣服を着た』ということでこれほどのことを書かれるのであれば、もっと些細なことで評者を論駁することのできる婦人を何人も知っています」

イザベラもしつこい。彼女はマレーに自分に代わって評者に文句を言ってくれるように頼んだが、これはマレーも断った。その代わり、著書に短い序文とイザベラが乗馬用コスチュームを着て馬に乗った挿し絵を入れたらどうかと提案した。この提案は受け入れられ、その後の著書（七版に達した）にこの挿し絵が用いられ、これでイザベラは少し落ち着いた。

だが実際のところ、この挿し絵は女性らしいところはなく、馬も彼女がお気にいりのバーディという名の馬と似ていなかったので、彼女は不満たらたらの体で「とにかく、このコスチュームは女性用なのです」と言い張った。それはともかく、ディーン・スタンリーがマレーに「『ロッキー山脈踏破行』をもう読みましたか？」と誰からも聞かれると言っているところを見ると、この著書は大成功だったことが分かる。

ところで、『タイムズ』紙に載った評に関するイザベラの反応は、その怒りが執拗なところから、当時の彼女の心理状態があまりまともではなかったのではないかと推量される。とどのつまり、彼女はビショップのプロポーズを断ったのだが、その一因は異常と思えるほどに愛《いとお》しんだヘニーとの暮らしが破壊されるのを恐れたためである。イザベラにとって男まさりだという評判ほど気にさわるものはなく、異性に対する因習的な偏見に対抗してズボンをはいて見せびらかしていたという評ほど不適切なものはない。実際、イザベラが性的に全く正常であったことはほぼ紛れもない。彼女の情熱の発露は、常に性的な関心を上回っていたのである。

彼女が恐れたのは性的なものに囚われることであり、とりわけ妊娠する可能性のある年齢にあっては、それが自由と行動を制約することであった。彼女には母性本能のようなものは皆無で、イギリスの伝統的な服装を身にまといながら、馬と一緒にときを過ごす方を好んだ。だから彼女がズボンをはいた理由は簡単で、評者が言ったように「馬に乗るにはズボンの方が乗りやすい」からにすぎない。

旅人というものは、「正常なしきたりを守りながら異常な行動をする特権がある」とよく言われるが、結局のところ、これが彼女の生涯を通じての基本行動になっていった。やがてこの行動は厳しい規律に従うことによって、イザベラに限って適用されることを人々は認めざるを得なくなった。

この騒ぎは次第に収まり、イザベラとヘニーは冬を過ごすためにマル島を去った。二人がトバモリーの小屋で過ごした夏を振り返って、イザベラはこう回想している。

「ここで過ごした静謐《せいひつ》で幸せな四ヵ月を、私は二度と持つことはないでしょう。今までと同じように、将来も私は真剣な仕事によって鬱病と闘い、他者への関心に自己を忘れて没頭していくつもりです。私の人生は充実していて面白いのですが、それでも迫りくる老年を恐いと思うことが時折あります」

もっとも差し迫った「真剣な仕事」は、日本の旅に関する本を書くことであったが、ロッキー山脈の旅の後ということになると、「面白くなく平板」なものになってしまうのではないかとイザベラは思った。仮にマレーの言うことを聞き入れていたら、この本はさらにつまらなくなったに違いない。というのは、日本の農民の生活に関するイザベラの描写がやや率直すぎるので手直しするように要求されていたからである。彼女は「真実を知らせたい」という理由で、マレーの要求を退けた。すでに出来上がっていた桜の花と日本というイメージを、少しばかり訂正しようとイザベラは思ったようである。

原稿が完成した後、イザベラは友人や親戚を訪問することで日々を過ごし、ヘニーはトバモリーへ帰っていった。四月も終わる頃、突然イザベラはヘニーが重態だという電報を受け取り、取るものも取りあえずヘニーの家に飛び込んでみると、妹はチフスで息も絶え絶えだった。すぐさまビショップを呼びにやったが、彼はたまたま足を骨折して通常の診察を中断していたので、ヘニーの治療だけに専念することになった。「ヘニーの状態をよく知っている医師が来てくれて、医術の粋を尽くしてくれることは力強い限りです」とイザベラは書いている。病状は一進一退し、そのつど一喜一憂した。マル島の友人たちは春の花を手に一杯に持って、ヘニーの具合を聞くために門の外で立ち尽くしていたが、六月の初頭、ヘニーはついに息絶えた。

イザベラの衝撃は大きかった。我が子を亡くした母親、連れ合いを亡くした人、親に死なれた子供と同様に、彼女は妹の死による悲しみで絶望の淵へ投げ込まれてしまった。「この悲しみは言葉にできません。そばにいてもいなくてもヘニーは私の全世界で、いつも私の思考の中にいたのです。彼女はもういません。私の人生の光は消え、活気もインスピレーションも彼女とともに死んでしまいました」とエラ・ブラッキーに悲痛な告白をしている。後になってエラは当時のイザベラの思い出を、「顔面は血の気はなく蒼白で、悲しみのあまり身体が硬直したようになり、恐ろしいような孤独地獄に陥っていたように見えました」と語っている。

イザベラは絶望の中でこう書いている。「私はこの悲しみがどれほど悲惨なものか分かっていたつもりでした。だがその辛さの半分も分かっていなかったのです。私は私自身の大部分も一緒に死んでしまったのだと思いました」。事実、意識していようといまいと、イザベラは長年にわたってヘニーと完全に一体化して生きてきたのである。

イザベラが海外から出した手紙の中に、ヘニーに対する溢れんばかりの愛情が吐露されている箇所が無数にある。そのあまり、彼女はヘニーに対して「この子」という言い方をしている。「私は最愛の妹がいるだけで嬉しく、私の唯一の喜びは『この子』が自分で好きだというものを何か持っているということを知ることです」と記し、「ヘニーから手紙を受け取ると、嬉しさのあまり我を忘れて故国に帰ってヘニーの顔を見たいという欲望に駆られてしまいます。ヘニーは私が持っているただひとつのお気に入りなのです」と言う。

イザベラが自分のことを指すときにも、時に応じて「この子」と呼び、手紙の末尾に「この子より」と署名することがあったが、それは互いが互いのお気に入りであることを確認しているものである。この姉妹が互いに「この子」と呼び合っていることは、相互に完全に密着して分離することのできない関係にあったということである。アンナはイザベラと知り合った頃に、すでにこうした二人の関係にはっきりと気がついていた友人の言葉を引用している。

「バード姉妹は少女時代から全く異なった性格をしていました。気質が違うのは言うまでもないのですが、知的好奇心や趣向が異なっており、むしろそのために多くの点において補完し合い、良きパートナーになることができたのでしょう。一方に欠けているものを他方が持っているということが、完全な組合せになった要因だと思います」

ところで、この「組合せ」については、原始社会における男女の役割にやや似ているように思われる。イザベラの役割は強力なリーダーシップを発揮し、さまよい、考え、「行動する男」としての役割であり、ヘニーは男を崇め、慰め、家事をしっかりと行い、ユリシーズが帰国するのを待っている役なのである。とはいえ、この図式は単純すぎよう。というのは、乗馬服に関する騒ぎでも分かるように、イザベラは決して男らしさを意識することはなく、むしろ自分の女性像を完成させるためにヘニーの暖かく家庭的な雰囲気を必要としたのである。再び言うが、旅人というものは家庭的な献身に対してあいまいな態度をとるものだが、イザベラも例外ではない。アンナも触れているように、イザベラの人生で極めて重大な基本をなしていたのは、「家族への愛」であったことは間違いない。父や母への愛、とりわけ妹のヘニーへの愛。それにもかかわらず、イザベラが心の底から幸福と充実感を覚えるのは、はるか遠くの地を旅するときであった。ヘニーが二人のためにトバモリーに隠れ家を準備したとき、イザベラはそこに二、三ヵ月以上滞在することはなく、マル島の気候が自分の健康に合わないのだと理由を説明していた（恐らく、ヘニーが自分のために見つけたところでも同じような行動をとったことだろう）。

イザベラは海外にいないときでも一ヵ所に留まることはなく、数ヵ月も友人や親戚間を泊り歩くのが常で、ヘニーが病気のときでもそうであった。そのため、ヘニーの死によって自分の半身も死んでしまったような喪失感を覚えたのに加えて、それまでにヘニーの優しい心遣いをしばしば無視してきたことによる罪悪感に悩まされることになった。ヘニーはもういない、そう思うと癒しがたい悲しみがどっと胸の中に押し寄せ、誕生と愛の輪廻《りんね》と同様にどこにも近道はないのだった。死んでしまいたいと彼女は思った。「私の身に何が起ころうとも、私はほとんど関心がありません」。彼女は愛する妹を失った喪失感を、だらだらと取り留めもなく書き綴っている。「ヘニーは私の全文学作品のインスピレーションの源であり、最良の読者だったばかりでなく、家庭と暖炉の象徴であり、何でも打ち明けられる親友そのものでした」とマレーに語った後、トバモリーに行ってヘニーの遺品を整理し、妹が携わった慈善事業に参加しようと決意した。「ヘニーの関心事は私の関心事でもあるので、私はヘニーのためにもトバモリーが気に入りました」と表明した。

刊行されたばかりの『日本奥地紀行』が届いたが、イザベラは目もくれなかった。マレーは彼女の悲しみが癒されればよいと思いながら、この本の評判を彼女に聞かせた。「この本の評価は素晴らしく、どのようにしてそれをあなたに伝えればよいのか分からないほどです。賞賛の嵐は至るところで鳴り響いており、私は長いこと出版に携わってきましたが、これほどの反響を巻きおこした本はかつてないことです」。イザベラはこの話をそのままエラに手紙で知らせたが、それでも「こんな話を聞いても、私には何の感興も湧いてきません」と付け加えている。彼女にとってそんなことはどうでもよいことだった。と言っても、こんなことも認めている。「女性がやりたいことを精一杯やって成功したということは、女性の権利を主張するうえで多少の役に立ったのではないかと思っています」。

この『日本奥地紀行』こそが、彼女を単なる「女性冒険家」ではなく、極東の社会・政治に関して鋭い洞察力と知的な観察力をもって描写した作家として、一般大衆の心をしっかりととらえた作品であった。イザベラは好評を博した書評を送ってきたマレーにこう書いている。「私は書評家たちが女が書いた作品だからといって、幼稚な批評をしたり、誉めそやしたり、非難をしたりしなかった点がとりわけ気に入っています」。

この本が受け入れられたことによって、イザベラはもう一度生命の炎に点火されたようである。ヘニーの死後半年たった翌年の一月、マレーはイザベラから次のような便りを受け取ったときには少なからず驚いたに違いない。

「多分覚えていることとは思いますが、私が日本へ旅立つ前に、長い間私に忠実な愛を捧げていた男性と結婚するかもしれないとほのめかしておきました。しかし健康の問題もあり、妹との愛情あふれた共同生活に満足していましたので、残念に思いましたがこの結婚を承諾しませんでした。だが今になって状況は一変しました。ビショップ医師は妹の死に至るまでの最後の六週間、献身的に尽くしてくれました。妹も彼の人柄を心から信用していましたし、その愛と献身ぶりを私が受け入れることこそ妹の望みでもあったことですし、もし彼の希望を受け入れないとすれば、とてつもなく貴重な宝を捨ててしまうことになるのではないかと思っています。私たちは春になったら結婚するつもりです。……」

ビショップが死んだ妹の「身代わり」だと言ったら失礼かもしれないが、ヘニーとビショップが互いによく似た性格だということで幾分なりとも安心感があったと思われる。さらに、それに加えてビショップは経験豊かで献身的な愛情を約束した。それは彼女の深い孤独を慰める「家庭と暖炉」を建設し、関心と情熱を共にし、彼女の絶望を堰き止める防波堤の役をなす父親として行動するというものである。これについて、後になってイザベラはこう記している。「彼の献身的な愛情が、トバモリーの死の部屋から私が出て以来ずっと私の最悪の悲しみから救っていたのだということが、今になってはっきりと分かってきました」。

婚約の条件は、イザベラの言うがままだった。「私にとって変化が必要になった場合には、外国の旅に出ることは黙認されています」と彼女はマレーに言った。ビショップはこの条件を認めたが、常々「イザベラの心の中には私の手に負えないライバルがいて、それは中央アジアの高原である」と語っていた。イザベラはヘニーの死を悼むことを一途にビショップに要求した。「私が毎日悲しんでいることにビショップが気がついていてくれたことに感動しています。空虚になった私の心を紛らわすのではなく、私の面倒を見、悲しみが過ぎ去るのをじっと待っていてくれるのです」と彼女は友人に書いている。

イザベラはウォリックシャーの親戚の家から結婚式に行くことにし、ビショップはその前日あたりに彼女のいる家に来ることになっていた。「彼は土曜日の朝早くにやって来ました。その様子は晴れやかで優雅、寛大で服装も申し分ありません。彼がこれほど立派に見えたことはありません。彼の様子を見て、それまで批判的だった親戚一同は皆祝福してくれました」とイザベラは嬉しそうにエラに報告した。新郎の様子は文句のないものだったが、五十歳で新婦となるイザベラの心境は複雑だった。彼女は第二の葬儀を思わせるような行動をとって、あえて式を台無しにしてしまったのである。式が始まる寸前に、「涙で眼が見えなくなり、祝辞にまともに答えられませんでした」とエラに書いた。

一八八一年三月八日、結婚式が執り行われた。彼女は黒いセルを編んだ喪服を着て黒い帽子を被って出席したが、招待客は一人も招かれなかった。彼女の言うところによれば、教会は格式のある美しいもので、ステンドグラスに映し出された聖ローレンスの格子が印象に残ったという。しかし誰一人としてハネムーンなどといった承めでたいことをほのめかした人はいなかったことだろう。そのままエディンバラに戻ったら、イザベラは彼女を崇拝するビショップの忍耐ぎりぎりの行動をとったように思われる。彼女自身ですら「彼がどれほど献身的であろうとも、私がいつまでも悲しんでいれば、しまいにはうんざりしてしまうかもしれない」と自問した。

彼女はトバモリーに戻った。相変わらず喪失感に悩まされ、「ヘニーの人生に与えるべきことを全てやり遂げてしまい、ヘニーへ注ぎ込んだ愛が消耗してしまったのではないか」と恐れた。彼女にとってビショップの無私の献身が意味がないとしたら、結婚は無益なものになろう。イザベラは少なくとも彼のために、この難問を隠そうとした。というのは、「彼はとても幸せそうに見えるし、洗練された優しさは偽りなく本物です」と言っているからである。

だがこの結婚生活がいささか退屈であったことは否めない。イザベラが秘かに抱いていたドラマやロマンスめいたものを満たすものが、彼らの生活には一切見られなかった。ビショップには魅惑的なジム・ヌージェントに備わっていた眩いほどの魅力のかけらもなかったのである。結婚した後、イザベラは思わずこんなことを告白している。「何かもっと刺激的で目新しいことが少しでもあればよいのですが。でも私は彼のことを以前から知っていたし、トバモリーでのひどい時期に親しくしていたのに馴染んでしまったので、共に食事をしたり散歩に行ったりしても、あのときの延長のように思ってしまうのです」。彼女の苦しい状況を知った他人は、底意地の悪い喜びを隠そうともせずに、こんな話をばらまいた。「結婚する前にイザベラはニューギニアの旅に行こうと思っていたのだが、そこは男を連れていけるような場所ではなかったので仕方なくあきらめた」という噂話であった。

それやこれやで反抗的な気分になっていたところへもってきて、表面に出てこない陰湿な他人の態度に影響されたのか、イザベラはいわゆる「日常の些事」に慣れ親しもうとしたが、無理のようであった。彼女は夫の家のあるエディンバラのウォーカー通りに引っ越し、その客間に「東洋の飾り棚と大名の風呂桶にヤシの木を植えて東洋の雰囲気を出そうとしていた」とアンナは言う。その他の部屋には彼女の家族の写真が飾ってあった。イザベラはある友人にこう話している。

「私たちは小屋の再契約をしようと思っています。ここはある意味で祭壇であり中心地なのです。……夫は思いやりがあり献身的で、何よりも私心というものがないのです。……夫のためにも悲しみから脱出することができない自分を残念に思います」

いつまでたっても脱出できないので、彼女は次第に自己憐愍《れんびん》に陥っていった。彼女はエラに夫に何日も会っていないと言い、背中が痛くて家に閉じこもっているのに夫はいつも外出していると愚痴っている。だがこれはわがままというものである。イザベラ自身が望まない限り、一人にされることはなかった。ビショップ夫妻はよく客を招待したり、外で食事をとったりし、イザベラの体調が良くてロンドンへ行けるようなときには、数週間も夫を「一人でほったらかし」にしておくのが常だった。彼女がロンドンにいたとき、出版社主催でイザベラを主賓として招いたことがあった。その席上、マリアンヌ・ノースという大した実績もないのに「女性冒険家」と称している女性が、イザベラに紹介された。ノースの証言によれば、イザベラはその場に相応《ふさわ》しくないけばけばしい服装をしていたという。「彼女は客間の後ろの方にある大きなアームチェアに座っていました。金の刺繍の入った上靴を足台の上に乗せて見えるようにし、スカートは全体に金銀の刺繍がほどこされ、肩にはサンドウィッチ諸島の王から贈られたリボンや勲章がかけられていました」。さらにノースの話によると、「彼女の体型はがっしりしたずんぐり型で、背が低くて横幅が広く、話すときは正確に測ったような話し方をし、まるで自分の著書を読んでいるように聞こえました」。

これはお世辞でもなんでもない。むしろイザベラの熱心で生真面目な態度は、誰にでも受け入れられたわけではなく、いずれにしてもこの時期の彼女が体調万全であることはめったになかった。アンナですら結婚数ヵ月後のイザベラについて、こんな辛辣なコメントを付け加えている。「イザベラはヘニーの死に起因する鬱病から逃れられず、そのストレスから人格が変わってしまったような気がします」。イザベラはトバモリーにいて、ビショップが例によって「ひとりぼっち」でエディンバラにいた十一月、悲劇が起こった。ビショップが丹毒にかかった船乗りの治療をした後、彼自身も感染し、痛みを伴う皮膚病に倒れたのである。当時の医療では完治は難しく、回復ははかばかしくなかった。この病いはイザベラも巻き込み、その後の結婚生活に暗い影を落とすことになる。イザベラの病いが再発し、「背中にできた悪性の吹出物」と「神経性疲労」に悩まされ、因習的な家庭と結婚生活に破綻が生じはじめていた。体調がよく夫に同行して乗馬を楽しむとき、可能なかぎりイザベラは横座りになる「時代遅れの乗り方」に従っていたが、その間「馬鹿の真似」をしていると感じていた。といっても、彼女は女性であることに付随する束縛に秘かに怒りを覚えることはあっても、公然と無視して「ハワイの乗馬服」を着て馬にまたがって「速駆け」するようなことはしなかった。その代わりに、彼女は三輪自転車に乗ってスピード感を楽しもうとし、出版社に「ナショナル社製」と「サルボ社製」のどちらがいいか尋ねている。結局、後者は「交通手段としてなんとなくイメージしていた」のに比して遅すぎるという結論になった。

エディンバラにいたときに、彼女が実際に三輪自転車を持っていたかどうかは分からない。いずれにしてもこの手の突飛な事柄に関してアンナは何も言っていない。しかし、後年になってイザベラがロンドンに戻ってきたとき、マレーが一台贈ったのは明らかである。イザベラがアルベマール通りでそれに乗れるように訓練していたという話もある。

結婚後二年たってもイザベラの精神状態は落ち着かず、それでもマレー半島の旅日記に手を入れていたが、気が乗らなかった。というのは、もうヘニーからのインスピレーションはなくなり、「名声も金銭」も彼女の眼中になかったからである。この時期のイザベラにとって、少なくとも金銭上の心配は全くなくなっていた。彼女は唯一の遺産相続者であり、夫にも十分な資力があった。それに加えて、彼女の著書が売れてかなりの収入になっていたのである。サンドウィッチ諸島に関する本は千部しか刊行されず、ほとんど収益はなかったが、『ロッキー山脈踏破行』はコンスタントな売れ行きを示した。実際、人気の高かった『日本奥地紀行』の収益を合わせると、マレー社からの支払いは千四百四十七ポンドに達している。彼女はマレーに「私の方に不満は全くありません」と心から謝辞を述べた。しかしこれは著書による収益という面で大げさに言っているのであって、たとえば一八八三年にヘンリエッタに捧げられた『黄金の半島』は、わずかに三百七十ポンドの収入しかもたらさなかった。この本は一般に評判が良かったのだが、批評家の中には皮肉な文体と、彼女ほど頑丈でない人物に対する容赦のない表現――たとえば若いショー姉妹への対応などで文句をつける者もいた。

しかし哀れなイザベラとビショップが次々と病いに冒されると、さしもの頑健さも影をひそめた。彼らは健康を求めて南へ移ったが、ロンドンの医師の見立てによればビショップは丹毒による悪性の貧血症だろうということで、精根尽きかけていた。イザベラは夫の病状をこう書いている。

「彼の手は透き通るように白くなり、痩せて骨と皮のようになってしまいました。口髭に覆われた顔に、眼だけが美しく輝いています。それでも彼はどんな環境になってもいつも幸福で『毅然として』います。この数週間が彼の人生でもっとも幸せだったと言ってくれるのです。彼の心は晴れやかに澄みわたり、他者に対する思いやりと深い関心に満ちているようです」

この文章は一八八四年九月に書かれたものである。それ以後の十八ヵ月、イザベラは自分が結婚したこの不幸だが聖人そのもののような勇敢な夫の介護に、身命を捧げた。数々の医療診察を受け、回復が見られない辛い時期が続いた。その間、ビショップは新鮮な海の空気を味わうために海岸に面した通りを車椅子に乗って行ったり、トバモリーへ短期間だが希望を抱いて帰ったりした。彼は杖にすがって村を散策したりしたが、スコットランドの厳しい冬から逃れるようにリヴィエラに脱出した。

この間のことについてアンナはこう書いている。「イザベラは自分の身体や病気のことは一切記録しませんでした。……彼女の日記には夫に関することしか書いてありません。たとえば医師、看護師、運動、その日の状態などしか書いていないのです」。その理由は、夫がいつまでも続く病いと闘っている間に、彼女が本心から夫を愛しているということに気がついたことである。その愛は、病苦を前にして示した夫の気高さと挫《くじ》けることのない闘志に彼女が感動し、目覚めたものであった。医師の勧めに従って、彼らはカンヌ、ジュネーヴ、グリオンへ向かった（ここでイザベラは背中の手術のために短期間ロンドンに戻らざるをえなかった）。そこからサン・ヴィソワ、サン・リュック、さらに再びカンヌへと療養の旅が続いた。その間、陰気な温泉旅館に泊り、出入りする外国人の看護師、下男、友人、不眠の夜と活気のない病室で過ごす日中の繰り返しである。カンヌではかつてビショップの上司であったジョゼフ・リスター卿が「若くて健康なイタリアの農夫の血液を高額で買い取って」、輸血用血液として持ってきてくれた。当たり前のことだが、折角持ってきてくれたこの血液は何の役にも立たず、ビショップは次第に弱ってきた。イザベラは苦悩の中でエラに手紙を書いた。

「私の至高の愛、私の純粋な愛の対象である夫。彼の黒い瞳は痩せて小さくなってしまった顔から不思議そうに外に向けられています。先週からずっと彼は休息に入った人のように穏やかで満ち足りた表情を浮かべるようになりました。その瞳が私に向けられるとき顔全体が輝いて恍惚となり、深い信仰の御言葉が弱々しく吐き出されました」

それから二、三日後、彼らの結婚五周年の二日前に当たる一八八六年三月六日、ビショップは息を引き取った。彼がイザベラに最後に洩らした言葉は、「あなたと暮らせて幸せだった」というものだったと、彼女は記録している。死の直後、イザベラは取り乱した。

「彼の並はずれた我慢強さ、自制心、快活な振る舞い、そして知的な行動のために、死に至る十六ヵ月間、彼がどれほど悩み苦しんでいたのか、誰も気がつきませんでした。彼はいつでも幸せそうにしており、あらゆる物やあらゆる人々に関心を失わず、情熱的で感謝と愛に満ちた生活をしていたので、まさか死ぬようなことになろうとは夢にも思いませんでした」

ヘニーに続くビショップの死は、イザベラに深刻な衝撃を与えた。それについて彼女はエラにこう書いている。

「ビショップの死はただただ恐ろしいばかりでした。彼の闘病は長く続いたので、看病が私の計画、願望、恐れ、関心の全てを占めていたのです。……人生の終末に近いこの年齢になって、私の思惑とは無関係に、彼の性格の中に無私無欲な献身と汚れない美しさを見出した途端に、彼が私を残して逝ってしまうとは何という理不尽なことでしょう」

ヘニーの死による癒しがたい鬱状態が原因で、彼らの結婚生活は順調な滑り出しではなかったが、ビショップの難病をともに闘ってきた間にイザベラの心中に真の愛情が芽生えたのであった。その彼がもういない。彼の死はまたもやイザベラに罪悪感をもたらした。というのは、彼女が彼の愛に気がつくのが遅すぎたのと、その庇護の下に長く留まっていなかったからである。それは、忍耐と報われない献身、苦労と不運そのものの感動的で悲しい物語である。

Ⅲ

トバモリーに戻ったイザベラは再び喪服を身にまとい、「ヘンリエッタが気に病んでいた貧しい人々」に手を差し伸べ、「打ち寄せる悲しみ」に耐えながらヘニーの胸を引き裂くような思い出を選り分け、やっとのことで思考を前向きに切り替えることができた。彼女は「十分な」資金を所持しており、「どんなことがあっても残りの人生を私の気に入るようなやり方で過ごし、もう束縛を受けるようなことはしないつもりです」とマレーに語っている

（自由をこれほど愛したイザベラが、煩わされることのない新たな状況を考えて少しばかり喜びを感じたことは想像に難くない）。

「私はもう若くはないし、かつてのような元気な状態や気力を取り戻すことはできないでしょう。だが旅に出るということについて、ご相談したいのです。……しばらくすればこの計画が良いということに同意できると思いますが、今のところその気になれないのです。イギリスで静かに過ごす前の最後の大がかりな旅になると思うので、それに相応しい価値があり、豊富な知識を持ち帰ることのないような旅に行くつもりはありません。私が夫と旅のことを話していたとき、いつも話題になったのはアジアの旅であり、中国とインド北部の間にある国のことでした」

後になって彼女は医療伝道の旅を提言した。その目的は「数々の活動からそれぞれの活動記録を送ること……医療伝道に関する私たち夫婦の深い関心と、病院という形で夫の記念碑を建設することです」と語っている。彼女は計画している途方もない旅に対して、合理的で価値のある理由づけをしようとしたのである。こうして彼女は最後の旅に出て、「豊富な知識」を持ち帰り、伝道の記録を調べ、記念碑の建設に乗り出した。この旅は彼女自身の健康と幸福を取り戻す唯一の機会だったのだが、敢えてそのことを認めようとしなかった。というのは、その動機が愛する人の無私の行為に比して下劣で利己的な動機のように思われたからである。

彼女は実際の医療準備のために、パディントンの聖母マリア病院で三ヵ月の看護訓練コースを受講した。さらにジャーナリスティックな能力を復活させるために、『マレーズ・マガジン』誌にアイルランド問題に関する最新の記事を寄稿した。彼女は帰国するとマレーにこんなことを語っている。「私の健康はアイルランドにいる間にずっと良くなりました。日ごとに元気になり、やる気が出てきました。……そのことを認めるのは何となく悲しい気がしますが、十分な関心を持って野外を放浪することが、私の健康と精神にもっとも合うようです」

しかし、長く続いた悲しみと不安のために、イザベラは傷つきやすく怒りっぽくなり、心身ともに不安定になり、結果を恐れて行動に踏み切れなかった。彼女は衝動的にロンドンのマイダ・ヴェールに家を求め、一室を「病人用の部屋」として使うことにした。最初の病人はダービーシャーの農夫、二番目の病人はイースト・エンドからやって来た。イザベラは自分の心理についてよく理解していなかったらしい。彼女は自分が慈悲深い天使のように振舞うことができないということを決して認めようとしなかった。手桶が二つしかない丸太小屋で、松の木の焚火を囲んで鹿肉の厚切りを食べて仲間と過ごすことはできても、マイダ・ヴェールのような所で自分のために家事万端を整えることはできなかった。この家は失望と憂鬱と「気苦労」をもたらしただけだったので、一年も経たないうちに売り払ってしまった。

そのときの心境を彼女はこう説明している。

「私は自分自身を思い出に囲まれて過ごそうと思ったのです。そうすればそれらと霊的な一体感が生まれ、私と『応答する』ことのできなかった客を応対するのにこの家が役に立つと思っていました。……だがこの計画はともに失敗でした。思い出は私の期待に応えず、客はひどく疲れてしまったからです。……これほどの恐ろしい死別を経験した者にとって、気の休まる家庭というものがあるとすれば、トバモリーの小屋しかありません」

その後二、三ヵ月間、彼女は情緒的に落ち着かず、崩壊の危機にさらされた。アンナの記録によれば、「実際、不安と焦燥に駆られたイザベラは、その興奮状態を自分の孤独の惨《みじ》めさと勘違いしたようである」という。この不安定な時期に、彼女は長年にわたって保護されてきた英国教会に抗議し論争するまでに至った。「教会は保守的な傾向をますます強めるだけです。……私の父祖の教会は幼稚で愚劣な行為、くだらない音楽と口論などによって私を離れさせてしまったのです」とくどくどと愚痴をこぼしている。彼女は非国教徒に目を向け、アンナの言うところによれば、「バプティスト教会に正式に所属することはなかったが、浸礼の儀式」を受けた。これについてその後言及していないが、この行為は明らかに常軌を逸している。精神的な動揺に加えて、長く悩まされた健康上の不調があった。医師の診断によるとリューマチ性痛風であり、「かなり危険なリューマチ熱のために心臓が冒されているので、再び健康になることはありえない」とのことであった。

しかし一八八八年の夏、イザベラはマレーに「二、三ヵ月もしたら、私は健康を取り戻して旅に出るつもりです。ひとりだけで残されて以来、私はこの計画を胸に抱き続けてきました」と告げた。トバモリーに戻ると、ヘニーの懐かしい小屋の周囲にスイートピーとナデシコが潮風に吹かれていた。そこで彼女はイェーガーのフラノ地を用いて「完全な旅装」を縫い上げたり、「中国とインド北部の間にある国」に関する書物を読み、若い婦人対象に「服装」「倹約」「礼儀」という題目で講義をしたりした。秋も終わりに近くなった頃、彼女は小屋の扉と窓にしっかりと錠を下ろし、心中に残る悲しみを断固として追い払った。一八八九年一月、出航する寸前にイザベラはこう書いている。

「親しい人々をここに残して立ち去るとき、辛い死の思い出も過去のものになったように感じることでしょう。今度の旅は、背後に横たわる慣れ親しんだ人生と、未来に待っているまだ見ぬ人生の間にある奇妙な空白の時間になるでしょう。私の旅装を見て頂きたいものです。それは縦、横、長さがそれぞれ二十インチ（約五十・八センチメートル）、十二インチ（約三十・五センチメートル）、十二インチの四つの箱に詰められています。その中に防水加工してある茶色のカバン、キャンバス地の折畳み式ベッド、コルク製のマットレス、毛布、羊毛製のシーツ、それに特別に『乗馬用の鞍』が入っています」

第七章　カシミールとチベット——書かれなかった旅行記

I

イザベラは物寂しく虚《うつ》ろな心で、世界でもっとも寂しく空虚な場所と言われていたチベットへ向かっていた。というのも、彼女には今までのように彼女に気をかけて心配してくれるような人が誰もいなくなってしまったからである。何処《どこ》へ旅しようが自由ではあるが、不安が伴い気が滅入るようだった。愛するヘニーはもうこの世にいず、彼女の旅を芯から分かち合う人はいない。「私は今度の旅と今までの旅との違いを痛感しています」と彼女はチベットからマレーに宛てた手紙の中で書いている。「私が見たり楽しんだりするたびごとに、妹は新たに死んでいくような気がするのです。とはいえ、旅の関心がなくなってしまったというわけではないのですが」。

イザベラはやや大げさに表現する癖があり、彼女の本には純粋に全てを忘れさせるような喜びの輝きが見られるのは事実なのだが、語調の強さについては大きな変化がある。手紙についても、ヘニー宛てに書いたものに比べて、気が乗らずどことなくよそよそしい感じになっている。彼女は自分の経験談をヘニーに直接に語り、花の香りが失せぬ間に生き生きと伝

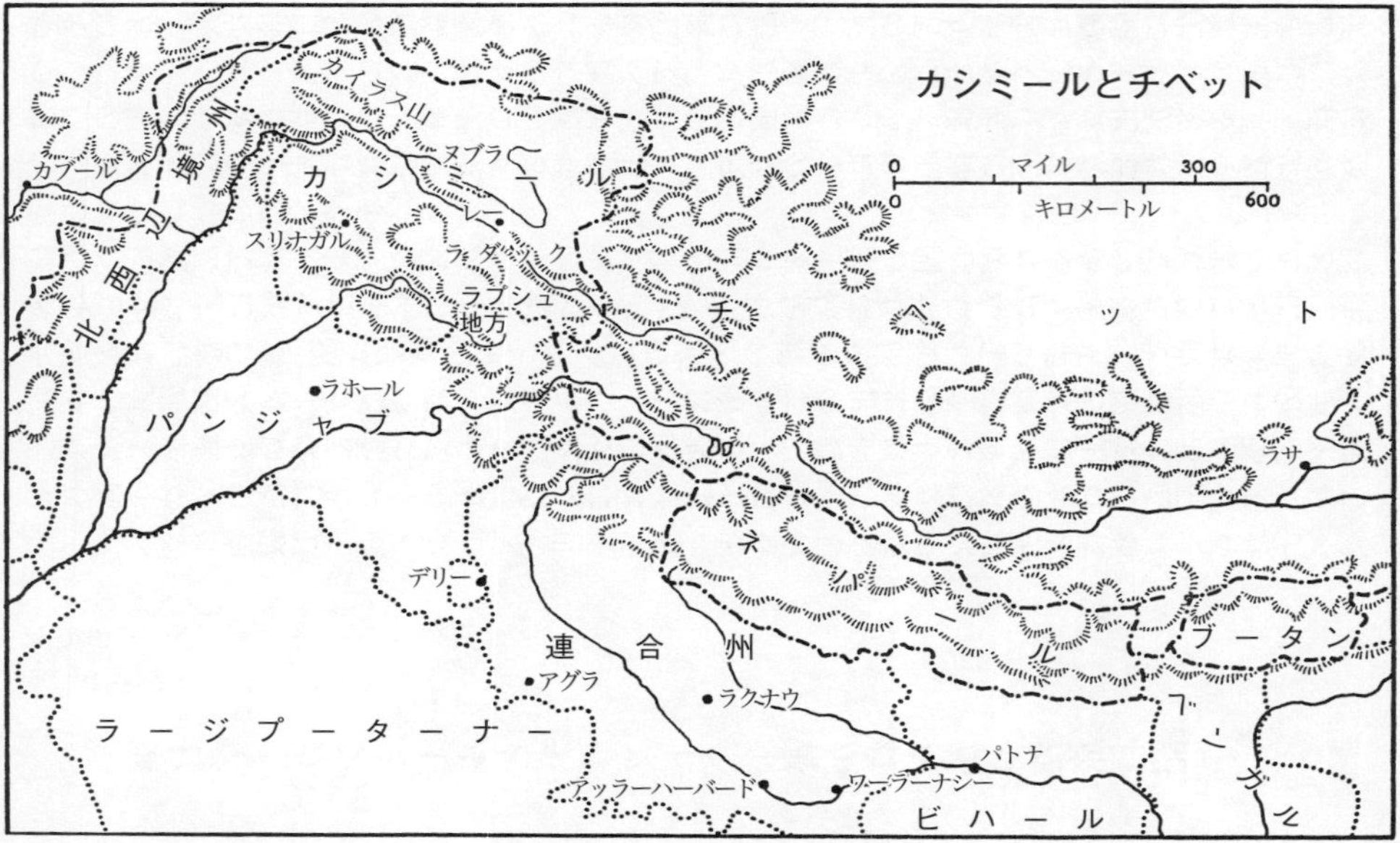
カシミールとチベット
0 マイル 300
0 キロメートル 600
カイラス山
カブール
北西辺境州
カシミール
ヌブラ
レー
スリナガル
ラダック
ラプシュ地方
チベット
ラホール
パンジャブ
ラサ
ネパール
ブータン
デリー
連合州
アグラ
ラクナウ
パトナ
ラージプーターナー
アッラーハーバード
ワーラーナシー
ビハール
ベンガル

えたいという集中力が欠けてしまったのである。マレーに語ったところによると、イザベラは親しい六人の友人のために日記の類いをつけていたのだが、どんなに親しい相手であってもそれまでのように感情を込めた通信はできなかった。友人たちはイザベラが旅に出立しても「心も一緒」というわけにはいかなかったようである。そのようないきさつから、彼女の最後の二作品は「手紙」の形式を放棄せざるをえなかった。

それ以後、イザベラの旅を支え続けたのは高く発達し知的に鍛えられた関心そのものであり、それは彼女が年齢を重ねるに従って幅広くなり高揚していった。しかしそれは彼女自身の外向的で素直な喜びを補うにはほど遠かったと言わざるをえない。初期の作品に比べて、ヘニーの死後に書かれた三つの大作は重苦しく、高い評価を得るものではなかった。それらは次第に横柄な感じになり、人々の生活を律する道徳、政治、社会に対する洞察を深めてはいるが、一方では彼女の周辺にいる個々の関わりについては淡々としている。といっても、描写が退屈だというのではない。彼女の関心は相変わらず個々の人々に向けられており、明晰で注意深い眼差しが直接に注がれているので、当時のありふれた旅行記に比して群を抜いているのは確かである。

一八八九年の春、イザベラはカシミールに滞在したが、彼女が俄然興味を示したのはスリナガルでの伝道病院の設立であった。その病院の名はのちにジョン・ビショップ記念病院と名づけられたが、その命名は亡き夫にふさわしいものである。後年、数年にわたってイザベラは著作の印税から得た私財を投じて東洋のいろいろな場所に病院や孤児院を設立したが、それらは医師の資格を持った伝道師が職員になり英国教会伝道協会の委託に付された。彼女の個人的な趣味というものは単純なもので、これらの施設こそが彼女の唯一の贅沢とでも言うべきものであった。もっとも、寛大で無私な個人的な善意を指すのに贅沢という言葉がふさわしいとすればの話だが。

今日では「異教徒の病人を治癒することによってキリスト教に取りこむ」ということで、医学伝道という戦略は不信の念をもって見られているが、東洋の貧しい人々が洗練され技術の進んだヨーロッパの医療を受けられることは、十九世紀では稀であったことを忘れてはならない。医療伝道に携わる職員は寝食を忘れて働いた。彼らは病んだ眼に点薬し、悪性のできものを切開し、骨軟化症の手足を強化し、化膿した炎症部を洗浄した。患者が聖書に取り巻かれた病室で治療を受ける前に短い祈りを唱えなければならないにしても、受けた恩恵に比べれば大したものではない。しかもそれだけしか要求されなかったのは、イザベラのような篤志家が費用を支払っていたからである。

一度病院の建設が軌道に乗ると、イザベラがスリナガルにいる理由がなくなり、一方、彼女が立ち去る理由は無数にあった。というのは、カシミールは六月中旬になると「出盛り時」になるからである。「この時期になると、イギリス人は見境いなく興奮し、哀れなクーリーは叩かれたり騙されたりするのです。野外ではテニス、ポロ、競馬などが開催され、平野部から繰り出してくる観光客と選手でどこもかしこも人で一杯になってしまいます」と、イザベラは苦々しくこぼしている。その中でも彼女にとって我慢のならないものは、イギリスのアッパーミドルクラスに属している人々で、彼らは自己中心的な快楽にうつつをぬかしているからである。

イザベラは逃げ出すことにして、パンジャブ語の通訳ができるというマンドーという名の気のいいカシミール人の若者を雇った。それに加えて三頭のラバと御者を日当一シリングで雇い、彼らの仕事はキャンプ用具一式と折畳み椅子とベッドを運ぶことである。その他いやおうなしに「護衛」を雇わなければならなかったので、王の軍隊の臨時傭兵だったアフガン人を一人加えた。「この男はウスマン・シャーという名のなにやら胡散《うさん》臭い人間で、ケシの花か鳥の羽毛で飾られたとてつもなく高いターバンを巻いていました。彼は風変わりな色彩感覚を持っているらしく、たびたび派手な衣裳を身につけて大きな刀を肩に担ぎ、私の前を歩きながら人々をこづいたり女性を脅したりして得意になっていました。ところがレーに到着したところ、見かけ通りのごろつきでしかも人殺しであることが判明しました。こんな人間を護衛に雇うなどとはもってのほかです」とイザベラは言っている。

彼女が雇ったものの中でもっとも気に入って面白かったものはギャルポと呼ばれていた元気のいい銀灰色のアラブ馬である。この馬の特徴を彼女は延々と書いている。「ギャルポはグレイハウンドのように身軽で、荷馬車引きのように力持ちです。理解力については、私が今まで見たどの馬よりもあり、時々この馬は分かっていていたずらをしており、ユーモアのセンスさえ持っているのでないかといぶかるほどです。時速五マイル（約八キロメートル）で歩き、鹿のように飛び上がり、ヤクのように山を登っていきます。危険な浅瀬を着実な足取りで渡り、疲れを知らず頑丈で食欲があり、崖の縁やクレバスのある氷河の上を跳ね回り、恐れを知らず、脚の運びを見ているとほれぼれしてきます。この馬を慣らすことは不可能です。餌にもつられずはねつけ、人が近寄ると顔面に蹴りを入れ、歯をむいて追い回し、腰に巻いた帯をくわえて、ぼんやりしている通行人をつかまえて、犬がネズミを捕まえたときのように振り回すのです。こんなわけなので誰も近付くことはできないのですが、マンドーだけは別格のようです。一目見たときから気に入ったようで、前脚で軽く蹴ったり叩いたりするのですが、眼は怒っていず楽しそうなので、悪ふざけなのかどうか分かりません。……この馬を見ていて飽きることはありません。体型の曲線は素晴らしく、動きはしなやかで敏捷、小さな頭といつも動いている耳は生命の躍動が見られ、いつどんな風に動くのか予測がつきません。油断している人にいきなりうなり声をあげて襲いかかるかと思えば、子供のような甘え声をあげてマンドーに擦り寄っていったりします。……カモメのような荒々しい眼をしたこの馬は、人間と慣れ親しむのを拒否しているようです」。この手紙の中で彼女は「老婦人の乗るような馬ではないことは分かっているのですが、なんとか慣らしてみたいと思っています」と書いている。

イザベラと個性豊かな一行は六月末にスリナガルを出発し、毎日の厳しい日課を全員に課した。この日課はそれ以後のイザベラの旅で必ず実行されたものであり、その内容は食事やテント張りなどの行動を時間通りに行なうものである。こう書くと、イザベラがひどく規律にうるさそうに聞こえるが、女性が一人でクーリーや案内人、ラバ使いなどを統率していくにはそれ以外に方策はない。彼らは高度一万三千フィート（約三千九百六十メートル）もあるカシミール山脈を越えて馬しか通れない山道を辿って行った。その日の日課は以下のようである。

「夜九時前に就寝、朝六時に紅茶とトーストパンで食事、身仕度と荷造り、七時にくだんのアフガン人と馬の世話係と出発——クーリーに使用人用のテント、米と固ゆで卵、冷やした紅茶、サクランボなどの入った弁当箱と私用のコルク製のマットレスを八マイル運ばせます。十時に休憩してテントを張り、二時間半の昼寝ということになります（這い回る虫さえいなければなんという贅沢でしょう）。そしてこれを繰り返すのです」

彼らは白いジャスミンが咲き誇っている谷間とトウヒの森を通り過ぎて樹木の生えていない箇所に着いた。そこは「剝き出しの砂礫、赤色の岩、灰色の険しい岩山に囲まれた山脈であり、下方は芝が広がり、上方は雪を頂いた山頂が日に輝いていました。……長い谷間の東側はピンク色のサクラソウが点々と咲いている雪原が広がっています。ここここそが中央アジアそのものなのです」とイザベラは断固とした勝ち誇った様子で描写し、中央アジアの箇所は大文字で書いている。彼女は夫がかつてイザベラの心中にあった「最大のライバル」は中央アジアであると言った文言を思い出したに違いない。夫は死んでいなくなってしまったが、少なくとも中央アジアは手中にできる。

彼女が最初に探険しようと思ったのはラダックであり、一八四一年以降カシミールの保護領になっていたチベットの西側にある地域であった。そこはカシミールの行政官が統治していたが、かなりずさんであり、イギリスの地方行政官は一年のうちわずか四ヵ月しか首都であるレーに滞在しない。境界を明確にすべきだというイギリスの要請に対して、未だにはっきりした回答がないところであった。中国を宗主国に持つチベット政府は、十九世紀全般にわたって外国人の入国を拒んできた。そのために西洋にとってチベットは東洋の神秘の中でももっともはるかな地であり、さらに一層神秘的な国だったのである。

そうかといって、西洋人が誰一人として入国できなかったわけではない。歴史家のトーマス・ホルディック卿が言うように、「チベット探険の記録は仏教徒の聖地であるラサの神秘のベールを剝ごうとする空しい試みに満ちている」のである。ごく少数のヨーロッパの探険家、伝道師、インド政府のスパイなどがこの禁断のベールを破ろうと試み、恐るべき苦痛を味わったあげく、二度と帰ってこない者もいた。だがイザベラは「死を賭してもラサに行きたい」というような情熱には捕われなかったようである。彼女は賢明であったと言えよう。というのは、ホルディック卿によれば一九〇四年にヤングハズバンド遠征隊によって「神秘のベールが剝がされた」ラサは、単なる「薄汚くてだらしのない町にすぎなく、規律は乱れ、いかがわしい行為が蔓延し、野犬と汚らしい豚がうろうろし、夜になると浮浪者たちが徘徊《はいかい》しているようなところだった」のである。

それはともかく、イザベラがラサに着いたときにはまだ神秘のベールは剝がされておらず、ラダックとバルティスタンはインド政府の「保護下」にあって、ヒマラヤの国境を守るために中国がチベットに侵攻するのを妨げていた時期であった。しかしラダックの人々はこうした強国のせめぎ合いに無関心だった。彼らは中国とロシアと大々的に取り引きし、インドとも少額ながら交易していた。この地方は地理的にも気候的にもチベットに属しており、文化、道徳、宗教などの面においてラサのダライ・ラマに大きく依存していたという点からしても、イザベラの探険範囲がラダックとその周辺に限られていたにせよ、彼女が自分の著書に『チベット人とともに』という題名をつけたことは正当であった。

彼女が初めてチベット人に会ったのは、カシミール国境にほど近いシェルゴルという村であり、ここで再び「旅先で出会った人間への関心」が彼女の心によみがえった。カシミール人はハンサムで卑屈でむっつりした者が多かったが、このチベット人は違っていた。「醜くて背が低く、ずんぐりした体型で黄色い肌をし、平べったい鼻とぼんやりした目付き」をしたこのシェルゴルの村人を彼女は一目で気に入った。村長がうやうやしく彼女を迎え入れ、村の名所へ連れて行ってくれたが、そこはどうやら寺院のようであった。「ゴンポというのは寺院らしく、岩の内部に建てられています。正面が派手な色彩で彩られ、コルテンと呼ばれる遺品を入れる容器が三個置いてありました。それらは青、赤、黄色で着色され、粗末なアラベスク模様がほどこされ、いくつかの仏像が安置してありました。そのうちの一体はグラッドストン氏に驚くほど似ていました」とイザベラは記している。名所といえば寺院しかなく、チベットはどこもかしこも寺院だらけだった。

イザベラが招かれて行った家の中は一様に薄暗くて嫌な臭いがし、木製の仏壇にはコルテンと仏像が安置され、経文円筒があった。これは経文が記された巻紙の入った木製の回転する円筒のことである。こうした経文円筒は村人の手で回されるのだが、その際彼らは何処でも同じように聞こえる「オム・マニ・パメ・フム」（蓮の中の至宝のものよ）という祈りの言葉（マントラ）を呟く。この奇妙に訴えるような神秘的な言葉は、彼らの伝説、讃歌、祝詞、標語、呪文であって、これを絶え間なく繰り返すことが功徳になるのである。この文言はそれこそありとあらゆるところ、例えば市場の木綿の旗、崖の縁、個人の印章、着色したバターの大きな厚切り、寺院の鐘、橋、石の上などに書いてあった。村によっては百以上もの円筒が一列に並んでおり、「オム・マニ」という文言の飾り文字が次から次へと湧き出してくるように見え、大きな円筒はそれを回転するために水力によっているところもあった。そこに長く住んでいたイギリスの伝道師が、「明日にでもチベットにエンジンが普及すれば、真っ先に利用されるのはこの円筒の回転であろう」と言ったのもむべなるかなである。

この寂しい土地を震動させながら唱えられる勤行《ごんぎょう》は、寺院の内部に不快な音調を響かせている宗教音楽の聖譚曲なのである。寺院にはざっと三百人ほどのチベット僧が住んでいたが、イザベラが数えたところ、チベット僧はラダックだけでも少なくとも一万一千人はくだらないと思われた。彼らは至るところにいた。その中には一人だけで放浪している僧もおり、ある歴史家の指摘するところによれば、「僧は終着点を決めずに放浪しているので、辿り着いたところが目的地なのである」とのことである。他に寺院に住み込んでいる僧で、仲間と楽しそうに遍歴している者もいる。チベット探険家で有名なウィリアム・ケアリーは、こんな風に書いている。

「崖の表面や焼けるような砂礫で乾き切った台地を越えて行くと、……赤色や黄色の衣をつけた僧に出会って嬉しくなることがある。……僧は皆経文円筒をぐるぐると回しながら歩いているが、その中には長老やスクショクと呼ばれている僧（彼らは仏陀の化身と信じられている）が大勢の供にかしずかれ、陽気な学僧と声を合わせて単調で耳障りな念仏『オム・マニ・パメ・フム』を唱えていた」

ケアリーに言わせると、「チベット僧は自分の掌に人々の心をしっかりとつかみこみ、多くの力が風格のある魔力を秘めた掌に集中している」という。その集中力は仏教、ヒンズー教、悪魔崇拝とを問わず備わっており、並のチベット僧の心中は神、悪魔、妖怪、聖者などが悪夢のような混乱をもたらしているらしい。彼らは薄汚れた赤か黄色のペティコートのような長衣（宗派によって異なっている）を身にまとい、垂れ下った耳覆いと色鮮やかな羽のついたとがった帽子をかぶって、革袋に入れた聖水、筆、財布などを持ち、ドルジェ（雷電をかたどった亜鈴のような記章）をつけている。彼らはときには無知で怠け者であり、かつ破廉恥でもあったが、その国の知識、文化、富を象徴しているのは確かであった。

チベット僧だけが見事な羊皮紙に書かれた国家の神聖な文字を解読することができたのだが、イザベラによれば「絹と金襴《きんらん》の表装を取り去ってしまうと、道徳性が疑われる程度の他愛のない童話のようなもの」ということだった。音楽については、チベット僧がその国の大部分の音楽に関与し、彼女が言うところの「野蛮な不協和音」の生みの親であり、銀の角笛による震えるような音色、ヤクの革太鼓による雷鳴のような音、巻貝の笛の音、金の銅鑼《どら》を打つジャラジャラという音の組合せからなっている。チベット僧は焼いた羊の肩甲骨に入ったひび割れを判読して未来を予測することができると信じられていた。というわけで、彼らはあらゆる事柄に不可欠な存在になっているのである。例えば中国の紅茶とカシミールの絹の交易、大麦の種蒔き、子供の誕生祝い、結婚式、葬式など、彼らがいなかったならば何事も進行しなかったに違いない。ケアリーはチベット僧の不気味な様相についてこう記している。

「チベット以外のところであれば、チベット僧は薄汚い反感をもたらすだけの偽善者にすぎないだろう。だが人間の脛《すね》の骨を加工した笛を口に当て、手に頭蓋骨を持って荒野の劇場をもったいぶって歩いているのを見ると、彼は山に憑かれ、不毛な荒野を覆い、人間を愚弄する霊媒になりきっているようである。彼の持っている畏怖と神秘は、心を恐怖で一杯にし血も凍らせるものである。そしてこれこそが人々を魅了するチベットの不思議なのである」

この断固とした宗教基盤を持った土地へキリスト教の伝道師が入っていくのは困難を極めるだろうとイザベラは予想していたが、彼女がやっとのことでレーに到着すると、それほどでもないことに気がついた。首都に向かう途中、一行は乾き切った尾根を横切ったが、もっとも低い谷間でも標高は一万一千フィート（約三千三百五十メートル）もあった。日中になると太陽は稀薄な大気を通じて容赦なく岩の上に照りつけ、温度は華氏百二十度から百三十度（摂氏約四十九度から五十四度）にまで達し、夜になると零度（摂氏約マイナス十八度）以下にまで下がった。この急激な気温の変化は人体に次のような影響を及ぼした。

「ほとんどのヨーロッパ人の場合、まずやられるのは気管で次に皮膚にひび割れが生じ、さらにしばらく経つと心臓に異変が出てきます。解いた髪は逆立ち、革製品は縮んで裂けてしまい、角製の櫛《くし》も粉々になってしまいました。食料は干涸《ひから》び、すべての水分が蒸発してしまうので水彩のスケッチをすることはできません。沸点より十五―二十度以下で沸騰した湯で入れた紅茶は味も香りもありません」

こんな状況の中を百六十マイル（約二百五十キロメートル）も「楽しい旅」を続けた後、イザベラははるか遠方にレーを望見することができた。その町は平べったい感じのする朱と茶色に塗られた屋根を持った家が立ち並んだ町で、一万八千フィート（約五千四百九十メートル）の山々の麓に広がり、周囲は灼熱の平原に取り巻かれていた。近づいてみると、町の人々が総出で彼女を待ち構えていた。というのは、彼らはチベット特有の通信手段で女性の外国人という稀少価値のある鳥のような物珍しいものが来るのを知っていたのである。町の入口に行ってみると、こんな状況になっていた。

「ワジリスタンのジャマダール、つまり警察署長が趣きのある衣裳をまとい、その部下はあんず色のターバンを頭に巻き、紫色のチョッキに緑のすね当てというでたちで、槍を手に持って私たちの露払いをしています。一番喜んだのはギャルポでいまにも噛み付きそうなほど興奮し、アフガン人のウスマン・シャーはヒマラヤの険しい道程を二十五日間も歩いてきたような素振りは全く見せずにしっかりした足取りで歩いて行きました」

一方、イザベラのほこりまみれのツイードの服装は護衛兵のまだら色のけばけばしさには及びもつかなかったが、ウスマン・シャーが彼女に取って代って派手な衣裳で対抗した。前にも触れたが、彼は小柄の向こう見ずな男で、旅が進むにつれて次々と衣裳を変え、まるで虹のような色彩の衣服を身につけていった。最初はこんな服装であった。

「黒と白のすね当ての上にくるぶしから膝までをだいだい色と緋色の幅広いセルを巻き付け、白いキャンブリック（訳注　亜麻布あるいは綿布）のニッカーボッカーをはき、同じく白いキャンブリックのシャツを着ています。このシャツはゆったりした袖に短い白いモスリンのフロックがついているもので、その上から革の腰帯をしめています。赤く先の尖《とが》った帽子を被っているのですが、それには濃紺の軽いスカーフが巻かれその端が背中から垂れ下っていました。その他にイアリング、ネックレス、腕輪、さらに夥しい数のリングを身につけています」。これが後になると「彼のいでたちは一層派手になり、青と白のモスリンの飾り帯に金色の刺繍のしてある大きな白地のモスリンのターバンを巻き、装飾品は多種多様になり、しばしばケシや深紅のバラの房で飾り立てていました」という具合であった。

こうした華やかな先導者に従ってイザベラはレーのイギリス地方監督庁に出向いて行った。長官はたまたま留守にしていたが、この町では極めて珍しい白人の永年居住者、モラヴィア伝道教会のレッドスロブ氏の訪問を受けた。彼は大柄で陽気なドイツ人で、言語学者、芸術家、植物学者でチベットのことなら何でも研究しており、二十五年間もチベットに住んでいたが、彼と伝道教会の仲間はチベット教のかたくなな壁にさえぎられてなすところなく空しい時を過ごしていた。それでもレーでの彼の実績の中には学校や病院、聖書のチベット語訳の印刷機などがある。これらのことをイザベラに話しながら、上機嫌な彼は北方のヌブラ地方への探険に出掛けるのだが一緒に行かないかと彼女を誘った。受け入れれば、たった今到着したばかりのレーから立ち去ることを意味したが、イザベラはためらうことなく同意した。というのは、彼女は「文明化された」所からできる限り離れたかったからである。思えば十年前シンガポールからマレー半島へ旅したときにも瞬時の迷いもなかった。それはともかく、イザベラは準備もせずにその場しのぎの旅に出るのが性格に合っており、おのずから結果も最良になるのであった。

II

イザベラはこの新たな探険にウスマン・シャーを連れていくつもりだったのだが、この派手な海賊めいた男にとっては不運にもレーが共に旅する最終地点になってしまった。というのは、彼女がその日の午後、類い稀な彼の衣裳をスケッチしている間に警察署長によって拘引されてしまったからである。容疑は二、三ヵ月前に町を掠奪し役人を刺し殺したギャングの一味だったのではないかというものだった。小柄なウスマンは一向に悪びれることもなく、連行されて町から連れ出されたが、イザベラにとってはいささか残念でもあった。彼はそれなりにイザベラに忠実に尽くし、見ているだけでも楽しかった。そう思っても、彼が肩から吊していた宝石で飾られた三日月刀がいつなんどき彼女を襲ったかもしれないと考えると、思わず身震いせざるをえなかった。

翌日、レッドスロブ氏、ジャーガンという名の学僧、それにイザベラの一行はレーとヌブラの間にあるカイラス山への登攀《とうはん》に向かって出発した。夜になる前に彼らは高度一万八千フィートまでほうほうの体で到達したが、彼女を除いて男たちも獣も高山病にかかってしまった。とりわけ気性の激しいギャルポの様子は痛々しい限りだった。「数ヤード歩く度ごとに立ち止まり、鼻から出血した頭を私の方へ振り向けて『どうしてこんなことをしなければならないのか』と眼で訴えてくるのです」と彼女は書いている。

翌朝、テントの外から「低いうなり声が不満たらたらという感じで」聞こえてきたので驚いて眼を覚ますと、これがその後のイザベラと旅を共にすることになるヤクという動物の鳴き声だった。ヤクは気性の荒い動物で、頑丈で毛深く、黒い巻き毛の下から兇暴な眼を覗かせ、乗り手に向かって曲がった角でやたらに突きかかってくるという厄介な性格をしている。とくに背中に乗られると、「崖の岩棚の上で振り落とそうとする」という癖があるという。ヤクは農耕には合わないが、鼻からロープを通されると嫌々ながら荷物を運び、しかも一万一千フィートの高度でも生育することが可能であった。ヤクとチベット人との関係は、熊とアイヌ人、バッファローとアメリカ先住民との関係同様で、ヤクはあらゆる面で役に立つのである。たとえばヤクの脂肪は菓子に入れ、肉はシチューに、バターは紅茶に、糞は燃料にという具合に全く無駄なく利用する。さらに皮はカーペットやテントに、長い毛は赤く染められて中国に輸出されて高官の帽子の飾りに、尻尾は銀の先端をつけてレイヨウの角に取り付けられてインドに輸出され、乗り物に乗った王子が蠅を追い払うのに使用された。

イザベラが最初に乗ったヤクは意外なことに大人しく、使い古したメキシコ製の鞍と縞模様の毛布を毛むくじゃらの背中に乗せると、ほとんど優雅に見えるほどだった。「ヤクの背中はまるで象のように広く、ゆったりとした足取りでしっかりと歩く背中に乗っていると、動く山という感じです」。こんな感じのヤクの背中に乗って、彼女は吹雪の中を険しく切り立ったディガール峠を越えて麓の谷間に下りて行くと、不思議な場所に出た。狼がタマリスクの茂みに隠れ住み、黄色い峡谷が岩石の砂礫を深くえぐり、小さな村の周囲には粗く耕された狭い耕地に大麦とアルファルファが芽を出していた。ヤルカンドへの道を急ぐ隊商が夏季の豪雨で轟々と流れているシオック川を渡るために氷河を滑り下りて行くのが見えた。行くときにはイザベラの一行はシオック川を底漏れのする平底舟で渡河したのだが、一週間ほど付近の村を巡り歩いた後いざ帰ろうと思って舟を見てみると、二日前に急流で破損してしまったことに気がついた。ということは、歩いて川を渡らなければならないということである。その夜、キャンプで焚火をしていると、がやがや騒いでいた「水先案内人」や頭目が言うには、氷河の水が溶け出したので水嵩が刻々と上がり、「蜘蛛《くも》の足のように細い」脚の馬に乗った弱々しい外国の小さな女性が生きて向こう岸に着くことはありえないとのことであった。

しかし、イザベラがその谷間の村にさらに二、三ヵ月滞在することを覚悟しない限り、選択の余地はなかった。翌朝、容赦なく雪原を溶かしているマグネシウムのように白い光を発して輝く太陽の下、一行は渡河する用意をした。親切な頭目が彼女に馬体の大きなヤルカンド馬を半ば強引に貸してくれたが、「そのために危うく命を落とすところだった」。チベット人の召使いが岸辺にひざまずいて安全を祈り、恐怖で唇が青ざめたマンドーと通訳が泡立つ波から眼を守るために黒い保護眼鏡をかけ、「めまいを防ぐために」誰もが氷のように冷たい水を大量に顔に吹きかけた。馬の腹帯が強く締められ荷物が高く積み上げられると、一斉に掛け声をかけて水中に突っ込んだ。イザベラの馬は「水先案内人」によって引かれていたが、その有様は以下のようである。

「彼らはほとんど丸裸に近く、妖怪を思わせる巻き毛と弁髪が頭から背中になびいているようです。彼らの粗野な叫び声や野蛮な身振りは、本物の河童《かっぱ》と間違えてしまいそうです。激流が渦巻き、轟音が耳をつんざくにつれて、彼らの叫び声はさらに大きく狂気じみてきました。水嵩は彼らの脇の下にまで達し、とうとう私の鞍にまで迫ってきたので、馬が脚を取られて何度もよろけました。岸辺に近付こうとしてもがいていると、流れにえぐり取られていない岸が眼の前に現れました。だがそこへ行くまでに深みにはまったり、頑張れという声が響いたりしているうちに、ついにレッドスロブ氏の頑丈な馬が土手に跳ね上がり、それっとばかりに私の馬も引っ張り上げようとしたのですが、もう少しのところで後ろざまに転倒し、私は馬の下敷きになってシオック川に投げ出されました。息ができなくなり水中でもがいていると、不意に力強い手で水面に引き上げられ悪戦苦闘していると、今度は崩れかけた岸辺に放り上げられました。私は肋骨を折り、打撲傷を受けながらなんとか九死に一生を得たのですが、私の乗った馬は溺れ死んでしまいました」

レッドスロブ氏や水先案内人はひどく動揺していたが、イザベラはこんなことで深刻になってしまうと旅に影響すると考え、こうしたことは中央アジアの旅にはつきものだと言って、動揺を静めた。確かにチベットの河川を渡河することは危険この上もないことで、これに関して恐ろしい話がヨーロッパの探険隊によって報告されている。その中でもとびきりな話は一八四〇年代にイエズス会宣教師のハック師によって語られたものである。彼は一人の従者を連れてモンゴルと東部チベットを横断してラサに向かっていた。途中、彼らは夜間に半ば凍てついた川を渡河しなければならない箇所に差しかかった。凍った河川は十二もの支流があり、全部渡河しなければならない。その渡河についてハック師はこう記録している。

「水面には縦横に亀裂が走り、その中を動物がよろよろしながら水を跳ね上げて進んでいった。人間は声を限りに動物を叱咤《しった》しながら後をついていった。……夜が明けてもまだ彼らは川から抜け出せなかった。向こう岸に着いたときの有様は無残で滑稽なものだった。動物も人間もともに氷柱《つらら》ですっかり覆われていたのである。馬は不恰好な歩きかたでよたよたしていたが、それというのも尻尾が凍りついてしまって氷塊のようになって股の間にぶら下っていたからである。尻尾の毛はことごとく凍って鉛のようであった。ラクダもひどいことになっていた。脚の長い毛が見事な氷柱になり、歩く度ごとに他の脚にぶつかるので、ぶつかる音ががちゃがちゃと耳にうるさかった。……さらに毛の長いヤクは奇妙な格好になっていた。腹部から地面に垂れ下った氷塊が歩くときに邪魔になるので、ヤクはできるだけ大きく脚を広げて歩かねばならず、その様子の馬鹿馬鹿しさは筆舌に尽くしがたい。哀れな動物は

た」全身を氷塊に覆われてほとんど原形をとどめず、まるで砂糖菓子にでもなったように見え

これに比べればイザベラの渡河は大変だったとはいえ楽なものだった。彼女ら一行は杏の果樹園にテントを張り英気を養った。イザベラがマレーに言ったことを信じれば、「聖母マリア病院で学んだことが折れた肋骨を治療するのに役に立った」ということである。その後怪我について何も言っていないところをみると、どうやらそれは本当だったらしい。果樹園では黄金のような杏の実が頭上にたわわに実っていた。ここでは種子さえ戻せば食べ放題であった。チベットの女たちはこの杏の種子の仁から香りの良い貴重な油を搾り取り、それをくすんだ金メッキをほどこした仏像の前の祭壇の灯明に使用するのである。

油の使用法は他にもある。赤ん坊は杏油を大麦に混ぜて練ったものを啜り、母親は赤ん坊を洗う代わりに小さな体一面にこの油を塗りこめる。チベット人の汚さといえば、渡河の危険さと同じくらい伝説化されているが、その汚れは熱帯特有の乾燥してすぐにはがれる泥による汚れと異なり、固くこびりついてしまう生涯取り除くことのできない汚れで、どんな杏油でも落ちないのである。十八世紀のイギリスの旅行家であるジョージ・ボーグルは、チベットの母親にその赤ん坊の本当の素肌の色を見たいからと言って顔を洗わせたところ、赤ん坊が痙攣《けいれん》を起こして危うく死にかけたという話を披露している。ウィリアム・ケアリーも「チベット人が油を塗って肌を守るのは、動物学上の保護として役に立っている」と言っている。だがこのことは、しらみと富はつきもので、どちらか一方がなくなればもう片方もな

くなるというチベットの古い格言を思い出させる挿話ではないだろうか？

　こうした状況にあって、そのことを心得ていたイザベラは修道僧ジャーガンの故郷であるハンダール村に泊まるとき以外は自分のテントを利用していた。翌日一行はこの村に着いたが、以前にレッドスロブ氏が来たことがあるらしく、村人が総出で歓迎してくれた。「ジャーガンの家は私たちを受け入れるのに用意万端怠りありませんでした。泥の床はきれいに掃除され、綿のキルトがバルコニーに敷かれ、部屋は青いヤグルマソウとマリゴールドの花で飾られ、女たちは粗末な宝石類を身につけていました」とイザベラは書いている。その宝石類はトルコ石の飾りのついた首にかける魔除けと銀や真鍮の腕輪などである。彼女が招かれた家は典型的な地主の造りであり、石と天日干しのレンガで造られ、天井は皮をはがれたポプラの木、居間の床は白い小石を敷き詰めて粘土で固めてあり、部屋の中央には粘土製の暖炉があり、その上に真鍮の調理用鍋と大麦料理に使用する金属の棒と木製の大きな攪拌器《かくはん》があった。この攪拌器は外国人にきわめて評判の悪いチベット茶を作るために使われるものである。イザベラはその調理法についてこう述べている。

「たとえば六人分の茶の作り方はこのようなものです。茶匙一杯の茶を三パイント（約一・七リットル）の水に入れ、それにスプーン山盛りのソーダを加えて十分間沸かします。それと一ポンド（約四百五十グラム）のバターとテーブルスプーン一杯の塩を攪拌器に入れ、クリームと同じくらい濃くなるまで攪拌して出来上がりです」

　出来上がった茶は各々椀に注いで、音をたてて飲むのが礼儀である。この茶に大麦の粥を加えると、生焼けの茶色の茶こし器のようなものができるが、これは飲むというより器ごと食べられる食物になる。ヨーロッパ人の好みからすれば、皮袋の中にあまりに長く保存されたバターは、容器のヤギ皮の臭いが鼻についてあまり食欲をそそるものではない。皮袋やその他の容器は暗い小さな部屋の中に入れられており、各部屋は母屋の居間に通じている。部屋の構造についてイザベラはかなり詳しく以下のように記述している。

「部屋の上にバルコニーと客間があります。木の柱が屋根を支えているのですが、この柱の周りにはアルファルファや畑からとれた果実が添えられてあります。この家の狭い階段は全て家族の部屋に通じており、冬になると家族は下に降りて家畜や飼料の傍らに寝るようです。夏になると、屋根の上にポプラの木で簡単に作られた部屋で眠るのです。この家の屋根も他の家と同様に、草やアルファルファを乾燥させたものが約二フィート（約六十一センチメートル）の厚さで覆われ、それが長いロープ状に巻かれてありました。チベットの人々は長い経験からこのようにして保存するのが乏しい飼料を有効に使用するもっとも良い方法だということをわきまえているのです。私はギャルポのために、ヤードいくらでこの乾草《ほしくさ》を買いました」

イザベラに出された食事はこんなものだった。「歓待してくれたのですが、食事は簡素なものでした。生か干した杏、蜂蜜で味づけしたシチュー、ゾー（訳注　ヤクと牛の雑種）の乳、凝乳とチーズ、サワークリーム、エンドウ豆とさや豆、大麦の粉で作った団子、粥、それに『評判の悪い』だし汁で作った薄いスープです」。彼らがイザベラにこのスープをしきりに勧めるのには閉口したが、彼らに邪気はなくただ喜んでもらいたいと思っている気のいい人々だった。彼女は、平べったい顔をし穏やかな表情をしたこの人たちが気に入ったが、この地で行なわれている一妻多夫制については遺憾に思わざるをえなかった（ある権威筋によると、チベットの他の地方では一夫多妻制が守られており、いずれにしても「一過性の結婚」という側面は免れがたい）。この状態についてあるアメリカ人の旅行家に言わせると、乱交とほとんど変わりはなく、とても認めることは不可能な制度であり、一夫多妻制と一妻多夫制の混じり合った不明瞭な制度なのだという。それはともかく、ハンダール村についてレッドスロブ氏とともに事実関係を調査したイザベラによれば、結婚できるのは長男だけであり、その妻の立場は微妙なようである。

「夫の弟たちは皆長男に比べて一段と低い立場にあり、長男を立てることになっているので、仮に弟の子が産まれてもその子供は皆法的には長男の子ということになるのです。そこで長男は子供たちから『大きいお父さん』と呼ばれ、弟は『小さいお父さん』と呼ばれています」

この制度によれば必然的に女性が余ってしまうことになるが、それについてはイザベラは何も触れていない。思うに、チベットの未婚女性は一夫多妻制の地区へ移住するか、イスラム教徒の商人が多数住んでいるレーで何らかの楽しみを見出しているのだろう。いずれにしても既婚の女性はこの制度に安んじているのは確かであり、夫のいないイザベラに対して大いに同情してくれた。彼女らから見れば、一夫一婦制というものがそもそもいかがわしいのであって、退屈なばかりでなく、結果として「未亡人」を生み出す制度なのである。非難され、罵られる「未亡人」なる言葉は、男か獣に対してこそ用いるべきだという。

恐らく、多くの兄弟がいた場合に家庭内でライバル関係になることこのような制度の下では、夫は弟らと共有することになる妻を絶えず口説かなければならず、チベット特有の恋歌の魅力はこのような背景の下で生まれたのであろう。次に引用する恋歌はレッドスロブ氏の友人が翻訳したものでよく歌われているものだが、永遠の愛と献身を捧げるという内容はミュージカルで歌われる叙情歌と不思議なほど似通っている。

もしあのひとが青緑色の鳩になって
大空高く舞い上がっていってしまうなら
わたしは白い隼になって
あのひとを家に連れ戻しにいくだろう
もしあのひとが金の眼をした魚になって
大海深く泳ぎ去っていってしまうなら
わたしは白い胸をしたカワウソになって
あのひとを家に連れ戻しにいくだろう

一妻多夫制は男女間の労働の分業化をもたらした。男の仕事は羊や山羊、あるいはヤクの毛から家族が着る衣服を織り、畑を耕すことだった。一方、女のするべきことは土塊を砕き、乾燥した杏を用いて「冷たいスープ」を毎日作ることと、屋根の上に動物の糞を広げて燃料にするために乾かすことである。夫の弟たちの仕事はヤクを御し、山羊を飼育し、攪拌器を回して例の評判の悪いバターを作ることだった。仕事上での対立があると、男と女は遠慮なしに相手を叩いた。

ここの生活はひどく粗野なものだったが、イザベラから見ると、とりわけ悲惨な貧しさという印象は受けなかった。村人は彼女がレッドスロブ氏の友人だという理由で、彼女に贈り物をくれた。彼女はこの村についてこう評している。「レッドスロブ氏はこの村人から最良のものを引き出したと思います。彼らの迷信や信仰は、彼にとって『たわごと』ではなく、綿密な調査や研究のテーマだったのです」。その結果、改宗した者はほとんどいなかったが、彼には友人が沢山でき、デスキッド寺院の入場資格を持つに至り、イザベラを連れて寺院に入ったが、これは外国人女性にとってはきわめて稀なことなのである。

デスキッド寺院は高度一万一千フィート（約三千三百五十メートル）に位置しており、垂直に聳え立った山頂付近に寄せ集まって建築されていた。その様子についてイザベラはこう描写している。「赤や白、あるいは黄色に着色された寺塔、倉庫、回廊、柱廊、露台などが三百フィート（約九十メートル）にもわたって次々と重なり合うように建てられています。それらは谷間の上に張り出した木材の支えと壁の上に建っており、旗と三叉の矛、ヤクの尻尾で飾られています」。本堂は「怒りと正義」を象徴する像が祀られており、彼女の見解によれば地獄を暗示しているのではないかという。

「古代の漆塗りの鬼面が柱に掛けられており、手に握られた抜き身の剣が鈍く光っていました。たった一本の灯りでぼんやりと照らされた奥の間には、言い表わすことができないほど恐ろしい閻魔《えんま》大王の像が安置され、多数の腕に拷問の道具を握りしめています。その像の前には鐘、雷電、笏《しゃく》、聖水、洗礼用の細口壜が置いてあります。線香の煙が静かな大気の中をゆらめいて流れ、チベット僧が吊り香炉を揺すると、耳障りな音楽が半地下の部屋から反響して聞こえてきました」

線香の煙が立ち籠めた冥想室の中でチベット僧が唱える経文は、数珠を繰る音とあいまって年老いた猫がのどを鳴らす音に似ていた。彼らが手にしている数珠には異国の影響を受けたものがあり、たとえば中国の珍しい木の実で作った黄色い数珠、蛇の背骨を原料にしたもの、人間の頭蓋骨を刻んだ半円形のもの、赤い紫檀のもの、さらに象の脳から作り出したものもあり、これは特別に効験あるものとされていた。チベット僧が長々と経文を唱えるのは、信者を陶酔状態に引き入れるためであり、真心から信心している者もごく少数はいるだろうが、イザベラの推測では大多数はそれほどでもなく、「怠け者で不信心」なのではないかと訝っている。

信仰心が篤くないチベット僧が普通やることは、ふんだくりに近いことであり、彼らにその機会は無数にあった。たとえば葬儀に出席したチベット僧のやることは葬儀の間に経文を誦《じゅ》すことだが、経文一頁あたりいくらで支払われるので、できるだけ早口に読むのである。

また病人に取りついた悪霊を追い払うことも彼らの仕事なのだが、結果ではなくどれだけ努力を傾注したかによって評価される。そのために貧しい人の家にはすぐに退散するような悪霊がひとついるだけであり、金持ちの家にはすぐには退散しない悪霊がいくつかあって、それらは大勢の小悪鬼を引き連れているので追い払うのにひどく時間がかかるということになっていた。

寺院を見て回った後、レッドスロプ氏は寺院の長と穏やかな宗教論議を交わしたが、供の僧は外国人の努力に冷笑を浴びせかけ、どうやら外国人の鈍感さを笑ったものらしい。だがレッドスロプ氏はいつものように辛抱してヨハネ伝を差し出したが、この前に来たときに置いていったマタイ伝同様に、「笑止千万な物語」だと思ったに違いない。寺院の長から見れば、福音書に良いところがひとつだけあるとすれば、それは単に短い物語だということだけであった。それに比べれば、チベットの聖典の長さは膨大で全百八巻に及び、それぞれの頁数は千八十三頁あってそれを運ぶのに十二頭のヤクが必要だったのである。

Ⅲ

デスキッド寺院の調査から二、三日後、レッドスロプ氏とイザベラはレーに戻ったが、その間の行程が凄まじかった。雪嵐のために山がちぎれ飛ばされるのではないかと思うほどで、あまりの寒さで指が金属に触れるとくっついてしまって離れず、無理に引きはがすと皮膚がむけてしまうほどだった。しかし景観は絶景で神々しいほどだった。輝く山頂、色とりどりに反射する雪原、ばら色のサクラソウが所々に咲き、エーデルワイスが一面を覆っている。凍った氷が緑色に見える深い亀裂、黒い馬の死骸をついばむイヌワシが見える。彼らは高度一万七千五百フィートにある氷河をガイドが氷につけた刻みを踏みしめながら狭くて滑りやすい岩棚を登っていった。そこはギャルポの鋼のような脚でも歯が立たなかったので、イザベラはヤクの背に乗って登攀した。

下山はさらに険しい苦難の連続だった。ジグザグの道を数マイルもつまずきながら下っていったのだが、ハック師が初めて試みたという「制動滑降」を応用しなかったので、さぞ辛かったろうと思われる。彼が試みた方法とは次のようなものである。

「氷河の縁まで進んだヤクはそこでひと呼吸おいて鼻から大きく息を吐き出すと前脚を揃えて氷河の上にふんばり、大砲から発射された弾丸のように一気呵成に滑り降りていくのです。滑り降りる間、ヤクは体を硬直させ、大理石で作られた像のように脚をしっかりと固めたまま滑ります。底に辿り着くと横転したが、すぐ立ち上がり雪の上を大声で鳴きながら走り去って行ったということです」

ヤクの次は人間の番である。ハック師はこう書いている。

「私たちは氷河の縁に注意深く腰を下ろし、踵をしっかりと合わせて動かないようにし、鞭を舵のように使って氷の上を機関車のような速度で滑り降りた。船乗りだったら、この速度は遅くとも十二ノット以上だったと断言することだろう。私たちは多くの探険旅行をしたが、このときほど便利で迅速で爽快だった乗り物はない」

そうは言っても、これは例によって旅行者のほら話に聞こえないこともない。だがそれにしても面白かったろうとは思う。もしイザベラがこの方法を用いていたらどんなに楽しんだことだろう。

だが彼女はいつものようにギャルポに乗ってレーに戻り、イギリス郵便局の近くにキャンプを張って二週間ほど過ごした。彼女がいなかった間に遠く離れた地方からいろんな部族の商人がやって来て、「交易と娯楽の騒音が夜となく昼となく」絶えることがなかった。これはレーの大市できわめて盛大なものであった。

「ラバ、ロバ、馬、それにヤクが集まって、蹴り合い、大声で鳴いたりしています。売買の言葉が甲高く耳につく中を、物乞いの坊主、インドの托鉢《たくはつ》僧、イスラム教の修道僧、メッカ巡礼者、旅音楽師、仏教の民話の語り部などが右往左往していました。アルファルファを入れた籠を背負ったずうずうしい女たちや警察署長と配下の陽気な部下たちも人だかりの中を徘徊しています」

少しの間イザベラはこの地に逗留していたが、乾燥した飼料やラバの糞、かび臭いサフラン、酸っぱい凝乳などの臭いが入り混じって鼻についた。色彩は絢爛たるもので、あんず色や金メッキの真鍮、干したトウガラシの赤さび色、チベット僧の派手な衣裳、金襴の布地についたエメラルドなどが周囲を彩り、千人もの外国人が押し合いへし合いし、互いに相手をじろじろと見つめていた。裂けた日除けの下には神秘のベールの向こう側にあるラサから来た男が地面に座って線香と神聖な浮き彫りのある容器（中に聖者の遺骨を焼いた灰が入っていると称している）を持ち込み、カシミール産の絹、藍色染料、あるいは小麦などと交換していた。北ヤルカンドから来た商人は羊皮に詰め物をした袋を体の大きなトルキスタン馬に載せてやって来て、麻とホウ砂、トルコ石、麝香《じゃこう》との交易をしており、風雨にさらされて顔がしわだらけになったアフガニスタンの商人は何種類もの広幅織物や真鍮製品を地面に並べ、薄く輝くチベット金貨と交換していた。

金といえば、地理学者のホルディッチが言っているが、はるか昔のヘロドトスの時代からチベットと関係があるという。彼は有名な旅行家による巨大な黒蟻の話を驚きをこめて引用している。それによると、その蟻はインドの北西にいるもので、山から金粉をかき集めているということを聞いた商人が、脚の速いラクダに乗って蟻のいない間にその宝の山から金を奪おうとしたが、獰猛《どうもう》な動物によって追い払われたという話である。伝説は年代記編者によって脚色され、繰り返されて何世紀にもわたって語り継がれた。十九世紀の中頃、インドの測量調査団がチベット西部の金の埋蔵地点に到着したところ、風雨から身を守るために黒い布で全身を覆った鉱夫が地面に腹ばいになっているのを見た。彼らは二股の鹿の角で作ったきわめて原始的な道具を使って地面を掘っていたが、その角は触角のように見えたという。彼らのみすぼらしい小屋の周りはチベットの恐ろしいマスチフ犬によって絶えず見張られていた。この伝説はまんざら嘘ではなく、一粒の金と同じように一粒の真実はあったのである。

八月の下旬になると、商人たちは収支決算した後、再び荷物を縄で馬にくくりつけ馬の尻を叩いて糸をひくように一列になって砂漠や山脈を越えて地元へ向けて四方八方に立ち去っていった。イザベラはレーを立ち去り難かったのだが、「文明化」される前のこの町を一見したことで満足することにして一八八九年に彼女も立ち去った。やがてチベットや近隣諸国へのイギリスの関心が次第に高まってきたが、その理由はイザベラの耳にも届いたように、アジアにおけるロシアの拡大主義に対してイギリス外務省が警戒の念を抱き出したことである。一八九八年にカーゾン卿がインド総督に就任して以来、イギリスはラダックへの足場を堅固にしようとし、軍事用に使われる事態を想定して、カシミールからレーに至る道を舗装して馬車の通れる街道にしたが、この道はかつてイザベラが馬を御して通り抜けた道である。

イギリスの地方行政官は年間を通じて首都に常駐し、お茶会（バターの入っていない紅茶）やバドミントン競技が総督代理公邸で開かれた。行政官への訪問客の中には旅の伝道師、軍の測量技師、スリナガルから馬に横座りに乗ってやって来た婦人、インドの高地駐在地から休暇をとって狩猟に来ている騎兵隊員などがいた。イギリスの狩猟愛好家は鹿、レイヨウ、野生のロバ、見つけた時は逃げ足の速いアイベックスなどを狩ったが、その際必ずフォックステリアを連れていく。さらにこの犬が足を痛めたり高山病に罹ったりした場合に運ぶ籠を背負ったクーリーも連れていった。

イザベラはカシミールのピークシーズンから逃げ出したように、あまりにも雑多な言葉が取り交わされているこの町から逃げ出し、チベット内部へと避難しようとして行程を進め、彼女としては十分に内部にまで逃れたと思ったに違いない。気性の激しいギャルポにまたがってレーを出立したイザベラは、標高が高くて強風が吹き荒れた砂漠地帯の南東に位置するラプシュ地方へ迂回したが、そこには遊牧民のチャンパ、野生の馬や山羊、羊などが生息していた。そこを通り過ぎて稀薄な大気の中を三つの山を踏破してラホールに着いたが、ここはしばしば「イギリス領チベット」と呼ばれたところである。その地でイザベラはこんな経験をした。

「奇妙な服装をし、ヒンドゥスタン語を自在にあやつる男が私に面会にきました。彼の胸帯にはイギリスの王冠入りで『クルの地方長官チャプラシー（下級職員）』との縫い取りがあります。私はこんなにがっかりしたことはありません。自由は失われ、砂漠のロマンはどこかへ消え失せてしまったような気がしました」

彼女は不気味で残酷なチベットに別れを告げた。耳に残る物音は気味の悪い楽器の音、岩山に反響する修道僧が叩く太鼓の響き、野生のロバやヤクの鳴き声、骨のようにもろくて針金のように固い渓谷にわずかに残った草原を吹き渡る骨の髄まで凍りつくような風の音だった。またもっとも心に残る風景は、生焼けの団子を噛みながら薄暗く汚れた神棚の前で経文を唱えている体に油を塗った温和な農民、そして悪霊を追い払うために経文円筒を回しながら奇妙で熱狂的な仕草を繰り返すチベット僧の姿などである。ウィリアム・ケアリーはこう述べている。

「あらゆるものの上にぼんやりと現われてくるのは、こんな風景だった。言語を絶する荘厳な地平線を画する雪渓の上に幻惑されたような鷲が突如として現われて羽ばたき、一列に並んで黒い線のような隊商が凍った死体を捨てたまま進んでいくのが見える」

ケアリーの著書は、他のヨーロッパ人の旅行記と同様にチベットを認識しているのが分かる――それは霊的な魅力、残酷な鈍感さ、孤高の尊厳、活気がなく、霊に支配された地というものである。だがイザベラはチベットという国の性格を捉えるのに、何故か失敗したようである。彼女はチベットの人々の風習、数は少ないが熱心な伝道師の仕事、交易の活発さなどについて描写しているが、あまりにもぬるま湯につかったようで、きれいごとにすぎ、活気がない。思うに、まだ傷の癒えていないこの時点では旅に集中することができず、従って彼女にとって十分と思えるほど遠くまで旅をすることができなかったのであろう。この旅日記について、イザベラ自身が満足できなかったに違いない。というのは、マレーに予告していた『女性の西ヒマラヤ踏破記』という表題で刊行するつもりだったこの本は遂に書かれることがなかったからである。

一八九四年、信仰小冊子協会が『チベット人とともに』という本を出版したが、これは短い地図のない報告書のようなもので改訂された形跡はない。この本はイザベラの著書の中で唯一マレー社から刊行されなかったもので（一九〇〇年にカッセル社から出された『中国写真集』を除く）、評価が低く注目を受けることもなかった著書である。

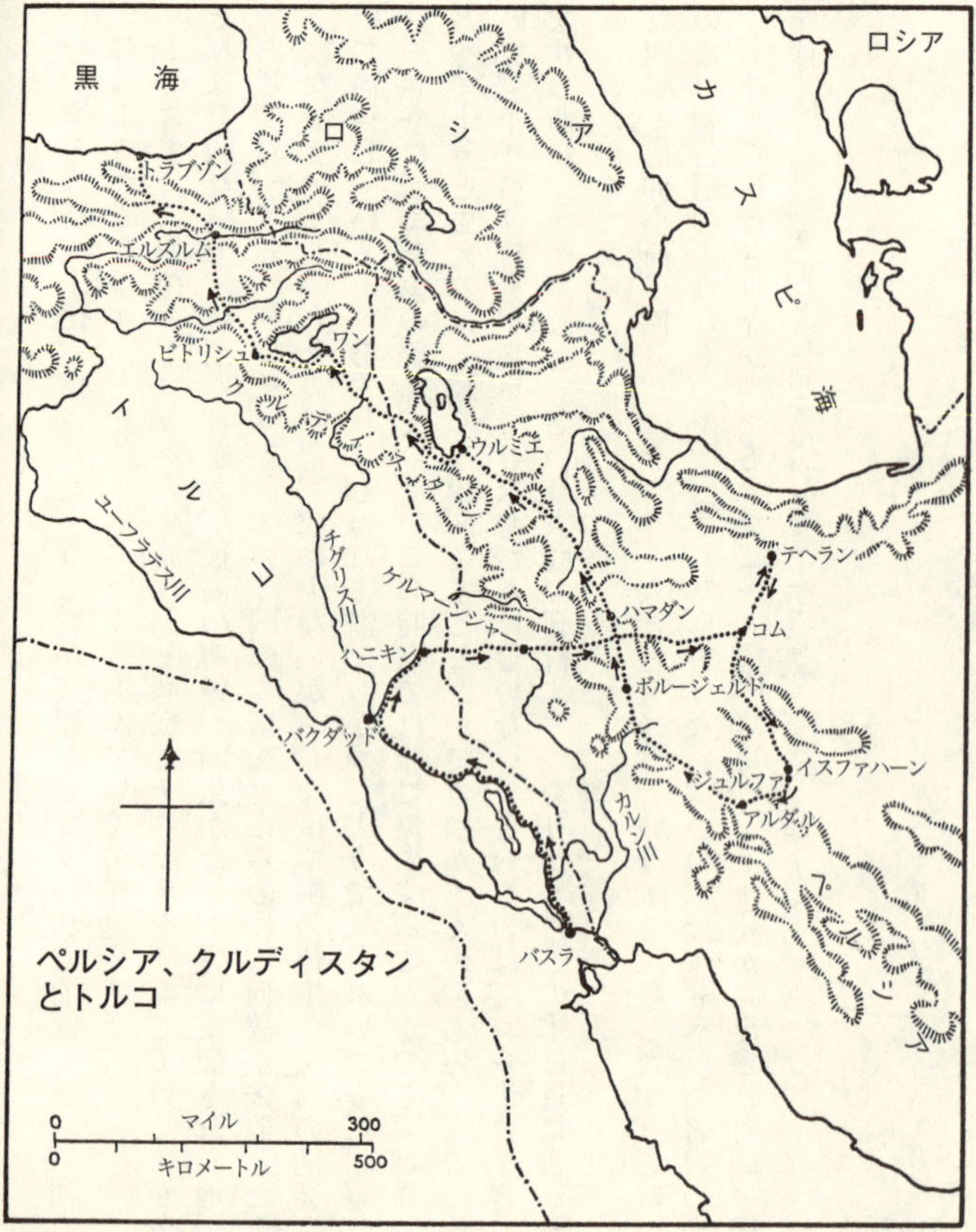

ペルシア、クルディスタンとトルコ

第八章　ペルシアとクルディスタン――英少佐の偵察活動に同行

I

イザベラはラホールからパンジャブを通ってシムラに到着したが、その身なりはかなりくつろいだものでまるで行楽にでも行くようであった。季節は十月半ばで夏の盛りは過ぎ、高原の街はチェルトナム（訳注　イギリスの保養地）のように冷風が吹きわたり穏やかであった。この行程はイザベラの予定にはなく、あまり気が進まなかったようで、彼女は心中ひそかにイギリスへ帰国しようと思っていた。だが、愛する人が誰もいなくなってしまった今では、故国はなんとなく虚《うつ》ろな感じがした。それがある人物に会うことによって、一気に予定変更になるのである。ある日、イザベラがイギリス総督代理公邸で昼食をとっていると、インド陸軍補給部隊に所属しているハーバート・ソーヤー少佐に出会った。この人物がイザベラの行動プランを全部ひっくりかえしてしまうことになる。

ソーヤー少佐については、イザベラはその後二、三ヵ月のうちにすっかり知り尽くすことになるが、年齢は三十八歳、短気な性格で精力的、かつ頑固で勇敢な人柄であった。背が高く軍服がよく似合う彼はハンサムな男で、「気品に溢れ人を引き付ける顔立ちをしているので、通り過ぎる人々があの人は誰？　と尋ねる」ような男性だったとイザベラは表現している。彼には冷淡なところがあり、他人がどう言おうと気にせずに快活だったが、一度怒りに捉えられると、物言いが辛辣になり容赦しないところがあった。イザベラから見ると、彼はかなり変わった人物のように見えたようである。「彼の考え方には突飛なところがあって、これには困惑しました。嫌味で落ち着きがなく、発作的に逆上するのです」。さらにこんな風に書いている。「彼は四月に奥さんを亡くしたせいで落ち込んでいるようなのですが、そうかと言って彼に同情することはできません。というのは、貞淑な女性と異なり、落ち込んでいる男性ほどたちまち再婚してしまうからです」。

ソーヤーは軍事目的でインドから西ペルシアの地形調査に行く計画を立てていたのだが、この西ペルシアこそイザベラが行きたいと思っていたところであった。だが余りにも危険で苛酷なので躊躇していたのである。彼女はソーヤーにせめてテヘランまででもいいから同行してもよいかと頼んだが、その理由は彼女が親切に行動して彼の短気な性格をなだめられれば、彼の落ち込んだ状態を軽くすることができると思ったからである。彼の方でも、非戦闘員であることが明らかな女性を連れていけば、彼の偵察活動にとって格好の目隠しになると思ったかもしれない。

　というわけで、理由が何であれソーヤーが承諾したのは「旅に行く者としては僥倖《ぎょうこう》であった」とイザベラは皮肉をこめて書いている。シムラには退屈を持て余した可愛い女性がいくらでもいて、ハンサムで職務に忠実なソーヤーと一緒なら荒涼とした砂漠をものともせずについていきそうであった。「ただ私は、これは自分の自由がかなり制約されることになるなと、強く感じています」とイザベラは指摘している。「本当は一人旅の方がはるかに良いのです」。イザベラはテヘランから先の「未踏の奥地」までソーヤーに同行するかどうかは、待っている苦難の状況と日数を勘案して決めるべきだと提案した。彼女は彼の娯楽センスや一本気な男らしさなど好ましく思うところもあったが、どうにも信用できかねる点もあることに気付いていた。彼は機会さえあれば誰のことでも責め苛むような気配があったのである。

イザベラは彼に自分の立場を説明した。「私は年齢からすれば資格はあると思うのですが、あまり自分の権利を主張しないようにするつもりです」。彼女は自分を弱い未亡人であるということにしておいたが、そう言っても彼女の友人は欺けなかっただろう。ソーヤーなら、あるいは初めのうちは騙せたかもしれないが、時間が経てばそうもいかなくなるだろう。

ソーヤーに課せられた使命は、当時のグレート・ゲーム（訳注　十九世紀にロシアと英国が中央アジアの支配権をめぐって行なった政治的駆け引き）の一環ではあるが、それ自体はそれほど重要ではなかった。このグレート・ゲームはその世紀の大半を覆い尽くしたものである。このゲームはイギリス帝国とロシア帝国間の争いで、目的は中央アジアにおける軍事・経済上の支配である。そのポイントを握っているのはインドであり、イギリスが防御しているところにロシアが侵略をほのめかして脅しをかけていた。ジョージ・ナサニエル・カーゾンによれば、「インドなしにはイギリス帝国の存立は成り立たず、インドを所有することこそが東半球における統治権を保証するものであり、絶対に譲り渡すことのできないものである」という。カーゾンの見解では、東半球全域は一種のチェス盤であり、攻めたり退却したりする緊迫したゲームのようなものだというのである。間違った戦略はイギリスを不利にし、正しい戦略はイギリスに力と繁栄をもたらす。カーゾンは一八八九年以後ロシアが採った政策は際限のない拡張作戦で、イギリスは自国の安全と優位を保つためにも、攻撃には攻撃をもって対抗すべきだと主張した。

当時、インド北西部の荒涼とした辺境を巡回している軍隊は、いきなり山のかなたから降って湧いたようなコサック兵の毛皮の帽子を見つけることがあったが、これは中央アジアを横切って侵入してきたロシアの先遣隊なのである。この想像こそが、カーゾンにとっての悪夢中の悪夢なのであった（彼の悪夢が政治的なものであることは間違いない）。一八八八年にこの地域を見回った彼は、中央アジアはロシアの「広大な武装キャンプ」の下にあると告発した。彼は堂々とした確信を持った口調で、外務省、インド省、さらに『タイムズ』紙の読者に向けて不吉な前兆についてくどくどと説いて倦むことを知らなかった。ロシアの鉄道はカスピ海まで達し、艦隊はその海域を支配していた。さらにロシアはトランスカスピア、ブハラ、サマルカンドを併合していた。そうした状況にあってもっとも警戒すべきなのは、ロシア皇帝の次なる目標がペルシアであったことである。ペルシアの北方はすでにロシアの軍隊によって支配されていた。カーゾンは自著『ペルシアとペルシア問題』の中でこう指摘している。

「ロシアがテヘランに何らかの要求を出すときは、ペルシアの首都から数百マイル以内にあるロシアの要塞を列挙するだけで十分である。それだけでペルシアの要人は怯え、君主は考慮せざるをえなくなる」

一八九〇年一月、カーゾンは自著をさらに敷衍《ふえん》する資料を確実にするために、バグダッドに向かって蒸気船メジディー号に乗船しチグリス川を下っていった。彼が船上で出会ったのは、ジュルファの英国教会伝道協会のブルース博士、ソーヤー、それにあまり似つかわしくない同行者のイザベラであった。イザベラのペルシア便りによれば、「私がこの旅で会った旅の連れはいずれも不穏な感じのする人たちです」と言っている。実際に外国人は時間を超越したような中東を旅しているとき、いつも意見が対立していがみ合っていた。中東の風景はくすんだ茶色の羊とラクダしかいない砂だらけの平野に横長の泥の家畜小屋があり、ベールで顔を覆った女や筋骨たくましい男が時折ナツメヤシとニガヨモギの小枝を通して見えるだけであった。彼らの会話を主導したのはカーゾンであった。彼は一年以上も海外貿易のために開かれたカールーン川の周辺を見回りながらクリスマスを過ごしたばかりであり、彼の見解によればカールーン川の現状は納得のいかないものだという。その理由は波止場と倉庫がないし、早瀬によって船の航行に不安が伴うとのことである。船で通過しながら、彼は外交の成果を自画自賛して吹聴している政府の先棒担ぎに対して尽きることのない嘲罵を浴びせかけた（彼の嘲罵の種は尽きることがなかった）。

二年後に彼はカールーン川に関する章だけで六十頁に及ぶ本を刊行したが、それには川の水路についてありとあらゆることが記されてあった。たとえば歴史に関してはアレクサンダー大王以来の事実、命名についてのアラブ人の地理学者の見解、地質学・植物学的な特徴、近隣の都市と住民の性格、彼自身も含めたヨーロッパ人の体験の要約、最近百年間に生じた反乱の血なまぐさい挿話、さらにはシュステールの町への運河と水力利用、オオヤマネコやライオン狩り、豚のと畜、コガモやシャコの猟、アラブ人の歴史家アブルフェーダから女性旅行家イザベラに至るまで、とにかくカールーン川に関する情報が網羅されているのである。これに詳細な参考事項がついているのであるが、これが彼の書き方のスタイルであった。大げさで冗長であるが、それなりに卓越した本であることは事実である。こうした人物に対して、とても口をはさめるものではなかった。

とはいえ、彼は目的に適いさえすれば自分より劣ると思われる人の意見を徴するのを厭わないという性癖があり、その点を考えれば彼がイザベラと口をきいたのもありうるかもしれない。というのは、彼はいわゆるチェス盤において重要な城将と目されていたチベットからイザベラがやって来たことを知っていたからである。カーゾンの経歴を一瞥すると、彼はペルシアよりもチベットと密着していた時期があり、それが十年も経たないうちに権力の座に近づきインド総督府の大物になったのである。平板で個性のない容貌を錦糸をふんだんに使った総督の衣裳で身を固めた彼は、絶大の自信をもってヒマラヤ山脈の彼方にある神秘の国に目を向け、熟慮した結果、一九〇四年にはイギリスの防衛線はインド防衛網を越えてラサに向かうべきだという結論に達した。

しかし一八九〇年にチグリス川を下っていた時点では、イギリスにとって中東問題は緊急なものと思われており、イザベラがチベット周辺を旅したに過ぎないと知ると、彼は急に彼女に関心を失い、もうひとつの緊急事態であるペルシアの強化策を推進しようとした。この強化策は外務省、インド省、軍事省の東洋専門家の間では人気のある政策であり、彼らの目から見れば巨大な権力を持った王の下、人口が少なく未開発の王国は昔から軟体動物のように捉えどころのない腐敗した果実のように見えた。それを矯正するには筋の通った背骨が必要であり、進取の気性と根性、積極性が不可欠であろう。

イギリスの外交官は、「我が国の政策の要点は、可能なかぎりペルシアを育成することである」と述べている。「ペルシアを堅固にするために」、ソールズベリー卿はいくつかの救済策を提言し、ガーネット・ウルズリー将軍は、「ペルシアを強国にし、積極的な同盟国にすることははたして可能だろうか」と憂慮していた。その前年の『タイムズ』紙の社説にはこんな記事が見られる。「何もしないで熟しきった西洋ナシをロシアの口の中に落としてしまう時代は過ぎ去ったものと思われる」。こうしてこの政策は取り上げられ、そのために情報伝達ライン——道路、鉄道、航行可能な河川——などの整備と新設が急を告げられた。このラインの整備が背骨のない南部や西部にまで拡大され、貿易の助長とともに必要に応じて軍事のための輸送を担当することになろう。

カーゾンとソーヤーがメジディー号に乗船していたのは、政治的な配慮と軍事上の測量が目的であったのは間違いない。イザベラが聞いていると、この二人は自説を固守して一歩も譲らず言い争い、わずかな救いは両人の間に穏健なブルース博士がいたことである。博士はイザベラに、カーゾンはこれまでに出会った人間の中でもっとも攻撃的な人物であると秘かに告げたが、反感を抱かれていると気がついたカーゾンは、さらに陰険な方法で反発した。彼は他人には真似のできないような無慈悲で挑発的な文体でブルース博士を攻撃した。「ブルース博士は十九世紀の十字軍戦士の中でも出色の戦士である。当時なら十字軍章を肩にかけて神聖な墓所を守るために異教徒を打ち殺しているところだろうが、そうもいかないので今は聖書の翻訳をしたり、ジュルファで説教したりしているのだろう」。この気難しい一団はバグダッドに到着するとすぐに分散し、ブルース博士は聖戦もどきを続けるためにジュルファへ向かった。

一方、カーゾンの調査は多岐にわたっていた。ロル族の忠誠心、サービア教徒の信仰、スーサにある比類のない土塁、ダニエルの墓、デズフールの水車、カーバ族の収穫高などの調査のためにペルシアの南西部に出発する予定だった。イザベラとソーヤーはテヘランまでの五百マイル（約八百キロメートル）の乗馬旅行のための準備に没頭していた。イザベラがこの「ハジ」という短い名前の何でも屋を雇ったのはメジディー号に乗る前だったのだが、この男は大柄で頑健な湾岸アラブ人でナイフをベルトに差してロザリオを巻き付け、房を背中まで垂らした赤と黄色のターバンを頭に被り、革のブーツの先を上に折り曲げて履いていた。やがてイザベラはこの男を雇ったことを後悔することになる。彼女は今度の旅そのものが誤っているのではないかと恐れ、故国の友人に手紙でそのことを知らせている。イザベラから見ると、ソーヤーの行動はどうしても納得できるものではなかった。彼は市場を通り過ぎるとき、「これみよがしに鼻をハンカチで覆い、うんざりしたという表情を隠しもせずにいかにも飽き飽きした」態度を見せつけた。

彼は部下に接する際に、あまりにも苛酷に扱うので彼女自身が身の危険を感じるほどであり、それを察したのか、彼は彼女に拳銃を身につけているように助言した。実弾をこめるわけにもいかず空の薬莢《やっきょう》を充塡した拳銃を持ち歩いたが、その他にも彼女の乗馬服が意外なことに短かすぎて彼女に合わず、急いで他のものを用いて伸ばさなければならなかった。ラバに乗るのに今まで使ったことのない鞍を使用しなければならず、そのうえ膝にリューマチ性の痛みがはしってとてもラバなどに乗れないのではないかと心配が絶えなかった。

しかし引き返すにはもう遅すぎた。一月半ばの晴れた寒い朝、彼女はなんとかラバの背に乗ってバグダッドを出発した。イザベラの装備は「拳銃を入れるためのホルスターが二個、拳銃と紅茶の道具一式、ミルクとナツメヤシの入った瓶を入れた箱」であり、これは完全な軍装に近いものである。

「アフガニスタンの羊の皮を鞍の前に、毛布と丈夫な雨合羽を鞍の後ろに革紐で結わえつけました。私はコルクの日除け用ヘルメットをかぶり、ベールの代わりに灰色のマスクをつけ、暖かい上着のついた登山服を着てなめし革のブーツを履いていましたが、この旅装は一年間ヒマラヤを旅しても対応できるほどです。ハジはイシュマエルの子孫のような服装をしていました」

イザベラは気も晴れやかにラバを走らせて北側の門を出ると、商店街の喧騒が聞こえなくなり、眼の前に茫漠たる砂漠が広がっていた――自然のままで静寂を保ち、無限と自由を思わせる砂漠――。「私は清澄で爽快な砂漠の大気に触れるとたちまち気分が良くなり、旅への懸念もどこかへ吹き飛んでしまいました。私が性急なラバに乗って速駆けしていると、いつの間にか隊商に紛れ込みうろうろしましたが、素晴らしいラバだったので、将来不吉なことが生じるのではないかという憂慮など忘れてしまいました」。こうして彼女の生涯でもっとも苦痛を伴う旅は、幸せの気分で始まったのである。

季節は冬の真っ只中であった。雪をたっぷりと含んだ風が荒涼とした雪山から平原を横切ってうなりを生じて吹きすさび、雨は凍って霰になり、蜘蛛の巣状の霞が丘の周辺に漂っていた。時折白い陽の光が一面に濡れた氷の上に差しかけ、翌朝の悪天候を予兆するかのような赤紫色の雲が空に広がっている。日没は美しく、もの悲しかった。イザベラはこの情景をこんな風に描写している。

「山脈は赤く焼けた空を背景にして紫水晶のように彩られています。馬に乗った人々はまだ見えないテントに向けて速駆けし、ラクダの長い隊列が赤紫色の砂の上に長い影を映していました。武装した羊飼いに見張られている茶色の羊の群れが葦の茂った水辺に群がっているのが見えました」

この何の変哲もない荒野とそこで黙々と働いている人々の生活に、イザベラは多大な関心を抱いたが、悪天候のために動くことができず、ペルシア辺境にあるハニキンという町に留まらざるをえなくなり、当地の知事の家に滞在することにした。周辺の家は生気が感じられず、何の魅力もなかったが、彼女は愛情のこもった眼で客観的に観察している。

「隣の家には狭くてみすぼらしい庭があるのですが、そこは深さが一フィートほどの泥沼になっています。牛小屋以外に扉も窓もない部屋があるのですが、床が平らでなく黒くねばねばする垂木が渡されていました。これはスコットランドの西方にある島のあばら屋に比べれば、良くも悪くもありません。中には中年の男と年齢不詳の女、八歳から十歳くらいの二人の女の子、それにやや年齢が上らしい男の子が住んでいます。家具は綿を入れたキルト、銅製の壺、鉄製の焼き板、陶器の水差しが一、二個、長いナイフ、木製の匙《さじ》、陶製の穀物入れ、陶器のたらいが二、三個、緑の上薬で塗られた水瓶、枝で編んだ盆などです。牛小屋の中は――乾燥したアザミで飼育されている牡牛の他に――鋤《すき》、目籠、手荷物用の小さい籠がありります。家の中には鶏が二、三羽いるのですが、泳がないと外へ出られないので小屋の中でうろうろしています。

天候は悪く、ひどく底冷えがします。燃料は貴重なもので、仕事はとくに何もしていないようです。寒さと倦怠のために、彼らは太陽が高く上がって暖かくなるまで寝床に入っています。妻が先に起き、床の中央にある穴の中で低木やアザミの小枝に火をつけ、きめの粗い茶色の粉と水で粥を作り、それを火にかけて暖めるだけです。煮ることはできません。それから泥だらけの庭を歩き、牛にアザミの束を与え、乳をしぼり、その乳に少量のイーストを加えて山羊の皮の袋に入れて固くなるまで振ります。その皮袋と籠を持って家に入り、籠から鶏に餌をやり、それから夫を起こすのです。起こされた夫は背伸びをしたりあくびをしたりして、軽いターバンを巻き付けて囲炉裏に胡坐《あぐら》をかいて座ります。部屋は煙で一杯で眼にしみるようですが、煙の出口がないのがその原因で、穴には燃え差しが残っているだけ。

妻は夫に茶碗を渡して先ほど作った粥《かゆ》を注ぎ、山羊皮の袋から濃い乳を加えます。夫が食べる間、妻は腕を組んで夫の前に立ち、食べ終えた夫の茶碗を受け取るとそれに口づけするのですが、それはまるで家内の奴隷のようなものです。その後、夫のキセルに火をつけ、夫がうまそうに煙草を吸っている間に息子に朝食を食べさせるのです。終わりの儀式はありません。男たちの朝食が済むと妻と二人の娘が大きな鍋を持って引き下がり、女だけの朝食をとるという段取りです。夫が煙草を吸い終わると妻が夫の両手に水を注ぎ、床にこぼれた水と夫の両手を自分の前掛けで拭き取るのです。これはこの地方の習慣になっている清め方なのです。

女は一家の働き蜂のような存在であり、濡れた衣服を身につけたまま終日働きづめに働き、がらくたを運び、小枝を折り、鍋を磨き、牛に餌をやったりして全く暇がありません。天気の良い日は屋根の上が仕事場になり、急な梯子を一日に七回も上ったり下りたりしなければなりません。泥の中にいるらしい虫をついばんでいる鶏が七羽いるために、一羽ずつ運び上げるからです。染めた紡ぎ糸も雨に濡らすために屋根に運ばれ、雨の降らない時は、その間に羊毛を梳き、日没一時間前になると火をたきつけて粥を作り、屋根から下ろしてやった鶏に餌をやる。それから夫にうやうやしく仕え、牛を含めた家族全員の食事を用意し、ぬかるみを渡って川から水を汲み、丸まったキルトを解いて広げるのです。暗くなる前に彼らは床につくのですが、これだけの労働をこなせば、この勤勉な妻がそれに値する健康な眠りが与えられるだろうと私は信じています」

しかし、よく働くものである。これこそがイザベラが言う「よくやる価値のあるものは、立派にやる価値がある」ということである。過去、現在、未来にわたって冬の砂漠の生活というものに関心を抱く人があれば、それはこの描写が全てを物語っていることが分かるだろう。この地の農民の生活はいずれも似たり寄ったりのもので、アザミと水溜まりに囲まれたものである。

天候は回復しなかった。やむなくイザベラとソーヤーは悪天候の中を行くことにした。ペルシアの泥地での彼らの最初の夜は忘れがたいものになった。侘しいという点においては、この地の農家の生活と同様であり、それがこの国の特徴なのである。村落の隊商宿はひどく汚く、吹き寄せる霰から身を守るにはあまりにも荒れ果てていた。とりあえず「大きなラバ小屋」に入ったが、その有様はこんな風である。

「小屋の両側に窪んだところがあり、そこが餌場なのですがその規模は縦、横、高さがそれぞれ十フィート（約三メートル）、七フィート、八フィート程度のものです。……ここには少なく見積もっても約四百頭のラバがいて首につけられた鈴を鳴らし、大勢のラバ使いと警官が頭から泥と雨でびしょ濡れになったまま荷物を下ろしたり、火をたきつけたり、ラバに餌をやっていました。彼らは皆大声で叫んでいるのでまるでバベルの塔そのもの。馬櫛《うまくし》の物音、争っている馬のいななきなどが耳に響き、床は永年にわたる動物の糞が堆積してその上に梱《こり》や箱が積み上げられています。側面の窪みにある飼い葉はラバの背丈ほどあり、ラバ使いたちは焚火を囲んで荷物と一緒に野営していました。……臭気が周辺に漂い、騒音は耳をつんざくばかり。そのとき濡れた泥よけの覆いをかけた荷物を積んだラバが入ってきたので、騒ぎはますます大きくなり、荷物が全部下ろされたのでほとんど立錐の余地もなくなり、ラバの餌の場所が狭くなったのが原因でさらに喧騒が激しくなりました。

その結果は喧嘩です。一頭のラバが私の飼い葉桶に前脚を乗せ、私の場所を取ろうとしたのでそれに抵抗して頑張ったのですが、六時間も雨と雪の中をやって来た後で到着したのに、これではあまりに苛酷というものです。私は自分のラバからすべりおりて窪みにもぐりこみ、カーペットの覆いをかけ、椅子に腰を下ろして毛布を膝にかけて準備をしました。そのとき私は耳寄りな話を聞きました。それはこの小屋には村の所属になっている部屋が一ヵ所あり、暗黙の合意の下で六クラン（約四シリング）の付け値で取引きがなされているというのです。その部屋は出入口の上の方にあり、扉と四角いのぞき穴がついており、泥で滑りやすく崩れ落ちそうな階段がついていました。

この部屋の屋根は至るところから雨漏れがあり、床が水溜まりになっているようなところなのですが、隊商宿の馬小屋に比べればこれでも十分に贅沢というものです。防水加工したシートをベッドの上に敷き、もう一枚を私の上にかけると、万事オーケーです。扉が閉まらないことなど気になりません。……この部屋の前には溝があって緑がかった泥のような水が溜まっているのですが、驚いたことにハジがその水を私のお茶のために汲んで持ってきたのです。かなり高い標高に来ているので何があっても驚きませんが、これにはびっくりしました。ハジは『アラーの神よ』と呟きながら階段を上ってきて、『大佐が進めと言うのです。アラーの神よ、助け給え』と祈っていました」

ハジはことあるごとにアラーの神の名を唱えた。たとえば馬の腹帯が切れたとき、ラバの荷物が落ちたり、汚れた皿で食べ物を出して叱られたとき、あるいは湯沸かしの中で水が凍っていたり、雌鶏の値段をごまかされたりしたときなど、あらゆる災難の度に唱えるのである。それを見ているうちにイザベラもしばしば神の名を心の中で唱えていることが多くなった。というのは、ここは紛れもない聖書の国だったからである。最初に泊まった恐るべきラバ小屋を思い出すにつけ、ベツレヘムの馬小屋が想像された。彼女は「あのような馬小屋と人込みと恐怖」の中で出産する屈辱と困難を思い浮べたのであった。ペルシア人が登場する舞台では、当然ながら旧約聖書から出てきたような人物に遭遇する。ターバンを巻き、長く白い髭を生やしたクルディスタンの老族長がうずくまるように火に当たり、泥まみれの羊飼いが馬小屋の藁の上に重なり合って眠っている。その傍らには黒い衣服を着た不機嫌な顔つきをした女性が、素焼きの壺から穀物をすくい取っているのが見える。

カルデア人、ユダヤ人、ネストリウス派の信徒、ゾロアスター教徒などが通り過ぎて行く。村人の中にはダビデ派の教徒がいて、彼らは近くのダビデ王の墓を敬っており、モーゼからムハンマドの従弟イマーム・アリーに至る神聖なるものの千一回の生まれ変わりを信じていた。古代の荒涼とした背景がイザベラの想像力を刺激し、彼女の信仰に筋を通したようである。イスラム教の偏狭さと人民、とくに女性に対する支配力は、彼女に吐き気を催させるほどだった。その影響は中東の旅を通して彼女に影響を与え、彼女はますます確信を抱いた好戦的なキリスト教信者になっていった。

この旅の間、イザベラはただ生き残るということのために精神的にも肉体的にも精一杯だった。不潔な隊商宿の雨洩りする部屋で辛い夜を過ごした後、雪の上に記された象形文字のような鳥の足跡を見、隊商が通った痕跡のある溝を辿って小高い雪原を横切って行くという旅程は彼女にはもう限界に近いものだった。隊商の足跡は波型をしたラバの脚の幅しかなく、それが雪の吹き溜まりの間をはしっている。カーゾンに言わせると、ペルシアの「道路」は二つに分類されるという。「いかにわずかであろうとも道路を作ろうとする何らかの労力が注がれたものと、そうした労力が全く注がれなかったもの」の二つだ。そして、この道は後者に属するものだった。

二つの隊商が遭遇すると大変なことになった。イザベラはそのときの状況をこう書いている。

「こうなると、どちらの隊商が道を譲るのかという問題が生じるのです。ある午後、二つの隊商がぶつかったときのことですが、大きな積み荷を担った六十頭のラバの隊商が私たちに向かって来たのです。人間はラバと同じで簡単に道を譲ることをしないので、二つの隊商は正面衝突しました。ラバはもみ合って倒れ、荷物は引っくりかえり、ラバ使いの絶叫が辺りに響きわたりました。ハジは例によって『アラーの神よ、助け給え』と祈っていましたが、私の新しいラバは頑丈で強く、はみに慣れていないので突進したり蹴飛ばしたり、縦横無尽に暴れ回っています。私はその最中に荷作りした箱でくるぶしをしたたかに打ち付け、気絶するほどの衝撃を受けました。ラバは次から次へとやって来て、私のラバもくつわを振り落として暴れまわり、叫び声で何が何だか分からないうちに私の雪眼鏡は吹っ飛び、胸を一撃されて肋骨が折れたのではないかと心配しました。あの不潔な隊商宿に何週間も留まらなければならないようなことになったら、それは悲惨というしかありません。

危険と混乱のさなかにあって私は必死で何度もハジを呼び、私のラバを引っ張り上げるように、そうでないと私は殺されてしまうからと懇願したのですが、彼は『アラーよ、助け給え』と言うだけで荷物の上に呆然と座っているだけなのです。そして彼はラバと一緒に雪の中に転がり込んでしまいました。隊商の従者が気がついて私のラバにくつわをつけ、彼自身のラバを動かしてどうにかこの手に負えない動物を制御し、ラバが土手から転がり落ちるのを抑え、荷物をかかえこんだところ、偶然にバランスが元に戻りそれ以上の被害をくい止めることができたのです。ハジは今までに四度もラバから転げ落ちたことがあったのですが、このときも彼は五頭のラバと一緒に荷物とともに雪に埋もれていました。私の難儀と言えば、青い雪眼鏡がどこかへいってしまってなくなったことと、擦過傷、引き裂かれたスカート、それに出血を伴う切傷で、流れ出た血はその場でたちまち凍ってしまいました」

彼らは一日におよそ十四マイル（約二十三キロメートル）をあえぎあえぎ進み、極寒の家畜小屋で夜を過ごした。そこは床も凍てついており、壁の漆喰《しっくい》にも氷柱《つらら》が下がっているほどであった。華氏マイナス三度（摂氏マイナス十九度）の猛吹雪をついて宿に着いたときにはイザベラの体は冷えきって鞍に凍り付いたようになり、無理やり鞍から引きはがすようにして中に運び込まれた。彼らがケルマーンシャーに到着したのは、バグダッドを出発してから約三週間後のことで、イギリス政府職員の家にほうほうの体で転がりこんだ。イザベラとソーヤーは家内の暖房を期待して手足がうずくほどだった。室内には敷物で美しく覆われた長椅子、燃え盛る暖炉、中央のテーブルにはリンゴやオレンジ、それに砂糖菓子が乗っており、暖炉の上の壁にはヴィクトリア女王の大きな記念写真が飾ってあった。

この部屋はケルマーンシャーではわずかしか見られない居心地の良いものであったが、その理由は、「伝染病、とくにペスト、飢饉」などの災厄に見舞われた悲惨な過去があったからである。現在の人口は落ち込み、不景気で住居や倉庫は崩れ、道路の整備も不完全だった。周りの雰囲気は活気がなく、それはこの周辺の町とほぼ同断であるが、唯一有名なのは絨毯《じゅうたん》であり、これだけは利益が見込める業種だった（といっても、職人にとっても同じというわけではない）。ペルシア絨毯の人気は高く、カーゾンが言うには、「イギリスやアメリカの上流家庭にあっては、本物であるかどうかは問わず、とにかくペルシア絨毯ということになれば、誰でも欲しがるものである。文化と文明の証《あかし》なのだ」という。

イザベラは実際に市場へ行って絨毯を見ようとして顔をベールで覆っていったのだが、やはり外国人だということが分かるのか、イスラム教徒の男たちによって手荒く押し出されてしまった。それにもめげずにいくつかの店に入って実際に織っているところを見聞した。その過程は単純なものである。毛糸は原始的な織機の上にぴんと張られ、十年もすると熟成して黄色になる白地の上に深みを帯びた茜色、淡い藍色、柔らかな青緑色の植物染料で色づけされていく。織り手は女で、男が同席しているので皆分厚いベールで顔を覆っているために、動きが緩慢に見えた。イザベラは心中哀れむような感慨を抱いたが、それは外国人がペルシアを訪れるときに誰でも感ずるもので、伝統的で創造的な作品の優雅さと織り手に課せられた醜く野蛮な束縛の対照に目がいくからである。

ケルマーンシャーが陰惨な状態に陥っている原因は、他の町と同様にここでも地方行政が誤っているからである。イザベラは地方長官を訪問した際に、それに気づいた。裾を長く垂らした長衣を身にまとい、醜悪でずんぐりした体型の長官は金襴地のコートをはおり黒いアストラカン織りの帽子を被って彼女の前に現れたが、その顔はなんとなく原始人を思わせ、しかもそれにふさわしい愚かしい笑い方をする男だった。彼はイザベラにテヘランへ行って王のハーレム付きの医者になる噂があるが本当かと尋ね、ロシアの茶とゲズという飲み物を勧めた。このゲズという飲み物は、イギリス人の旅行家によればマナによく似た砂漠の植物から抽出する白い液体で、飲むと吐き気がするような味だという。飲んでみると、「ピスタチオナッツと砂糖を混ぜて飲むのですが、甘すぎて口の内側がくっついてしまうような感じがし、しばらくは口もきけないようなひどいもの」だった。

イザベラはペルシア語で話すことはできなかったが、見ることはできる。彼女がそこで見たものに対して、好きになれたものはほとんどなかった。彼女が目にしたものはこんなものである——総督の本部の戸口に背をもたせかけた武装したぼろ服の兵士、応接間の辺りをぶらぶら歩いている現地人や黒人の卑屈に媚びる召使いと群衆、応接間に飾られたペルシアとヨーロッパの拙い折衷品、安っぽいクレトン更紗のカバーが掛けられているテーブル、飾りのない壁に下げられたフランス風の蠟製の葡萄《ぶどう》などである。

司法が熱心に行なわれなかったわけではない。総督と部下は類稀なる熱意をもって司法に取り組んだのである。カーゾンが説明したように、「司法権の及ぶ範囲における街路での騒動、復讐、殺人、喧嘩は総督にとって大歓迎だった」。法律違反取締りの役人がやってくると、ポケットから罰金を差し出すだけである。訴訟が起きても地方財源が潤うだけで、とくに痛手になるわけではない。司法の車輪に差す油は罰金であり、絶えず油を差すことが必要なこの制度では、金持ちはとくに優遇され、少々金がなくても罪を逃れる方策はある。しかし本当に貧窮した者に対する罰則は苛酷であった。屈辱と苦痛を与える拷問用具が各種とりそろえてあり、姦通罪を犯した女は髪の毛を剃られてロバに乗せられて町中を引き回され、それが男なら通常の罰は鞭打ち刑である。これは頭を下にして横棒に縛られ、足の底を水で湿らせたザクロの木の枝で叩くものである（これは役人に賄賂を使ってそれほどひどく叩かれないようにすることは可能であった）。その他にいかにも東洋的な刑罰があり、たとえば電柱泥棒の罰は、砂漠の真ん中にある電柱に犯人の片方の耳を縛りつけるものであり、役人殺しの刑罰は犯人を壁の中に首までレンガで固め、モルタルで頭を囲み、固まるまで放置するという残酷なものである。

ケルマーンシャーを見物した後、彼らは顔をマスクで覆い足を羊の皮で保護しながら道を辿った。彼らの一団はイザベラとハジ、料理人と荷物を運ぶ二頭のラバ、ソーヤーはこれを「小隊」と呼んでご満悦だった。外は絶え間なく吹きつける強風がうなりをあげ、想像したこともない邪悪な感じのする風であった。イザベラの表現を借りると、次のようになる。

「この風はありとあらゆるものを枯らしてしまうような身を切るような突風であり、しかも絶えることがありません。この残酷な突風にさらされると、立っていることも倒れることもできず、動けないのでどうしようもありません。気温は華氏九度（摂氏約マイナス十三度）しかなく、きらきら光る上り坂を横切って吹き抜けて丸裸にしてしまうのです。時折粉雪を伴った渦巻きになって私たちを取り囲み、噛み付くような激しさで吹きながら縦列になって次から次へと襲ってくるのです。それがさざ波や大波のような層になり、凍りついた雪とともに峡谷へと下っていくときの音は悪魔の喉笛のようです。感覚は麻痺して眼は見えなくなり、残酷非道な風が荒涼とした世界を支配しています。私は毛織の布を六枚も重ねて顔を覆い、手袋も三枚重ねてはめたのですが、何の効果もありませんでした。さらに羊の皮のコート、毛皮のマント、毛織の衣服の上に巻きつけた防水の雨コートを身にまとっても無駄でした。着心地など一切関係なく、それこそ生きるか死ぬかの瀬戸際に立たされていたのです」

この表現は決して大げさではない。その翌日、彼らはこの強風に巻き込まれて死んだ五人のラバ使いの遺体を見ながら通り過ぎた。

イザベラが旅でこれほどの苦痛に襲われたのは初めてであった。彼らは苦痛を耐え忍び、顔マスクを通して唇や頬に直接に達する寒さを耐えて進んで行った。彼らは微かな陽の下で七千フィート（約二千百メートル）もある山々を越えて行ったが、その間何度も荷物の紐が切れ、その度に荷物の上に乗っている召使いが荷物と一緒に雪の吹き溜まりの中へ転げ落ちた。ハジはアラーの神に祈りながら、イザベラが言う「戦争映画で撃たれた兵隊」のように大の字に横たわって助けがくるのを待っていた。料理人はすっかり弱り、ラバ使いは高熱と雪盲に苦しみ、イザベラ自身も関節を病み、ラバから下りるのに難儀した。彼女もソーヤーも悪寒に襲われ、凍傷にかかってしまった。この苦しい日々の食物は、焼き菓子、乾燥スープ、ナツメヤシ、山羊のミルクだけである。

日暮れにやっとのことで煙で窒息しそうなあばら屋に行き着くと、そこに待っているのは病気をかかえた農民で、彼らは腺病、腫瘍、天然痘、その他慢性疾患をかかえていてイザベラの治療に期待していた。ハジが彼らの病状を「残酷なほどあからさまに」通訳してイザベラに報告した。夜になると、寝るのは動物と一緒である。朝になると毛布が凍りつき、ハジは日暮れ前に死んでしまうのではないかと恐れ、毎朝アラーの神に一心に祈っていた。しかしこれだけの苦労をしても、イザベラの反応は意外なほど意気軒昂であった。彼女はこの経験をこう述べている。

「私は寒気がし疲労も耐え難いほどですが、それでも体調はバグダッドを出たときよりもずっと良くなっています。確かにここの環境は頑強な男でさえ切り抜けるのは大変なところですが、嘆いていても何にもなりません。私は疲労困憊《こんぱい》して倒れるのではないかと思っても、やはり旅というものが好きなのです」

実際、このときの旅でイザベラが環境にもっとも適応していたようである。ソーヤーでさえ、「ヘラクレスのように強いと思っていましたが、今は弱り切って」いたのである。二、三日経つと、七人の召使いのうちまだ立っていられるのはたった一人だけになってしまい、事態は急を告げるほどになった。

「からし塗りの絆創膏、ドーヴァー散（鎮痛剤）、サリチル酸、催吐剤、湿布、体温計、クロロダイン（鎮痛剤）、濃い牛肉スープが一日中必要とされました。料理人とアフガニスタンの伝令、それにハジは本当に弱ってしまいました。今朝八時に私の部屋の戸口で呻き声がしたので外に出ると、ラバ使いがひどく苦しんで横たわっており、その上に細かい雪が降り積もっています。敷居のところでも声がするのでそっちへ行ってみると、ハジが私の朝食を手に持ったまま倒れているので、とりあえず彼を中に入れたのですが、彼がまた倒れ、紅茶をこぼしてしまいました。彼を介抱している間に、犬が朝食のチャパティをすっかり食べてしまいました。ハジは高熱に浮かされ、リューマチにも罹っているみたいです。彼の眼はもう失明しかかっていました。……彼は自分でも夜まで持たないと思ったらしく、私に葬儀についての何事か呟いていました」

翌朝、一行がまだふらふらしている中でハジは何とか立ち上がったが、眼は見えないばかりか耳も聞こえないようであった。だがこれはどうやら仮病だということが判明した。ハジはこれ以上通訳などしたくなかったのである。それから二、三日してコムという街に着いたとき、イザベラはこの無能で愚痴ばかり言っているアラブ人にブランディとミルクを飲ませ、それまでの賃金以上のものと暖かい衣服を与えて解雇した。彼は一時間もたたないうちに元気になり、眼も見え耳も聞こえるようになって、見たところ「四十歳も若返って」、しゃっきりと立ち上がりラバの傍らを悠々と歩いて立ち去って行った。

彼らの最悪の旅はコムで最後になった。そこからペルシアの首都へ行くには、荒涼とした平原を主要道路に沿って行けばよい。道路沿いにある隊商宿は、これまでに泊まった宿に比べればまるでグランドホテルで、ラバ千五百頭を収容できるという。イザベラが泊まった安っぽい「続き部屋」の壁には金箔塗りの汚れた鏡が掛けられていた。バグダッドを出発してここに来るまでの四十六日間に二十二ポンド（約十キログラム）も体重が減ったとイザベラは友人に知らせている。イザベラとソーヤーは隊商から離れてテヘランへ馬に乗って行ったのだが、夕暮れ近くに薄闇の中を喘ぎながら進んでいると、付近の光景にふさわしくない物音が聞こえてきた。それは列車が近づいてくる轟音で、ペルシアに敷設されたわずか五マイル（約八キロメートル）の線路を照明を光らせて通り過ぎていく音であった。イザベラはそれを聞くと思わず不快になった。「この列車の轟音はヨーロッパを思い出させ、冬の砂漠を行く旅の苦難を償う光栄ある自由を奪い去ってしまったのです」と述懐している。イザベラは疲労と空腹のために気が遠くなりかけ、脊椎の痛みが激しくなり、最後の数マイルは馬も脚がよろめくようであった。辛うじて鞍にしがみついていたイザベラにソーヤーが「大丈夫か？　まだ生きているか？」と闇の中から声をかけてきたが、答えもままならぬほどだった。

やっとのことで通用門を通り過ぎると、眼の前に巨大な威厳に満ちたイギリス領事館の建物があった。

「窓という窓に明かりが灯り、中央の玄関から光が漏れているのが見えました。行ってみると、泥のついた馬車から夜会服を身につけた人々が降り、大勢の召使いが動き回っています。八時過ぎだということと、晩餐会が開かれているのだということが、私のぼんやりした頭に入ってきました。降り続く雨の中を馬の背に揺られて十時間も乗った後、カヴィール砂漠の泥とぬかるみを抜けてとうとう到着したのです。泥だらけの家畜小屋に泊り、未開の砂漠から抜け出たばかりなので、頭から足の先まで泥がこびりつき、体から雫が滴っていました。疲労のあまり視力も失いかけてよく見えません。四十六日間に及ぶ冬の旅はまことに悲惨で、ここの華やかさとの対比に心の制御ができませんでした。

私は扉のところに佇《たたず》んでいたのですが、立っていることができずに長い廊下に座り込んでしまいました。イギリス人の執事が『夕食の準備ができました』と言っている声が遠くに聞こえましたが、それは私がかつて聞き慣れたものだったのに、今では遠い過去から聞こえてくるような気がしました。間もなく夜会服を着て星形の勲章をつけた紳士が現れたのですが、私の薄れゆく感覚にもこの紳士がドラモンド・ウルフ卿であるということは理解できました。見回してみると、確かに大きな晩餐会の最中だったのです。客の中には、大臣によって招待された人もいるに違いありません。私もそうした方々宛ての紹介状を頂いていたのですが、どうにもなりませんでした。私は部屋に案内されましたが、その部屋にあるイギリス文明の快適さなど何の意味もありません。私は泥だらけのコートを脱ぎ捨てましたが、思えばこのコートは随分役に立ったものです。私は暖炉の前の敷物の上に倒れこみ、そのまま翌朝の四時まで眠りこけました。計り知れない苦難と感謝を私にもたらしたこの冬の旅はこれで本当に『終りを告げた』のです」

II

テヘランがペルシアの首都になったのは、およそ一七八五年頃からであり、夏は灼熱の太陽に焼かれ、冬は石さえ凍りつくような平原にある。この半ば西洋化され半ば東洋化された都市にイザベラは春先に到着した。季節は春になったばかりで、スミレ、柳、アイリスが水を含んだ庭園に芽を出したところだった。初物のキュウリがバラの葉で包まれて南方から入り込んでいる時節である。テヘランの外壁は周囲十一マイル（約十八キロメートル）に及び、外壁の外は風に吹きさらされた砂漠だが、内部が春という境界線をなしていた。カーゾンが言うには、「外壁はいろいろな塔で飾られたアーチ状に造られ、遠く離れたところから見ればかなり人目を引く外観をしている。外観だけ見れば旅人は感心するが、近くで見ると今にも崩れそうな化粧タイルでできた悪趣味なものであることが分かる」というものである。

内部に入ると、市場は外国からの輸入品であふれかえっていた。たとえばベルリンの綿、オーストリアのシャンデリア、中国の茶、オランダの蠟燭、ラクナウ（インド）の真鍮の容器、当時ライバルだった二大帝国、ロシアとイギリスから入ってくるものはバラの縁取りをした茶器、ごてごてした額縁、けばけばしい深紅の布と安物の盆、光っているガラスの装飾品、房のついた石油ランプ、派手なビーズ玉などである。「テヘランの市場を見て歩くと、ヨーロッパがアジアの芸術的な趣味を破壊していることがよく分かります」とイザベラは報告している。風呂に行く途中なのか、路地を忍び足で歩いている女性が黒い影のように見えた。彼女たちは風呂で顔の覆いをはずして、女同士で噂話に興じ、一週間に一度の美容トリートメントをしてもらうのだが、それは足の裏と指の爪と掌を赤味がかった茶色にするためにヘンナ染料で染め、髪の毛を黒く染めるためにインディゴの葉で固めることであった。それと対照的に男は自分を誇示するようにせかせか動き回り、カフェでコーヒーやアラック（ヤシが原料の強い酒）をこっそりと飲んで騒いだり、吸うと音の出る水煙管《みずぎせる》で煙草を吸ったりしている（しばしばアヘンも吸っていた）。彼らは相手を「やけどの子」とか「犬の子」などと呼び合い、互いになじったり、ごまかしたりしながら爆笑して過ごしているが、思いがけない春うららの日には、外壁の外へ出て鷹を使ってキジ狩りをしたり、猟犬に追わせてガゼル狩りをしたりした。

テヘランでもっとも有名な狩猟家といえば、これは聖域の主人、王の中の王と言われているナスレッディンであった。カーゾンは彼をこう評している。「彼は山中にある数えきれないほどの狩猟小屋に大勢の従者を引き連れて行くのだが、その際広大な後宮から選ばれた美女も従って行く。彼が馬に乗って外壁から外へ出るときに出会うことも不可能ではない」。カーゾンによれば彼は狩りの他にも家系からくる特徴を持っていた。それは「偉大な父権の権威を備え、知性豊かであり、ハンサムな容貌に恵まれ、財政取締を苛酷に行なう」というものであった。もっとも彼の取り締まりはもっぱら重臣に対して実施されたようである。

彼の王宮にイザベラを連れて行ったのは、ドラモンド・ウルフ卿である。そこはさながらオリエントの夢とでも表現できそうな壮麗きわまるところであった。大きくカーブした縞大理石の階段が青と白の大理石の広間へと続き、そこには金箔を張ったテーブルが置いてある。壮麗な控えの間の一つに、それこそが地上最大の億万長者の豪華絢爛たるガラスのショー・ケースがある。「そこにはありとあらゆる宝玉、つまり真珠、ルビー、ダイヤモンド、サファイア、エメラルドなどが色鮮やかに光り輝いていました。しかもこれらの宝石はきちんと整理されて並べてあるのではなく、茶や米のように雑然と積まれているのです」とイザベラは驚嘆している。

この楽園はよく知られているように、男の楽園だった。泉水がきらめき、ナイチンゲールが鳴き交わし、バラの花が咲き乱れ、さらに女性専用の個室が隣接してある。カーゾンによれば、「この後宮には中央に地下浴室があり、青いタイルを敷いた円形の浴槽がある。側面は磨いた大理石の傾斜した平面があり、その斜面を下って水の精ナーイアスたちは崇拝する王の腕の中へ滑り込み、王の手によって浴槽へ連れて行かれるようであった」。これはしかし考えてみれば、意外に難しいことである。このつるつる滑る傾斜をウルフ卿はイザベラに見せなかったはずである。ところがウルフ卿はイザベラを王に紹介したのであった。

王は普段着のままで彼らの前に姿を現わした。王は角でできた眼鏡を押し上げてイザベラを見やり、「何となく特別な女性であることを思わせる」イザベラにじっと焦点を合わせた。彼は二、三のぶっきらぼうな質問を彼女に浴びせたが、そのまま立ち去ってしまった。彼女はこの王について、「東洋的でもなければ西洋的な洗練さも持ち合わせていない」と辛辣に評している。王がその気になれば、彼女がこの国で見てきた悲惨な貧困を解決することができるほどの富を手中にしているはずではないかと彼女は思った。彼女はそういう感覚で「乱暴そうに見える」王を観察したが、もちろんそんなに簡単なはずはない。カーゾンは「王が偉大な公共事業に乗り出すのは、彼がプロテスタントに改宗することがありえないのと同様にありえない」と言っている。

しかし、王の側からすれば情状酌量すべき点はあった。「王自身は国内事情を改革しようとする意図はあったのだが、行政面での不備から」無理だったとカーゾンは判断した。この国は全てを金銭で買収するという伝統的な体質から逃れられなかったのである。その点について彼はこう書いている。

「王の同意の下で可決された予算の半分は決して目的地まで到達することはない。中間に介在する無数の業者に吸い取られてしまうのである。予算の横流しは常習的に行なわれており、王の権限によって作成された計画の半分は実行に移されず、担当する大臣やその下の役人は職務怠慢を気まぐれで忘れっぽい王が見逃してくれるだろうということを当てにしている」

イザベラを含めてヨーロッパから来た旅行者は、この非難が正当であると見ていた。ペルシアの至るところで行なわれていたこの「東洋的な搾取」は、当地の言葉でモダケルと言われており、それも例を見ないほど巧妙にあらゆる階層で行なわれていて、当事者の地位に応じて加速度的に増加していった。たとえばラバ使いが干し草一駄について九クランを支払うとすれば、彼の主人に十クランを請求する。仮に警察署長であれば千クランで役職を買い取り、半年以内にその倍額を一般市民から徴発するという具合である。このような形で公的な役職が買収されれば国内の安全が脅かされ、野心家が役所を支配するのを止めさせることができない。ペルシアの格言に「カケスがバッタを食べている間、鷹はカケスを待っている」というものがあるが、こういう不安定な状況では鷹が襲ってくる前にカケスはできるだけ多くのバッタを食べる他にない。結局、自分より下の者から搾取するということになる。イザベラが言うには、「農民は自分より上の者から搾り取られるスポンジのようなもの」であるが、役人の役割そのものが収賄、有害な課税、不正行為から成り立っている以上、どうにもならない。

カーゾンが言っているように、ペルシアでは西欧化という資金のかかる制度を推進する熱意と見識が欠如していたのは事実である。だが一八九〇年にイギリスの大臣ウルフ卿によって新しい方針が確立した。彼は「病人」ペルシアを立直らせる最良の方策はイギリスがペルシアの道路や鉄道の建設に積極的に投資することだと信じていた。ところがロシアも同じ方針を固めており、ペルシアが近代的な交通網をいつ確立できるかは、ペルシア国民の思惑とは無関係に国際的な経済関係や軍事的な戦略の問題になっていた。王でさえも決定的な発言権を持っていなかった。というのは、当時の二大帝国の間に挟まれていたペルシアは、北部はロシアが、南部はイギリスが支配権争奪で争っていたからである。

イザベラはイギリス領事館に三週間滞在したが、「イギリスとロシアの関係がどうなるのか、王との関係はうまくいくのかなどの話題が尽きることはありません」と言っている。だがイザベラは次第にこの問題に対する関心を失い、脱出することを計画した。それについて彼女がソーヤーに相談した形跡はないが、バグダッドからの旅で彼女はソーヤーの気難しさに慣れ、彼には苦難に耐える資質があり、勇敢で信頼に足る人物だということが分かった。ただしソーヤーが小柄で繊細に見える六十歳近い未亡人とともに行動することに不安を抱かなかったかどうかは分からない。しかしイザベラの行動力を認めないわけにはいかなかったろう。彼女はどうやらソーヤーの目にかなったらしく、後に南方にあるエスファハーンで合流し、ソーヤーの調査地である未開地で荒れ果てた土地に住んでいるバフティアリ族の調査に乗り出した。

この新しい旅のためにイザベラは通訳兼書記として若くて快活なインテリであるミルザ・ユスフを雇ったが、この類のインテリはテヘランに多く住んでいた。彼らは確かに非生産的ではあったが、ペルシアのような変動著しい「不思議の国のアリス」のような国では文句と批判を言いながら大臣に取り入って機嫌を伺って生活していたのである。カーゾンはこの慣習になっている生き方について幾分か不審の念を抱いてこう述懐している。

「ペルシアの内閣は大臣と書記官で構成されているのだが、この書記官はインテリである。ヨーロッパからすれば不思議としか言えないが、この国には事務局も機構組織も存在しない。事務局は大臣がたまたま居合わせた場所がそれに当てられる。ということは大臣の家や控えの間、王宮の中庭、あるいはコーヒーショップのときもあるということである。大臣の書記官はそれぞれのポケットに必要な筆記用具と書類を入れて大臣の後をついて行き、気紛れに設定された事務局で会議が開かれる。書記官は作成した書類が公的なものだという観念がまるでないので、会議が終わると個人の紙屑のようになったまま数年間の書類がポケットに入れっぱなしということがしばしばある」

ということは、ユスフのポケットにも同じような書類が沢山入っていたことだろう。それでもとにかくユスフは「イギリスに帰るために、あらゆることをやってくれました」とイザベラは感謝している。

二、三日後、彼女とユスフ、それに「妙におどおどした」ペルシア人の料理人は、イスファハーンに向けた旅に出発した。気候がよく気持ち良いそよ風が吹いている。「平原の赤や黄色がかった土壌には一本の草木も見当らず、岩塩がそこここに露出して斑点になって」おり、地平線が見えるほど平らに見えるのに、ところどころ土砂崩れの大きな塊があった。詰まった灌漑用水のトンネル、破壊されて誰も住んでいない廃屋、ラクダの死骸に群がっているコンドル、隊商とともに歩いた百万頭もの動物が印した足跡が砂漠の上に道となって続いていた。上を見ると、インド・ヨーロッパ電信公社による電線が空にかかっており、それを通じて一日に千通もの電信が送電されている。ホワイトホールにあるインド局からインド総督への暗号特電、カルカッタから明日のコラム用に『タイムズ』紙に送電するもの、イギリス帝国に送る長文のもったいぶった呪文めいた電文が意味もなく頭上に飛び交っていた。地上では修道僧の訳の分からない長々とした言葉の羅列が依然として聞こえてきた。この対照は圧倒的であった。

テヘランとイスファハーンとの間には、あいかわらず修道僧が足を引きずって歩いていた。彼らは運勢を告げたり、物語を語ったり、盗みを働いたり、祈りを捧げたりしていた。また呪いをかけたり、魔除けのお守りを売ったりする（乾かした羊の目玉のお守りは蛇から守るもの、青いビーズは馬の尻尾に縫いつけて幸運を呼び寄せるものである）。また、砂漠の中に立っている電柱に寄りかかって眠りこけているのもいる。彼らはペルシアの放浪チベット僧で、チベットにいる僧ほど自尊心は高くなかったが、同じように怠け者で汚く、信仰している神との親交を証明するための気味悪い音楽を奏しながら踊りにふける傾向があった。彼らはそれなりに信心深かったが、ヨーロッパから来た住人によれば、「彼らは何ひとつ仕事をしないという信仰以外には、いかなる信仰も持っていない」ということである。

仕事をしない彼らは当然のように物をねだり、施主になりそうな人を見つけて宿や施し物を強要した。その際、大きい容器を振り回したり、相手を不安にさせるほどの大声で「ハック・ヤク・ハック」というしゃっくりのような音をたてたりする。イザベラもイスファハーンの路上で修道僧に脅されたに違いない。というのは、彼女はこの不快な客が自分の宿に泊まるのを許しているからである。彼の様子はこんなものだった。

「この男は彫り物のある大きな托鉢《たくはつ》用の容器を持ち歩いています。肩から豹の毛皮をかけて手にごつごつした棍棒を持っている様は、痩せて狂信的な顔立ちをしているのでひどく危険そうな印象を与えます。私がこの旅の途中で見た僧は、藪のような髪が肩を覆い、腰帯に斧をはさみ、頭にはコーランの言葉を書き込んだターバンを巻いていました」

幸いなことにこの僧は翌日退散したが、彼らは時によると数週間どころか数ヵ月も金持ちのところに滞在し、出て行こうとしなかった。彼らの要求を拒もうものなら、彼らは中庭にうずくまって「ハック・ハック」と何時間でも大声で叫び、泣き声のような音を出す水牛の角笛を一晩中吹き鳴らして施主を脅しつけ、果ては庭に大麦の種を播いたりする。彼らは施し物を出さないと、大麦が生長するまで居座るというのである。彼らを立退かせるのは至難の業であった。彼らは何となくはばからざるをえないような神聖な雰囲気も漂わせていたからである。それに人々は彼らの風変わりで芝居がかった行動を恐れてもいたのである。

修道僧と出会った翌日、イザベラはイスファハーンに到着した。ここはテヘラン以前のペルシアの首都だったところで、十八世紀の半ばまでは壮麗な東洋の都市であった。この都市の住民は失われた栄華を忘れられず、「いつまでも深く後悔している」とカーゾンは言う。

この後悔と嘆きが周囲に対する嫉《ねた》みや敵意になり、彼らの吝嗇《りんしょく》、自尊心、宗教的な偏狭さの原因になっているらしい。ユダヤ人、アルメニア人、その他のキリスト教徒は迫害を恐れてあえてこの都市に住もうとはしなかった。イザベラが通りを歩いていると、大柄な男たちに冷やかされ唾を吐きかけられた。ザーヤンデルード川を渡ってジュルファ郊外に入れば一安心である。ここには宗教的な少数者が小さく固まって住んでいた。カーゾンが言うところの十字軍騎士のようなブルース博士もここにいた。彼は英国教会伝道協会の本部を設立しており、イザベラはそこにしばらく滞在することにした。

カーゾンよりも彼女の方がブルース博士を高く評価したのは当然のことである。彼女はアルメニアの少女に対する協会本部の「適切で堅実な」指導と、孤児院と医療センターの設立を心から賞賛した。しかし、未経験な若いイギリス人女性をそのような部署につけることの当否に関しては、イザベラは疑問を投げかけている。たとえばV嬢の場合、彼女はジュルファに着いたばかりだったのにわずか二、三ヵ月もたたないうちに死んでしまったのである。「彼女の命は困難な言語の学習、稀薄な大気と運動不足が原因ですり減ってしまったのです」とイザベラは言う。家族との緊密な絆を断ち切って、理想に燃えてやって来た若人は、「過度に神聖な場を夢見ているので、気がつくととてつもないストレスにさらされているのです。仕事の方法についても思っていたようなものではありません。これは必ずしも良いとは言えないでしょう」。さらにこう続ける。「想像上の侮蔑、いさかい、批判などはどこにでもあることで、戸外を散歩したり馬に乗って走らせたりすれば解消されるものです。くよくよと考え込んで人生を辛いものにしたり憂鬱にするのは決して良いことではありません」。

彼女の治療法は簡単で、馬に乗って速駆けさせれば大抵の病いは治ってしまうというのである。伝道の危険について多少誇張されているにしても、現地の食事、気候や習慣の違い、孤独による引きこもりなどに関して、伝道協会は十分に配慮していないのではないかとイザベラは心配した。こうしたところへ来るような若者は一般に心が繊細で過保護に育ち、未熟で気が弱く、過緊張になりやすい性格の持ち主が多い。若い女性が異教徒の地に入り込むのは、いずれにしても大変なことである。こうした配慮のない現地で、一途に献身しても遂には無益だったと感じて、元気がなくなり死に至ることもあるということである。

イザベラの旅の途中でこのような特殊な事態に遭遇し、記述を強調したのは偶然ではない。彼女自身の従妹も後にここにやって来て、「ペルシアのメアリ・バード」と呼ばれることになったのである。この従妹がやって来たのは、イザベラが去ってから一年後でジュルファの伝道本部で働いた。メアリは三十二歳、回想録によればそれまで彼女は「過保護の生活」をしていた。虚弱な体質で、背は低く、専門の訓練は全く受けていなかったが、イザベラの従妹だけあって思い切りがよく、確固たる信念と情熱を抱いている女性だった。彼女は実務の経験はなかったが、意に介することなく歯の治療、喧嘩で怪我をした耳の縫合、腫れ物の手当てなどを独学した。彼女は偏狭な反感にもめげず、イスファハーンの貧民に対して聖職にある者が何をなすべきかを主張した。

伝道者にとってこうした主張をするのは勇気ある行為だった。いやしくもキリスト教徒であるからには、宗教間の差異があろうとも改革運動に邁進しなければならない。だが門外漢の見解は異なっていた。ジュルファの電信スタッフにはこんな意見があった。

「メアリ・バードの行為はイギリスの役人にとって心配の種である。彼らはイギリス国民の安全を守る義務があるので、あまり飛躍した行動は慎んでもらいたいと願っている。ペルシアのような国では、改宗を迫るヨーロッパ流の伝道は必ず反感を引き起こし、キリスト教の理想を推進するよりはむしろ挫折させることになるので、慎重に行動してもらいたいと思う。というのは、そういう類の伝道は当地に住んでいる全てのヨーロッパ人の安全を損なうことがあるからである」

宗教に関わらない外国人の多くはこの意見に賛同した。カーゾンによれば、この伝道は不評だったとのことである。「とくにアルメニア人の支配層には不人気だった。というのは、彼らはこの伝道を彼ら自身の領域に対する侵害だと思っているからである」。彼らから見れば、二十年間に及ぶ伝道活動の成果は、アルメニア人が独自のキリスト教宗派を捨てて英国教会に改宗したことにすぎない、となるのだ。イスラム教徒の子供はイスラム教の学校へ行くことを禁じられ、背教に対する罰則は依然として死であった。

ペルシア電信公社のウィルズ博士は、彼の同僚と同じくこの宗教上の紛糾について厳しい見方をしている。彼の見解によれば、「イスファハーンの住民はジュルファに住むアルメニア人について、彼らは別の人種で、単なる悪徳の仲介者、人を酔わせる酒類の製造人であるとみなしている。アルメニア人はトルコ風、あるいはヨーロッパ風の衣服を着て、ポケットにアラックの酒瓶を入れた下劣な人間である。盗みのカモとするイギリス人がいるという理由によって、自分の道徳的優位に確信を抱き、傲慢そのものの態度で歩き、僧侶に対して軽蔑を隠さず、キリスト教伝道者（彼らの子供を無償で教育しているにもかかわらず）に対しても尊敬することはない」という。

ウィルズ博士はかつて酒造りの住んでいた通りにあるアルメニア人地区に住んでいたことがあるので、その発言に信憑性がある。「突きつけられた銃剣」と言われていたアラック酒を求めるペルシア人が間違えて、彼の家の戸口を叩いたということである。彼は宗教に無関係な男性の医師だったので、イザベラと異なりイスファハーンを自由に歩き回ることができた。夏の朝早くジュルファ橋を渡ると、キャラコを濯《すす》ぐ人々が働いているのが見える。彼らは浅い川に膝まで入ってキャラコの長い布地を石臼に叩きつける。すると半ば染まった布地から七色の水煙が立ち上り、日の光できらめいた。濯ぎが終わると、布地は砂利の土手に広げられ、豊かな赤紫、銅のようにくすんだ茶色、あるいはトルコ赤、サフラン色、ヒエンソウ青などが眼に映える。彼らは自分用の石臼を持ち、岸に粗末な小屋を建ててロバと犬、それに水を振りかけて材料を湿らせるために雇った少年とともに住んでいた。彼らはメロディのない歌を口ずさみ、少年は叫び、ロバがいなないている。犬の吠え声とはねる水の音、石臼に打ちつけられるリズミカルな音は、何世紀にもわたってザーヤンデルード川の土手に聞こえていた悠久な物音で、心を和ませるものであった。

彼は診察後、しばしば市場を一周した。昼食は酸味のある植物を添え、イチジクの実を料理したケバブだったり、ほかほかのパンケーキ、汁の多い串焼きのマトン、キュウリと野生アスパラガス、タマリンドで香りをつけたシャーベット、あるいは「老人の髭」と呼ばれた白くてみずみずしい葡萄などである。さらに行くと、印刷工が、孔雀やライオン狩り、象や兵士、髭を蓄えていない高貴な貴族たちを、有名なイスファハーンのカーテンに伝統的なデザインで印刷していくのを見物した。その後、ガルシャンの隊商宿の芸術家を訪ね、見事な薬箱の飾り彫りを鑑賞し、広場へ行くのを常とした。そこは一見優雅だが気性の荒い素晴らしいペルシア馬が勢揃いしているところである。ウィルズ博士はそこで可能なかぎり馬を入手した。この馬小屋には馬飼いが野生の豚を飼っていたが、その理由は豚の吐く息が他の動物の役に立つと思われていたからである。この地では豚は子供の魔除けになっていて、マルジャン（サンゴの意）と呼ばれていた。ペットの犬のようなもので、馬の後から懸命に走って追いかけ、馬もスピードを緩めて豚が追いつくのを待っていた。

イザベラは「イスラム教徒の怒り」と呼んでいたのだが、それが町中に蔓延していたのでイスファハーンの光景を満喫することができなかったが、一度だけ護衛つきで悪名高いアンデラン（美人宿）を訪れたことがある。ここには文字通りのペルシア美人が住んでいるところなのだが、生活は堕落し、好色でみだら、悪口が飛び交う不健康きわまる場所であった。イザベラの評は厳しい。

「女の眼は過度に見開かないというイスラムの教えに従って半眼に閉じられ、教育はどんな種類のものであれ女には必要がないという理由で受けたことはありません。部屋は絹や錦糸の房飾りで飾られ、分厚い絨毯が敷かれています。大理石の花瓶やガラス製の飾り、ランプ覆い、燭台が所狭しと置いてあります。ペルシア人はガラス器具を崇めており、これはカーゾンも言っていることですが、彼らは水晶宮こそが世界最高の芸術作品だと信じているのです」

こうして飾られた部屋の中で美女たちはタンバリンを打ち鳴らし、糖菓やキュウリのジャムを作りながら他人の噂話に興じ、互いの髪の毛をつくろったり襟足に白粉をつけたりしていた。さらに道化師のように頬を赤く染め、眼や睫《まつげ》に黒い墨で縁取りをし、男どもの情熱を煽るために惚れ薬を調合したりし、遂には猥褻《わいせつ》な劇を観たりした。この劇にはイザベラも憤慨したようである。「これはイギリス人のように見慣れていない人からしても、とても見るに耐えないに違いありません」と言っている。運動不足と糖菓の食べ過ぎで彼女たちは皆肥りすぎ、白い肌がたるんで歩くのもおぼつかないほどだった。室内衣裳は変わっていて、「快適そうでもなく、それ以上に繊細さに欠けている」とイザベラは評している。それは金糸で縁取りされた絹の薄織りで仕立てられた婦人用肌着で、透き通っているので「とくに想像力を必要としない」代物である。その上にビロード製の短いボレロが両腕を覆っているだけで、乳房と腹の上部を覆うものは何もない。下半身はふっくらと広がった短いスカートにそれに合わせた膝まであるソックスを履いている。この衣裳を十九世紀のヨーロッパ人が目にすれば、あまりにアンバランスで驚いたことだろう。それは塗りたくった顔と染められた髪の毛と調和しないので、性的にも挑発的であるよりもむしろ滑稽なのである。

ウィルズ博士は、「座っている女を見たら、宮内長官も呆れることだろう」と言っている。彼女らは香水の匂いが漂っている息が詰まるような部屋で物憂そうに生活していたが、こうした飾りたてられた女性に比べれば、自分は何と自由なのだろうとイザベラは思わずにはいられなかった。彼女はジュルファに戻り、そこで次なる旅の支度に没頭した。それは「愛おしい古いテントを新しいロープで修理する」ことだった。

ソーヤーが到着したのは四月になってからである。イザベラが友人に語ったところによれば、「ソーヤーは何も起こらない無気力な町に一大センセーションを引き起こした」という。「彼の見事な容貌と人格、機知にあふれた率直さ、偉大な能力と親切さが大騒動の原因であり、私が耳にしたところでは、彼の言動の一切が話題の中心なのです」とのことである。ジュルファには少数ながら伝道に従事する女性がいたが、彼女らはシムラの女性のように喜んでイザベラの代理を務め、ソーヤーのような男らしい仲間とともにバフティアリ地方の差し迫った危険に立ち向かったことだろう。元気一杯の未婚の男性と、これまた元気な年《とし》増《ま》の未亡人との組合せは成功したらしい。少なくともイザベラはそう言っている。彼らは「良い仲間」であり、ともに妥協し合った。イザベラは隊商とともに独立して行動し、夜になるとソーヤーが見張りに来た。服装については、「私なりにラフな服装を身につけていました」と言う。

四頭のラバに四十日間の寝具も含めた必需品を積み込んだ。それらは自慢の「エドワーズ粉末スープ」「野蛮人へのプレゼント」（これはイザベラのジョークらしい）、革のテントが三種類で、そのうちのひとつはテント式浴槽であったが、これは使用するのが難しかった。というのはテントと地面の間にすきまができるので腕白小僧どもが眼と口を見開いて覗き見るからである。読者の中にはイザベラが旅の途中で、どのようにして生理的な要求を処理していたのか知りたいと思う人もいるかもしれない。彼女の周りにはいつでも男性がいたのである。この問題について彼女の友人も聞きたかったに違いないが、誰もイザベラに問いただす勇気がなかったらしい。とにかくこの問題に関して、イザベラが言及したことは一度もない。彼女の長旅で重要なことは、そんなことではなく、常に薬箱を携えて行ったことであろう。これはバローズとウェルカムから贈られたもので、中には五十本の瓶、特別な錠剤、キニーネ、軟膏、それにいくつかの外科の道具が入っていた。

Ⅲ

イザベラとソーヤーがジュルファを出発したのは四月三十日であった。この季節は一年でもっとも良い季節で、春の訪れとともに川の土手に生えている柳が青味がかり、杏やクルミの果樹園にも花が咲き、アヘン用のケシが白く輝いていた。青と灰色の混じったような色をした鳩が鳩の塔の周りに群がって飛び回っていた。この塔は八十フィート（約二十四メートル）ほども高さがあり、赤と黄の色が唐草模様に塗られたもので、単調な風景の中で異彩を放っている。鳩はこの塔に巣を作っているので、その巣穴の跡がまるで蜂の巣のように見えた。この鳩の糞は早生メロンを育てるための貴重な肥料になるので、かつては繁盛していたのだが、このメロンの需要が減ってきたために今では塔の大部分が廃墟と化していた。それでも鳩はこの塔に住み着いて、付近の作物をかすめ取っていた。

やがて隊商とも馴染み、前方にさえぎるものとてない荒野の道をイザベラは旅して行った。早朝は涼しく、出発はいつもソーヤーの「靴と鞍」を用意しろという叫び声で始まる。彼女はソーヤーについて、典型的なインド在住のイギリス人という意味で、彼に「閣下《サイーブ》」という渾名《あだな》をつけた。それから日が出ると、動物が餌を食べる音、料理鍋のガチャガチャいう物音、ラバ使いの大きな声などが錯綜する。次いで砂利の坂道を登っていく足音が聞こえ、低木や動物の糞の臭いが鼻につく。馬のたてがみと馬上の人間の髪の毛に吹きわたる薫風やセリガン湖の縁に沿って脚の赤いコウノトリが魚をついばんでいる風景に、イザベラは感動した。彼女はバフティアリから友人にこう手紙で知らせている。

「これこそが純粋に足で歩く旅の醍醐味なのです。朝にはその日の夜にどこにいるのか、私たちには全く分からないのです。行き着いた場所が気に入り、そこに水があれば、そこに野営することに決めます。私はこうした旅が大好きです」

旅人というものは誰でもこうした足で歩く旅が好きなのである。公開討論がいかにも好きそうな洗練されたカーゾンでさえも、こうした旅を好んだのは間違いない。彼はペルシアの旅が彼の中に潜んでいる放浪の快適さを引き出したのに気がついたのかもしれない。カーゾンはその原因をこう考えたようである。

「放浪の快適さは、広大なさえぎるもののない平原がどこまでも続き、その向こうには山並

み と道なき道、土手も堀もない踏み固められただけの道、その道を行くのに何を選ぼうとも自由であるということなどが、生活の因習から離れた移動という解放感があるということである。これは楽しい変化というものであり、家庭的なものの下で抑圧されてきた自己信頼が回復する。この冒険を愛する心情は十九世紀になっても消滅することはない。とくに何千年にもわたって変わることのなかった東洋の環境の中で、アブラハムが羊の群れを率いてさ迷い歩き、レベッカが井戸で体を洗い、野蛮な掠奪で住む家もなくなったヨブがいまでも存在しているようなところにいると、その思いをひしひしと感じるものである。そこへヨーロッパの人間がヨーロッパ文明という人工の作り物を投下したのである。だからここへ来る旅人は先祖の蓄えであるかつての環境に入り込んでほっと息をついて安堵しているのでないだろうか?」

これが確かなことであれば（イザベラなら同意したであろう）、彼女が旅をしている途中に出会ったバフティアリ族は、文明の脱け殻を投げ捨てるように誘惑をしているような気がした。彼らは旧約聖書そのままのような生活を営んでおり、掠奪やヨブが受けた苦難を与えられた民族であった。彼らの大部分は、教科書のような味気ない表現をすれば、フゼスタンの温暖な平原で冬を過ごし、カルン川上流の涼しいところで夏の放牧をする「羊飼いの遊牧の民」である。彼らは普段は敷物を敷いたテントの中に住んでいた。テントの中はこんな具合であった。

「絨毯は椅子にもなり、テーブルやベッドにもなります。トランクや衣裳箪笥《たんす》の代わりになるのは、後ろに大雑把に積んである石の低い塀です。彼らはこの塀の上に美しい膝掛け毛布で作った鞍袋の中に自分の衣裳を入れて載せておくのです。目につく家具といえば、食べ物を入れる銅製の大きな鉢、牛乳を入れる小鉢、不純物を除去したバターのための銅製の巨大な壺、それに三本の柱から下げられた、中に牛乳の入った羊の皮くらいのものです。この羊の皮は地面に座っている二人の女性によって絶えず揺すられています」

凝乳の他に彼らが食するものはきわめて乏しいものである。山羊や羊から手に入るものは言うまでもないが、それを補うのは野ウサギやアイベックス（野生の山羊）、どんぐりの実を粉にして作るパン、野ガンのスープなどであった。彼らの大部分はイスファハーンの西方に住んでいるが、境界線に関する意識はあいまいで、険しく切り立った山々と高原に挟まれた地区、泡立つ激流の峡谷や何もない高山の谷間にあって、首長の下で一種の独立圏を維持していた。彼らはイスファハーンに納税の義務があったが、めったに納めることはない。それに、「彼らの圏内に官吏が入り込むのはかなり危険なことだった」とカーゾンは言っている。彼ら自身は自分たちがペルシア人だという意識もなかったのかもしれない。彼らの話す言葉はペルシア語の方言だが、その起源はきわめて古いものであり、カーゾンの評によれば、「彼らが民話を発展させたとか、書物に歴史を書き留めたという事実は全くなく、彼らに受け継がれた伝統は、たちまち伝説の闇の中にかすんでしまう」とのことである。

彼らの伝説は乱暴な掠奪を誇張した物語であって、何世紀も続いた残酷な伝説は彼らに忌まわしい評判をもたらした。さらに部族間の反目がこの物語を誇張して伝えた。たとえば彼らがファテハ（死者への祈り）を常時唱えることを控えざるを得ないことはよく知られている。そうしないと他のことをする時間がなくなってしまうからだ。だがイザベラはこの伝説を引用するときには、かなり割り引きして引用した。というのは、経験によればヨブに等しいほどの苦難にさらされると、戦うための意欲などなくなってしまうことを彼女は知っていたからである。

ところで、イザベラが携えていたバローズとウェルカムから贈られた薬箱は意外な効果をもたらした。彼女はその薬箱のせいでハキーム（医師）だと思われたのである。彼女が来るという噂が流れると、周辺から老若男女が彼女のテントに押し寄せてきた。白内障や緑内障、腫れ物、てんかん、毒蛇の傷、消化不良、リューマチ（当地で骨の風と呼ばれていた）などあらゆる病人が手当てを求めてやって来たのである。うろたえたり、いらだちながら一日に二百人もの患者を診察しているうちに、イザベラは三年前に聖母マリア病院で受けた医療訓練を思い出した。大変な試練だった。テントの外には診察を待つ人々が押し黙って、哀れな眼で列を作っていた。割れた卵の殻に薬を入れてもらってアラーの神に感謝している老女、泣き叫ぶ子供の傷口にたかる蝿、病気で風呂に入っていないために臭う身体、誰もがイザベラの治療が有効だと信じていた。盲人が洗眼液を求め、ろう者は耳の治療を嘆願した。ハーレムの女性の中には惚れ薬を欲しがったり、相手の男性の妻を醜くする薬を要求する者もいた。このハーレムの女性は論外として、イザベラは必死で病人を診察し、キリスト教の使命を果たしているのだという自覚を新たにした。彼女は二、三週間前にジュルファから友人にこんな手紙を出している。

「私はたった今『世界でもっとも偉大な使命』という本を読んだところです。私は未開人やラバ使いたちの中で、この本が命ずる礼儀や親切を実行したいと思っています。……実践することこそがキリスト教の使命であり、可能な限り多くの人々に私たちが信じているものを伝えていきたいのです。最後の審判に際して、何を実践したのか、あるいは実践しなかったのかが分かれ目になるのではないかと信じているのですが、これは素晴らしい言葉です」

それ以後、彼女の努力は実践的なキリスト教の布教ということに傾注された。これは彼女にとって活気づけられた信仰に対する感謝の証でもあった。

彼女の行為は優しかった夫ビショップに対する愛や尊敬の意思表示であり、夫が心から賛同してくれただろうということは疑いない。イザベラが現地の人々を救済しようと思って努力したのは、真のキリスト教の慈善の精神によるものであったのは確かなことである。ところが現地人の中には彼女の持ち物に手を出す者が少なからずいた。ただし薬箱を盗み出す者はさすがにいなかった。

五月のある日（彼女とソーヤーは正確な日付を失念してしまった）、彼らは首都アルダルに到着した。そこにはバフティアリ族の首長イルハニが崩れかけた要塞に住んでいた。ソーヤーはその先にある未開の地方に行くために護衛を雇うことでイルハニと言い争いになった際、厄介なことに「ハーレム訪問」の約束もしてしまった。これはイザベラにとって迷惑なことだった。色の白いペルシアの女に比べると、バフティアリの女は色も黒く下品で頑丈な体型をしていた。彼女らからの質問はしつこいものだった。何十人もの女たちがイザベラの周りに群がり、ユスフに次から次へと質問した。「この外国人の年齢は？」「なぜこの女は髪を染めないのか」「この女の歯が白いのはなぜか」「なぜこの女は眉を真ん中で合わせないのか」「皺の取り方を知っているか」「嫉妬の対処の仕方は？」「ソーヤーは何人の妻を持っているのか」「彼はバフティアリ族の女を欲しがっているか」「外国人は酸っぱいミルクにセロリを入れたものを飲んでも消化不良にならないのか」「あの外国の女は綺麗なボタンやスカーフ、腕輪などを私たちにくれないのか」など、際限もなく質問は続いた。

こうした質問は、いつも突然に終わる。そして女たちはねばねばする砂糖菓子を差し出し、むっつりと沈黙してしまうのだが、イザベラはその沈黙の中に彼女たちの暮らしの退屈さと自己憐愍《れんびん》があるように感じた。なんとか身の整理をすると、イザベラは現地を立ち去ったが、心中はここの女性たちの苦境に同情し、悲しくやり場のない怒りを覚えるのだった。立ち去るとき、この遊牧民の騒音が彼女の後を追ってきた。それは女たちや赤ん坊の哀れな泣き声、鶏や綱につながれた動物のいろいろな鳴き声、犬や少年の声、タンバリンや笛の音色、銃や盥《たらい》の物音、食物を争って喧嘩している男たちの怒鳴る声などであった。イザベラはこの地に二ヵ月過ごした後で、その感想を述べている。「野蛮な生活からは、新たな物の見方は生まれません。ここではプライバシーは完全に無視されています。残酷、不潔、貪欲、隠すことのない羨望や憎しみ、欺瞞、利己主義と裏切りなどを見ていると、痛々しい思いをぬぐいきれません」

こうした地区でこそキリスト教の慈悲と寛容とを発揮しなければならないと彼女は痛感したが、ソーヤーの意見は違っていた。その相違は彼らがアルダルに着く頃には歴然としてきた。これに対する不満は書物にも書かれているが、残っている二通の手紙を読めば「現地人の取り扱い」に関して二人の意見の対立は手に負えないほどだったことが分かる。ソーヤーの態度はまさしく帝国主義の宗主国そのものの態度だった。彼は「現地人が薪を運んでこなかったら、部下と一緒に行ってその地区の全部の屋根と柱を引き倒す」と使者に告げた。この命令を伝える役目はユスフに委ねられ、気の毒なユスフが出かけようとすると、「ついでに薪を運んでこない奴にはくたばれと言ってやれ」と追い打ちをかけた。

彼らがアルダルに着いた頃になると、ソーヤーの癇癪《かんしゃく》は一層抑えがきかなくなり、彼の怒鳴り声はイルハニとその息子、さらにはその下の部族長にまで及んだ。イザベラはその間の状況について、「私がここでどんなに苦労しているか想像して下さい」と友人に訴えているが、彼女たちはエディンバラにいる淑女なので、どう答えればよいのか苦慮したに違いない。

「ソーヤーは客として訪問する偉大な領主に対して、サイーブ（大人）として友好的で礼儀正しくふるまうべきなのにひどく傲慢な態度をとるのです。昨日はイルハニの二人の息子が来たのですが、彼は私に『適当にあしらっておけばいいよ』と言って出て行ってしまったのです。彼はテントの外に出て六分儀を掃除したり、私の応対に対して小声で嫌味を言ったりしているのが聞こえました。ユスフは通訳しながら苦笑していましたが、彼の態度は政治上からしても恐るべき過ちであると思います」

どうやらソーヤーは自分では勝ち取ることができない同情と協力を得るために、ハキーム(医師)として評価の高いイザベラに頼っていたらしい。自分の手に負えない首長との仲裁役は、彼女に押しつけた。これはどうみても厚かましいというしかない。これは彼の任務なのであり、この任務が成功して帰国すれば、全ての手柄は彼のものになってしまうのである。イザベラに押しつけられた役目はこれだけではなかった。運が悪いことにソーヤーがただ一人信用していた測量技師が眼病に感染してしまい、何週間も仕事ができなくなってしまった。その代役としてイザベラが起用されたのである。彼女しか代役できる人間はいなかった。彼女はそれについて愚痴っている。

「ソーヤーは私に彼の観測を手伝うようにと言ったところです。あと二、三分もしたら太陽が子午線を横切るのをクロノグラフで記録を取らなければなりません。緯度についての観測報告は二十四、経度については星の数だけだそうです。何とも言いようがありません」

そうはいっても、イザベラはこの仕事を秘かに楽しんでいた気配がある。彼女は知識を正確に記録するような計測の仕事が好きだったのである。「さて、これからです」と一頁ほど記録した後ですでに疲れてしまった。

「ソーヤーは私に九時三十分から十一時まで星の観測をしてもらいたいと言っていますが、それが大変なことだということが分かりました。私の手は氷のように冷たくなって震え、その上失敗すれば何を言われるか分かりません。小さな間違いが大きな間違いにつながり、調査の基盤が損なわれてしまうのです。そうなると苦心して作成した天文学の計算が覆ってしまいます」

ある夜、いきなり「あんたは一体何ということをしてくれたんだ」というソーヤーの罵声が響き渡った。「正確に聞けたかどうか確認のために三つの数字を繰り返してくれと頼んだだけだというのに」。夜更けに空漠としたペルシアの砂利だらけの大平原の中で、小柄な体をしたイザベラが凍えて立ちすくんでいる姿を空想すると、不思議な気がする。ソーヤーが些細なことで暗闇の中で彼女を怒鳴っているとき、子供のような真剣さで六分儀やクロノグラフなどを操作しようと努力するところが、イザベラのイザベラである所以であろう。

この時期、ソーヤーの精神状態は最悪であった。それまでは彼らはどうにかうまくやっていたのである。少なくともイザベラは自由を謳歌し、「野営生活を過ごすのに男性用の衣服を着用」しても誰も文句を言わなかった。「私は野営生活が気に入っています。ここにいると気分が爽快になるのは、人と付き合う必要がないからです」とイザベラは説明している。人がいないところでは、彼女は「だらしのない灰色のアルスター外套」を着込み、靴はバフティアリ族が履いているものと同じものだった。食事は容器からがつがつと食べ、明かりは皿の上に乗せた蠟燭だけである。眠る時はテントの薄暗い片隅に置いてある馬具類の間に羊の皮を敷いて丸まって眠り、何もかも忘れてぐっすりと眠った。昼間の休憩は暑くなるにつれて長くなったが、ソーヤーの服装は古いフランネルのシャツに半ズボンであった。彼はハンサムな顔をテントの日陰に入れるために、イザベラのテントの外側で横になるのが常であった。そんな時、彼らは互いの娯楽のために『ベン・ハー』や日曜日の説教を音読したりした。

アルダルを去った後、彼らが辿ったのはカルン川上流の北方にある険しく湿った高山である。彼らと一緒に夏の牧草地を求めてだらだらと進んで行く行列があった。この一行は「荷物を積んだ牡牛、無数の羊と子羊、それに子山羊」であり、それに「大きな犬、ロバ、その背に乗せられた弱った羊、羊飼いの懐に抱かれた子羊、大型の牡馬、自由に走り回っている子馬、派手な敷物で覆ってある鞍の上に荷物と一緒に赤ん坊を座らせた女たちが乗った子馬、長い銃を肩に吊し、大きな両刃ナイフを帯に差した男たち」の行列であった。

この地区はイルハニの権威が不安定で、男は動く武器庫と言ってもいいほどである。野営地で休憩する度に、物騒な噂話でもちきりになる。たとえば、イルハニは彼の甥を殺害しようとしているが、そうなれば大騒動が持ち上がるだろうとか、部族長の中にイルハニを暗殺しようとする者がいれば結果は似たようなものになるだろうとかいうものである。イルハニと甥は、金持ちで何にでもしゃしゃり出てくる外国人の喉笛を掻き切ろうとしているというものもあった。ある日、棍棒で武装した部族の一団がソーヤーを襲ってきたことがある。彼は冷静に拳銃を空に向けて発砲し、一笑に付した。またある時には、何人かの男たちがソーヤー一行の皆殺しを謀っているのをユスフが漏れ聞いたこともある。

イザベラが高山植物を採集するためとか、風光明媚な街道を見るために一人で馬に乗って歩き回るのをソーヤーが心配するのは当然のことだった。そのような外出の後、テントに戻ってみると何か妙なことが起きていることにイザベラは気付いた。

「その夜、服を脱いでいた時のことです。何か得体の知れない獣のようなものがテントの周りをうろついているのです。私は口笛を吹いてユスフを呼びました。獣らしきものは乱暴に私のテントに頭を突っ込もうとしているようでした。これは熊に違いないと思って、私は登山用の杖で力一杯にその動物の頭を打ち据えたところ、人間の悲鳴が聞こえ、続いて『それにしても思い切り叩いたもんだな』と言いながらソーヤーが顔を出しました。彼は私が無事かどうかを確かめにやって来たのです」

こうした混乱状態のためにラバ使いは姿をくらまし、首長に頼んだ護衛は到着せず、ソーヤーの調査は遅々として進まなかった。ソーヤーはさらにいらいらし、「彼の酷薄な性格と、有色人種に対する侮蔑を別にすれば、他に問題はないと思います」とイザベラは言っているが、目につく限りの有色人に対して不機嫌さを隠そうともしないソーヤーは、突然その怒りをイザベラに向けることがあった。ここまでくれば、イザベラも決心しないわけにはいかない。「私は彼と同行することを止めるということを、彼に告げようと思います」と言いながら、結局ソーヤーの魅力に負けて、実際に彼にそう言うまでに三回も躊躇した。それを聞いたソーヤーはその考えをはねつけ、逆にイザベラの短所をひとつひとつ言い張る始末だった。彼が最初に言ったことは、イザベラの声が気に入らないというのである。「私の声はカラチを出発した時から気にさわり、いらいらしたと彼は言うのです。私の声を聞く度におかしくなりそうだったとまで言いました」。

しかし彼女の声がどうであれ、その時点ではソーヤーにとってイザベラの存在は不可欠な貴重なものだったのである。彼女は元来のやり方で押し通すことにした。ソーヤーは無理やり自分の気性を抑え、現地人に不作法な対応をしないという約束をしたので、彼女は彼と同行することを聞き入れた。だが彼らの旅の最後の六週間に彼女が彼とともに体験した喜びについて、彼女の著書から窺い知ることはできない。

彼らは山並みを横切って西へと進んでいった。その間彼女は地理的な情報や、ソーヤーの調査に協力した関係で得たテーマについて彼女なりに興味を抱き、彼女の著書に数少ないながら人間の生き生きした行動を描写したくだりをもたらした。それはかなりの危険を伴った旅であった。気温は高く退屈であるばかりでなく、暴力の脅威がほとんど理由もなく罪の意識もないままに突発し、それが稀薄な大気の中で蠢動《しゅんどう》していた。彼ら一行は二度ほど丘の尾根線で伝統的な飾りをつけた部族によって急襲された。さらに気がついてみると、部族間の闘争の真っ只中にいたこともあった。

イザベラの記録によると、「突然銃声が私たちの周囲に巻き起こり、一斉射撃の弾丸が降ってくるのです」とある。彼女が双眼鏡で見てみると、彼らは発砲しながら怒号を発し、丘の中腹を上がったり下りたりして走り回っていた。彼女はこの武力衝突の無意味さを考えて憂鬱になった。イザベラの考えによれば、このような土地に関しての唯一の救済策はイギリス帝国による慈悲深い専制君主制しかありえないというものだった。バフティアリの人々は、「何故イギリスは私たちに平和を与えるために行動してくれないのか」とイザベラに尋ねた。彼女はたとえイギリス人やペルシア人、あるいは他のどの国であれこの未開の地を支配しようとしても無駄だろうと思っていた。この地の人々は未開の自由を守るために命を賭して戦うだろうからである。そして実際、彼らが契約したいかなる同盟も、貪欲と欺瞞という砂上の楼閣となって崩壊せざるをえないだろう。

イザベラはバフティアリ族の長所――それは子供に対する愛情、陽気さ、家族の忠誠心などを指摘し、それを広く知らせようと試みたが、そうは言ってもこの地区がこれまで彼女が旅してきた中でもっとも危険で不愉快だったことは拭いきれないようであった。それはともかく、イザベラが土地の者が言う「身ぐるみはがれる」という状態にされることなくこの地を脱出できたことは幸運であった。彼女は遂にこの地を踏破し、八月九日にボルージェルドに到着した時点でソーヤーの任務も終わった。イザベラの友人への手紙はそれより以前に終わっていた。この二人の経験豊富な旅人がどのように別れたのかについて、手がかりとなるようなものは何もない。いつでも常套的な見方しかしないアンナ・ストッダートは、「彼らは危険や不自由を切り抜けた同志として、感謝をこめて別れたはずである」と言っているが、表面的にはそうしたに違いない。しかしソーヤーは取り越し苦労ばかりしている初老の女性の声を聞くのもこれが最後だと喜んだかもしれず、またイザベラも夜明けの睡眠を破る「靴と鞍を用意しろ」というソーヤーの怒鳴り声を聞かなくても済むことで安心したに違いない。

Ⅳ

ソーヤーという個性豊かな美男子の代用とするためか、イザベラは「ボーイ」と呼ばれる馬を手に入れた。この馬は力が強く体型も引き締まった種馬で、「見てくれの悪い頭とよく動く耳を持ち、切りそろえない尾を誇らしげになびかせて」いた。ボーイは情感にあふれ人を疑わず、魅力のある馬だったが、本当は臆病でラクダが鼻を鳴らすだけで飛び上がり、尾を巻いて逃げ出すようなところがあった。たとえば、「パルシアの馬は皆そうなのだが、ボーイも夏でも多くの布を上からかけられていた。ペルハンと言われている羊毛を編んだものを胸部に巻き付けられ、その上にさらに厚手の覆いものを載せ、夜になるとナマドという半インチほどの厚さのあるフェルト地の毛布を載せられるのですが、とても長いので頭から尾まで包まれ、幅は胴体を膝のあたりまでかぶせてあります」とイザベラは言っている。ボルージェルドから西へ向かう旅の初日に、ボーイは彼女のテントに入ってきてしきりに甘え、「ボーイが私と一緒にメロンを食べたがっていることに気がついた」が、ボーイは葡萄も大好きでデザートのつもりなのか、一日に十ポンド（約四・五キログラム）も食べてしまうことがあった。その他にキュウリ、ナシ、ビスケットなど何でも欲しがった。彼女が外出しているときは椅子につながれているのだが、彼女がいると甘えて鼻をこすりつけてきた。散歩に行けば犬のように後をつけ、花を摘むときには興味深そうな眼で見つめ、乗ってやるとはしゃぎ回って、颯爽と歩く様は美しかった。

収穫の時期になって、イザベラはボルージェルドから少し離れたサーミンというオアシスの町に行った。そこは「空間が全て脱穀場」のようになっていた。

「山と積まれた小麦がフォークの先で空中に放り投げられて、麦藁が除かれます。地面に落ちた穀類は家に持ち帰り、粘土製の大きな壺に入れて貯えられるのです。今は村落中が砕かれた麦藁の塚で覆われていますが、雪が降る前に片付けられます。籾殻《もみがら》を扇ぎ分けるときのほこりっぽさは表現のしようがありません。私は危うく窒息するところでした。風が吹く日は、村落全体がほこりでかすんでしまうほどです」

とイザベラは言っている。しかし風が全く吹かないと、残暑の熱気は猛烈なもので、その熱気が平原の上に垂れこめて動かず、さすがのイザベラも熱射病にかかってしまった。空にはブユの大群が飛び回り、鋼を思わせる白熱の太陽が容赦なく照りつけ、髪の毛も燃えだすのではないかと思うほどだった。これには堪らず、彼女は休むために道端の堀に座り込んでしまった。このような困難を彼女が克服したという光景を想像すると、これはたまたま運が良かったなどという次元の問題ではなく、彼女の強い意志の賜物《たまもの》だったのではないかと思われてくる。彼女はさらにこんな挿話を知らせている。

「ユスフが私に『あなたの馬がいなくなってしまいましたよ』と言って呼び起こしに来たのです。私は驚いて、つないでおくように言ったではないかと詰問すると、自分もボーイを信用していたのにと答えるのです。そんなに信用してはいけないと私は言いました。それに、自分自身も信用しない方がいいのではないかと余計なことを言ってしまい、あとで後悔しました。私はボーイを探しに行くように指示し、見つけたときには馬から下りて飼い葉袋を持ってそっと近づくようにすれば、初めは逃げようとするだろうがいずれは捕まえることができるだろうと断言しました」

ところが三十分ほどして戻ってきたユスフが言うには、ボーイを見つけて二度ほど近づいたのだが馬から下りずに飼い葉袋ではなく、私の肩掛けカバンを出して見せたためにボーイは普通の駆け足で逃げてしまったと報告した。それを聞いたイザベラは、理屈ばかり言っているユスフの態度に怒りが収まらず、現実を見て対処せよというアジス・ハーンの言葉を思い出した。彼女はユスフについてこんな感想をもらした。

「ユスフはとてもいい人で誰も彼に腹を立てるような人はいませんが、私の馬が私の雪盲予防眼鏡を踏み付けて粉々にしてしまったのをほったらかして『運命』だの『宿命』だの言うのはやはり腹が立つものです。私はこのような環境にいるときには、まずは持てる資質と深慮をフル活用するべきであって、『運命』や『宿命』という言葉を用いるのは最後になった時だけにしなさいと言いました。私の苦況はひどいもので、そのときは本当に病気になっていたのです。私がなくしたものは馬と鞍だけではなく、食料、キニーネ、筆記用具、裁縫道具などでした。私は馬の上に積まれた荷物の上に乗って五時間も進んだのですが、疲労のあまり二度も落馬しました」

こうしてやっとのことで彼らはある村に辿り着いた。そこでボーイを見つけてくれた人に対して多額の報酬を約束してテントの中に就寝した。「翌朝、私のベッドの傍らに置いた葡萄がなくなり、横を見るとボーイが鼻を鳴らして私に擦り寄ってきたのです」。それとともに、なくなっていた拳銃の革のケースとともに拳銃も彼女のもとに戻ってきた。彼女の熱は下がらず、ハマダンで遂にダウンし、三週間の滞在養生を余儀なくされた。食欲はなく、目を楽しませるものは何もないので、イザベラも一日も早く健康を回復してバグダッドとカイロ経由で帰国したいと思うほどだった。熱のために衰弱した彼女に災難が降りかかった。貯えが全部盗まれてしまった上に、冬が近づいていたのである。

しかし仮に彼女が帰りたいという誘惑（荒野の試練に負けて）に誘われたとしても、実行するのは困難であった。地図で見ると、帰国するための道といえば西ペルシアを通って千マイル（約千六百キロメートル）以上もある北西の陸路しかないことが判明したのである。これはクルディスタンと黒海沿岸のトラブゾンに至るアルメニアの地域であり、かなりの危険を覚悟しなければならない道筋である。その地区のラバ使いもその道を通るのを嫌がり、いろいろと言い訳した。彼らが言うには、時期が遅すぎること、掠奪が横行していること、道が分からないなどであり、誰も行きたがらなかった。それでも彼女は「見かけだけは立派そうな」トルコ人と、ラバとラバ使い、および携行する食料など必需品について契約したが、このトルコ人はあまり信用できそうもなかった。九月の半ばになって、いよいよイザベラはハマダンを出発した。

「旅程」は一日に平均して十八マイル（約二十九キロメートル）、六日目までには周りに多くのクルド人が増え、ペルシア語が聞かれなくなったので、まだ正式にはペルシアにいるのだがイザベラは何となくロマンティックなクルディスタンに到着したのではないかと感じた。カーゾンはクルディスタンについて、「これは旅人のための案内書によく記されている名称」であると書いている。イザベラの進もうとする方角にあざけりの目をやり、五万平方マイル（約十三万平方キロメートル）以上もの広大な土地にクルド人が住んでいる地域全体を指し示す名称に過ぎないと語った。この地区は自然からしても政治上からしても、境界というものが全くない。トルコとペルシアの両方の領土を含んでおり、住民はトルコ人、ペルシア人、カルデア人、アルメニア人という具合で種々雑多の人々が住み着いていた。そのために常時対立と争いが生じていた。クルド人は頑固で気性が荒く、情けを知らず容赦しない人種であり、西アジアに主権を確立したことのある統治者にとっては「頭痛の種だ」とカーゾンは評している。彼らは掠奪をこととしており、「むっつりして、威張った態度を取る」ので、カーゾンは嫌悪していた。イザベラは悪党タイプの男には意外に眼がなく、クルド人も好きになれると思っていたのだが、不愉快な経験をさせられたのちに考えを変えることになる。

彼らは確かに乱暴であるが、陽気で刀とナイフと銃を肌身離さず、銃弾を腰の周りに花綱飾りのように巻いており、「ペルシア人のような卑屈な態度」は全然見せない。一方、女たちはメグ・メリリー風の目鼻立ちで、ベールを被らず、堂々とした美人が多かった。イザベラはその感想を率直に述べている。「ペルシアの女性に共通している厚着をしてよたよた歩く様子を見た後では、ここの女性は体格もよく、しっかりとした足どりで颯爽としているので見ていて気持ちがよくなります」。

彼女たちはイザベラに親切で、自分の家に招待してくれた。屋根の低い家の内部は清潔で、粘土を固めた床が薄暗い照明の中を迷路のように続いていた。彼女らはイザベラを上座の印である刺し子の布団に座らせ、ロシアの紅茶をご馳走してくれた。彼女たちはイザベラがこれから行こうとしている道に待っている危険について警告した後、これから収穫できそうな穀物や動物についていろいろと話は尽きなかった。クルド人の親切なもてなしは有名で、旅人の中には友情の印として「シチューの中から子山羊の脂身を選んで、自分の汚い手でつかみあげ、それを旅人の口の中に無理やり押し込まれて閉口した」という話が広まっていた。旅人は窒息しそうになりながら、「主よ。有り難きことかな。素晴らしい味に感謝します」と言うのが礼儀なのだ。

イザベラはこの好意的な行為で口に脂身を押し込まれるのは困ると思っていたが、彼女が立ち去る時、伝統に則ったあわただしい見送りをしてくれた。「道の運試し」と呼ばれるものだ。彼らはイザベラの周りを走り回り、馬を巡らせて走らせたりした。「彼らは険しい丘を駆け上がり駆け下り、馬の左肩越しや右腹越しに銃を撃ってみせたりしました。見事に彎曲した三日月刀で互いに突き合う型を示し、あまり上手でない歌を聞かせてくれました」。こういうときのイザベラは幸せそうである。

イザベラは幸せな気分になり、大気のせいもあり健康が一気に回復した。もっとも近くにいると思われるヨーロッパ人でも、ここから数マイルは離れている。ボーイに乗って早駆けすることは彼女の無上の楽しみであった。この西部の平原は何ヵ月も雨が降らない。周り一面に暗青色、黄土色、黄褐色の平原が広がり、遠い山並みの暗青色が淡い灰色の地平線に溶け込んでいる。黄土色はよく見ると、近くの家の屋根の上に乗せている飼い葉の山であった。黄褐色の元は小高い丘、乾いた藁床、荒廃した要塞の泥の壁、耕している牛、尾の汚れた羊などである。

そんなある日、彼女はサイイドに出会った。サイイドとはイスラム教の聖者のことで、威厳のある風格をそなえ誇りに満ちている。彼は大いなる熱情をもって「フサイン」の威徳について説教し、聴衆は感動して口々に誉めそやした。さらに旅行く途中、イザベラは少年によって先導された荷車に出会ったが、その荷車は四頭の野牛によって引かれていた。少年はその中の一頭に乗っており、繰り返し続く単調な旋律を口ずさんでいて、彼が止まれば野牛もおとなしく従った。

やがて「ペルシアの楽園」と呼ばれるウルミエ平原に出た。そこは水が湧き、草は青々と茂り、果樹園には果実がたわわに実っていた。黄金色に輝くこの肥沃な平原についての彼女の説明は以下のようである。

「こちら側には葡萄絞り器が動いており、あちら側には少女たちが干し葡萄を作るために用意した台の上に葡萄の房を並べています。女たちは綿やひまし油の種を摘み、少年は野牛を水浴させるために川に連れていき、男は荷車の操縦と荷物の運び出し、さらに牝馬を引き出して畑を耕したり溝を掘ったりという仕事をしています。一杯に満たされた倉庫の屋根にハーブや唐辛子が乾燥させるために吊されているのが見えます。女は動物の糞で大きな塊を作り、それを積み重ねて円錐形の山にしていきます。老婆は日溜まりで糸を紡ぎ、揺り籠に入れられた幼児は畑や葡萄畑で寝かせられ、その間母親が仕事をするのです」

豊かで穏やかなウルミエの旅が、イザベラのもっとも興味ある旅の最後を飾っている。あるいは少なくともここが一番面白い記述のひとつになっているのは紛れもない。そこから彼女はクルディスタンの淋しい山道を登って行った。そこは武装したクルド人の山賊によって、シリアとアルメニアから来たキリスト教徒が殺害され掠奪を受けた場所である。彼女は追い払われたシリア人教会の創始者を訪ねて隠れ家まで行った。それはコチャンにあり、そこからワンとエルズルムを経て黒海に向かうという旅程を辿った。その間、シリア人とアルメニア人の農夫がクルド人と役人によってひどく収奪されている事実を知って愕然とした。彼女はおとなしい農夫に代わってイギリスに帰ってから行動したが、彼女をそうした行動に走らせたのは、この悲惨な状況に対する怒りだ。

十月の末日、イザベラは比較的安全なワンを出立した。その日はこう記してある。

「私は薄暗い馬小屋以外に泊まるところがありません。午後は村の脱穀場の傍らに座ってぼんやりと過ごしています。床の上にあるトウモロコシを動物の群れが踏みつけ、野牛は気立ては良さそうだが愚鈍な顔をして湿った場所で横になり、ボーイは私の椅子につながれています。村の女たちは編み物をしながら私の方をじっと見つめていました。二人の男が火縄銃を持ってクルド人を警戒しているようです。水は透明で白い水晶のような岩棚を流れ落ち、下流は渓谷になっているのですが、その青色はとても表現できないほどの美しさです。山の中腹は秋の紅葉で燃え立つよう。険しい坂の下の方では牡牛が粗末なそりで黄金色の収穫物を運んでいるのが見えます」

これはイザベラの中東の旅の中で、もっとも魅力的に表現された場面である。脱穀している床の上で書いている彼女の傍らには、農民や動物、それにボーイもいた。それらは荒野の自然の音や景色と調和し、輝いていた。だが最良なものはそこまでだった。彼女はゆっくりと一ヵ月かけてトラブゾンに到着した。当時の状況でもひとたび交通手段が整備されると、連絡は一気に便利になったものである。十二月十三日、イザベラは蒸気船でトラブゾンを離れ、コンスタンティノープル経由でパリに向かい、クリスマスに到着。そしてクリスマスの贈り物の日（十二月二十六日）の午前六時にロンドンに着いた。そこで彼女は出版社のマレー夫妻と共に朝食をとった後、その夜エディンバラに降り立ち、当地のシャーロットスクエアのグレインジャー・スチュアート教授夫妻の家で束の間の休息をとった。

※原著では、このあと朝鮮半島、中国の旅行記をめぐる章に続きますが、本書では割愛いたします。

第九章　束縛——晩年も「旅は万能薬」

一八九七年初頭、イザベラは極東を離れる直前に日本海上で出版社に一通の手紙を出した。

「仕事であれ遊びであれ、人生の圧力は途方もないものがあります。私はイギリスへ帰るのを恐れています。というのは、私はもう人生の盛りの時期を過ぎてしまっているのに、イギリスに着いた途端に必要に迫られて仕事を押しつけられても、とてもそれに耐えられないと思うからです。もしそうなったら、再び故国を去らざるをえないのではないかと心配しています」

そう思っても、イザベラはイギリスへ帰ろうとした。彼女は「純粋に農村に近いところ（ワーテルロー街でもリヴァプール街でもない）で、ロンドンから一時間以内の範囲に昔風で素敵な小さな家」でもあれば、そこに定住しようと考えたのである。そこで休息し、誰にも会わないで生活することを願った。だが結果は彼女の思惑通りにはならなかった。

「私はイギリスへ帰ろうとしていますが、実際あまり期待していません。トバモリー以外でしたら、イギリスよりも東京やソウルの方がくつろげるし、イギリスよりはむしろ東洋に住みたいと思っているのですが……」

数ヵ月後にイギリスに到着すると、イザベラはロンドンに部屋を借り、朝鮮に関する論文に取りかかった。さらに女王主催の集会に出席し、伝道協会の委員会に選ばれて食事に招かれたり、王立地理学会で中国西部に関する講演をしたりした。彼女は男性だけの権威ある学会で講演した最初の女性になった。イザベラはタフだった。疲れも見せずに医療伝道の要請に応えてバーケンヘッド、ウィンチェスター、バーミンガム、カーライル、アバディーン、ダブリンの聴衆に講演した。さらに英国学術協会ではマンツェ族について、ニューカッスルの教会集会とサウサンプトンとヨークでは中国における勢力範囲について、王立スコットランド地理学会ではチベットと朝鮮に関して講演した。「これほど講演をしなくて済めばよいのですが」と出版社に不平をもらしながら、彼女は講演を次から次へとこなした。ある時、自分の部屋の鍵を紛失してしまい、やむなくアルベマール街のマレー家に泊めてもらったこともある。

朝鮮に関する著作は苦難の連続であった。書いているうちにそれがひどく長い作品になることが分かってきたが、それでもなお一層集中した。新しい原稿が事務所に届いたのを見たマレーはこう言った。

「二百五十七頁にも及ぶ原稿を受け取りましたが、計算するとこれが全体の五分の二になります。百四十一頁の原稿を印刷すると百五十六頁になりますので、本が完成すると四百三十頁にもなります。これにイラストや索引、目次などを入れると、ざっとみて五百頁にもなってしまうのですが、これを一冊で出版することは不可能だと思います」

そこで実際には上下二巻で刊行されたのだが、イザベラが頑として譲らなかったからである。朝鮮は「つまらない遠い国」で、「楽しみではなく情報を知りたい少数の読者」にしか関心を持たれないにしても、イザベラは原稿をカットするのを嫌った。それほど売れないのではないかという予想ははずれて、『朝鮮紀行』が一八九八年一月十日に出版されると、十日もたたないうちに重版になった。刊行された年に二千部以上が売れ、イザベラの手元に印税が約五百五十ポンド入った。書評は好意的で「淡々とした描写」と鋭い観察が見出されるとし、イザベラの「魔術のような手腕」を誉めたたえるものだった。たとえば『ネーション』誌は、「この本ほど今日の朝鮮の自然と人間の有様を見事に描ききったものはない」と賞賛した。イザベラは自分の著書が「政治記者が書いたものに代わって『極東における政治情勢に関する第一人者』として引用される」のを見て、悪い気はしなかったろう。「評論家は実情を全く知らないので、うかつなことを書いて体面を危うくするのを恐れているのではないでしょうか」と、イザベラは親しい出版社に秘かに打ち明けている。

しかし自著を刊行したという達成感を抱いたのは当然だが、作家として金銭的にも職業的にも成功したのに、彼女にとってそれが何かをもたらしたということはなかった。というのは、イザベラは多額の収入を得てもそれを個人的な消費に使うことはなかったからである。彼女は美術工芸品や優雅な衣裳、立派な家具類などには全然関心がなかった。定住する気がないので、家具などどうでもよいのである。豪華なホテルの快適さや貴族趣味の応接間、当時流行していた温泉地遊びにも喜びを感じなかった。彼女の友人は尊敬に値する知的な専門家が多く、退職した大使とか宣教師、スコットランド時代のサークル仲間などであり、文学や芸術などの洗練されたサークルに入りたいとは思わなかった。

彼女はいかなる場合でもゆっくりと話をする癖があり、事情に精通しているという特徴を持った講演も誰にでも気に入られるというものではなかった。イザベラは一八九九年の初旬に恐れていた都会生活の「強い圧力」から逃れるように、「昔風の小さな家」に引退することを決意した。方々探したあげく、ウーズ川の河畔の湿気の高いハートフォード・ハーストに大きいが陰気な感じのする家を賃借することにした。彼女はその家について、「あまり理想的とは言えない環境にある、あまり理想的ではない家でした」と言っている。

「しかし、隣の教区は私の父の教区だったのです。私はそこで十六歳から二十七歳までの幸せな日々を過ごしたのです（こうした回想はしばしば美しい思い出を伴う）。それに親しかった隣近所の付き合いもそれほど負担にはなりません。……私が動き回れるうちは、家というものは私にとって仮住居なのですが、動き回れなくなれば停泊地になるでしょう。この年齢になってからいろいろなことを経験することが不思議な気がします。私は最愛の人たちが老齢に至ることもなく、一人で生き一人で死んでいくほど孤独ではなかったことに感謝しています。私は断固としてその孤独に立ち向かっていくつもりです」

ハートフォード・ハーストに関する彼女の叙述は確かにその通りだったのだろうが、それまでの家探しと同様に失敗だったことを示唆している。孤独、抗しがたい郷愁、重苦しい湿気が彼女の気を滅入らせ、彼女はその地で「だらだらと時間を過ごす」だけだった。イザベラは思い出を求めて再びトバモリーへ戻った。だがそんなことをしても無駄であった。長い歳月を経た後も、彼女の辛抱強い平静さと、従順で控え目な人々を世話しようとする彼女の希望（それを求めて彼女は祈ってきたのだが）が向上することはなかった。彼女から見れば、島の人々は何ひとつとして正しいことをしていないように思われた。「四年の間にトバモリーは確実に悪くなりました」と彼女はある友人に語っている。

「飲酒がトバモリーを荒廃させているのです。多くの若者たちが、今日そのせいで破滅の道を歩んでいます。年配の人たちも私がここに居た時に比べて酒のせいで健康を害しているようです。ここは良くなっていません。トバモリーの人々は知的に怠惰であり、精神的にも死んだも同然で、植物みたいに無為な生活をすることで満足しているのです。……私にはトバモリーの人々を愛することは難しいし、愛がなければそこに住んでいても楽しいことはありません」

トバモリーの生活は愛もなく、夢中になれるような興味とかわくわくするような仕事とか、明るい展望のない灰色の期間であった。「私はこちらでの最後の冬を気が滅入るように感じました。私が老齢になってから産み出した著作に誰も関心を示さないので、悲しい思いをしました」と、一八九九年十二月に未亡人になっていたエラ・ブラッキーにイザベラは書いている。その著書『揚子江峡谷とその奥地』は先月に出版されたばかりだったが、評判は最初のうちはそれほどではなかったようである。主な理由は、当時は誰もが南アフリカ情勢に関心が移っていたからである。その本はソールズベリー卿に捧げられた。彼の人道主義的で分別があり、道徳的でいささかよそよそしい保守主義的傾向をイザベラは昔から賞賛していた。彼は二度もイザベラに手紙をくれて贈本について感謝の意を表したが、気休めにしかならなかった。彼女の心を占めている気分は自己憐愍《れんびん》、幻滅、憂鬱という老女によく見られる不機嫌さだった。

一九〇〇年初頭、彼女はトバモリーの「思い出の詰まった」小さな家を去り、「懐かしい人の遺品」を持って物寂しいハートフォード・ハーストへ帰った。しかし五月になると彼女は立ち直り、進取の気性に富んだ精神が戻ってきた。彼女は友人にその頃のことをこう話している。「私はフランス語会話と写真術（現像、写真印画法、縮写によるスライド）を習い始めました。それに料理の講習も受けようと思っています。運動も必要なので大人用の三輪車を注文したところです」。しかし彼女が準備している旅は、ハンティンドンシャーの路地を動き回る小旅行よりもはるかに壮大なものだった。それはこれまでの旅に劣らないものになる予定だったのである。彼女の予定では中国の西江を上がり、ト・シアン・ルを経てソモ、シエン・ポン・リン、そして北京に至るというものだった。イザベラからすれば、この程度の旅は気晴らし程度であり、そこを踏破する資格は十分にあると思っていたに違いない。

だが今回は違っていた。体力が落ちており、医師による診断は予断を許さないというほど深刻だったのである。彼女は仕方なくモロッコ辺りで妥協することにし、「刺繡と写真、それに水彩画を描くための休息」も兼ねて旅に行くことにした。七十歳の正月、イザベラは夕ンジールにいた。その後およそ千マイル（約千六百キロメートル）を半年かけて旅したのだが、このモロッコの旅は貧弱なものだった。彼女の記事は主に政治や社会上の混乱に関するものに限定されていた。しかしその間に書かれた個人の書簡には彼女の幻想がへりをさまよっているような感じが読み取れる。それはなお血気盛んな老婦人が実際に旅した事実に基づいていることによる輝かしい壮麗な幻想だった。

「私はタンジールを離れてマザガンまで二日の厳しい船旅をしましたが、上陸するのは大変恐ろしいことでした。海がひどく荒れていましたので、船のクレーンを使って私が入った石炭籠ごとボートに下ろすべきだと、船長は言いつのりました。私が危険を冒して上陸すべく、大きく砕ける波の上にボートを浮かべたときには航海士と客が私の勇気に拍手をしてくれました。積荷の陸揚げは不可能でした。……船を下りる前から熱がぶり返していましたが、唯一のキャンプ地も水浸しになった耕作地で、畔《あぜ》には水がよどんでいることが分かりました。嵐の中でテントを張るための杭を打ったのですが、杭が風を耐えきれなくて横たわるとベッドが頭の方からぬかるみに沈んでいってしまうのです。これでは死んでしまうのではないかと思うほどでした。でも私の船酔いは治り、熱も引いていきました」

信じられないことだが、彼女にとって旅はなおもエリクシル（万能薬）であり、それ以後マラケシュまでの百二十六マイル（約二百三キロメートル）の旅を満喫したのである。

マラケシュでの生活は以下のようである。

「私はオレンジの花と実が密集している中庭のあるムーア人の家に一人で住むことにしまし

た。そこには私にとって恐怖と言ってもいいほどの馬がいたのです。力の強そうな黒い軍馬で、あまりに巨大で私の手に負えないほどなのです。背中の上方十八インチ（約四十六センチメートル）ほどのところに紅色の馬具と深紅の鞍が装備されていますが、それに乗り降りするには小さな梯子《はしご》を使わなければなりません。私は積雪が光っている平野の上に半円をしているアトラス山脈を踏破するためにそこで三日間待っていました」

彼女はその巨大な馬に乗ってベルベル人が住んでいるところへ行った。家長が彼女を親切に迎えてくれたところは、平原から遠く離れて雪を頂いた山の中腹にある城塞だった。

「今度の旅はこれまでの旅とかなり違っています。これ以上ないと思うほどきつい旅で、私はこのような旅をするとは夢にも思っていませんでした。老いた私が青いズボンと短いスカートをはいて、巨大な馬にまたがっているのです。大きな真鍮の拍車はムーア人の軍隊の総司令官のものです。石だらけの場所で、もしそこで転落でもしたら大怪我をしてしまいそうです。……それでも私にとってもっとも有益なのは、やはり澄み切った大気と乗馬だということに気がつきました」（確かにその時までに彼女はそれに気づいているべきだった。それは三十年もの間、彼女の人生の物語だったのである。彼女が一度でもその風変わりな衣裳を着た自分自身にカメラを向けていたらと思わざるを得ない）

その「素晴らしい旅」の後、マラケシュに戻った彼女は友人にこんなことを語っている。

「私はスルタンにインタヴューをしましたが、それは面白い経験でした。しかしキリスト教に対して強烈な憎しみを持っているので、会談は秘かに行なわなければなりませんでした。

写真を撮ることができたら良かったのですが。純白な衣裳で高い壇上の玉座に若いスルタンが座り、同じく白い衣裳を着た陸軍大臣が玉座の階段の下の右側に立っていました。……私はアトラス山脈を越えて恐ろしいベルベル人を訪れ、モロッコの国王に謁見した最初のヨーロッパの女性なのです。私は階段の下の正面に立って、帽子も被らず絹の黒い衣裳を身につけていました。私が別れしなにスルタンの長寿と幸福を願ったとき、彼は私の髪と同じくらい彼の髪の毛が白くなった時にも私と同じくらいのエネルギーを持っていられればいいなと言いました。私はまだまだ現役なのです」

確かにその通りだった。彼女はその後、マラケシュからタンジール、モガドール、サフィー、そしてフェスを経由してさらに五百マイル（約八百キロメートル）を馬で進んだ。その間、武装したアラブ人の山賊にタンジール郊外まで追跡されたこともあった。冷静なアンナ・ストッダートは彼女についてこんなコメントをしている。「全体的に見ると、モロッコでの長い乗馬旅行はイザベラのためになりました。彼女はテント生活が性に合っているのです。突然恐ろしいことが起こっても、彼女はその新しい体験を楽しむのです。危険や困難がないような旅は、彼女からすれば失敗した旅なのです」。このコメントは真を穿っている。どんなに途方もなく遠方であっても、最後の興奮、完全な喜びを味わうために、彼女は七十歳になっても旅に出かけて行ったのであった。「私はこの嬉しい活力の復活が束の間のものであることはよく分かっています」と彼女は説明した。「しかし、それが続く間は素晴らしいのです」。

彼女は秋になると再び元気を取り戻してイギリスに帰ってきた。そして「放っておかれることもなく」、直ちにもうひとふんばり、とてつもなく大変な「伝道の講演」を引き受けた。罪の償い、誠意を込めた悔い改め、外国で異教的な歓びにひたった日々に対する敬虔な償いに関する講演だった。心の罪悪と精神的な無価値さの感覚は、ほとんど死ぬまで彼女につきまとい、気高い死者たちの遺産のように彼女を苦しめた。この罪悪感のために彼女は生涯を通じて謙虚を貫いてきた。彼女を苦しめ、慈善行為へと駆り立て、その並々ならぬ功績に対して感じてもいいはずの満足感をも大いに損ねていたのも、この罪悪感なのだ。彼女の人生の最後の二年間になって、やっとのことでそれは鎮められ、彼女が与えられた才能に従って本当に最善を尽くしたことを受け入れることによって、彼女の心は安らぎに限りなく近づいたのであった。

その後、中国に関する本の売れ行きは順調だったが、さらに売れ出したのは騒がしかった一九〇〇年の動乱以後のことである。彼女が老齢の中で書いた著書も結局は成功した。イザベラの著書を同年代の旅行作家と比較した場合、この成功は当然だったような気がする。というのは、彼女が赴いたどれほど辺鄙な場所であっても、そこに読者を引き込んでいく稀な才能を最後まで失わず、その土地特有の住民、風景、音、匂いなどを、彼女が個人的に感知した経験を通して読者に伝えたからである。ラジオやテレビ以前の時代にあって、そのような才能は価値があると同時に人気があった。他の手段では、どうやっても家に留まっていながら自分たちの視野を広げることができない時代だったのである。

それでも、イザベラの作品を批判するのはたやすい。彼女は芸術的な鑑賞力をほとんど持ち合わせていなかったし、現地の人たちの芸術に関する彼女の描写はいつもありふれていて、時には全く凡庸な人間によって書かれたように見える。彼女は単に人を喜ばせるというよりは、むしろ人に教えようとする(彼女と同時代の大部分の人に共有する)良心的な願望が強いために、教科書のような明白な事実を挿入することによって本の流れを邪魔したり、退屈なものにしてしまう癖があった。彼女が知っている国々の国民生活の政治的、道徳的、宗教的な側面に関する彼女の判断はしばしば鋭く、時には寛容ではあるけれども、とりたてて先見性があるとか、あるいは進歩的であるようには思えない。彼女の態度の多くは、女性の権利やキリスト教伝道に対しても、責任感があって気高く、出自たる本質的に保守的であるヴィクトリア時代の中流階級から逸脱することはなかった。彼女は決して独断的で傲慢なところや、信心を強制するようなことはなかった。

彼女がモロッコから戻って一年も経たないうちに、彼女は健康を損ない病いに臥した。医師は繊維質の腫瘍、血栓症、心臓病などが悪化していると診断した。彼女はそれまでほとんど住むこともなかったハートフォード・ハーストに住むことを諦めて、死を迎えるためにエディンバラへ移った。「私が重くて致命的な病いに冒されていることは分かっています」と彼女は昔からの友人に話した。「私は人生の終末までにやり遂げたいと思うことがいくつかあるのですが、今は動揺もしていませんし、心配もしていません」。

彼女がそう話したのは一九〇二年の五月のことだった。しばしば病いに悩まされてきたが、ずんぐりして頑丈な体はよく耐えて、精神は明快で平静であった。彼女が終局を迎えるまでに、さらに二年以上の歳月が流れた。エディンバラの老人ホームから他の老人ホームへ、宿から宿へと移動し続け、その間、彼女の荷物は保管所に預けられ、ロンドンに置いてあったトランクには、結局は実現しなかった中国への最後の旅の荷物が準備され荷造りされていた。

献身的な昔からの友人たちがイザベラを取り囲み、元気にするために本や鉢植えの植物、鳥肉のパイ、花などを贈った。遂に余命いくばくもないと知ると、彼女たちはイザベラの思い出を心に抱きながら彼女の話をした。イザベラの従妹から聞いたという話をストッダートはこう書いている。

「彼女はとても元気で愚痴は一切こぼしませんでした。私が彼女に、動けないで横になっているのは辛くありませんかと尋ねると、それが辛いと思ったことは一度もないと言い、私が辛抱強いのですねと問うと、辛抱強いことはないが歩き回りたいと答えました。彼女は私に、これまであまり自分のことを考えたことはなく、人々のためにもっと何かしたいのに、もう何もできませんと言いました」

イザベラは寝たきりでも人々や出来事について生き生きした関心を失うことなく、周りの人々を助けるために手を尽くしたり、若い賛美者やスコットランドの娘たちを励ましたりしていた。彼女たちは国境を越えて旅に行くなどということは不可能なので、眼を見張って彼女の話を聞き彼女が行ってきた国に憧憬の気持ちをもって傾聴したようである。死の床にあって彼女の脳裏に去来したものは、三十年前にルーサー・セベランス夫妻とハワイ諸島の青い洞窟を当てもなくさまよったこと、頭上に揺れているグアバの金色の実を見上げたこと、ヌブラ渓谷の果樹園に咲いていた杏、その種子から油を絞っている女たち、形のつぶれた帽子からはみ出ていたジム・ヌージェントの金髪、彼女を燃えるように見つめた彼の片方の眼、中国人が肝臓を抜き取って太陽に干している間にジャングルの茂みの中で体を硬くして身構えている虎の眼、塩や石炭、野菜などを担って果てしない田園を歩いてくる中国の男たち、急流で軋む木造船を綱で引くときの掛け声、日没時に漢江に停泊中のぎしぎし鳴っている平底船のぼろぼろの帆、草葺き屋根の中を飛び跳ねているノミの物音、赤い頰の日本の子供が父親の肩に乗って村道を下りてくる夕暮の景色、ヤクに乗ったときの背中の弾力性のある巻き毛、荷物を積んだポニーの隆起した背骨、ラバの汗ばんだ脇腹、葡萄の実を欲しがるボーイのすり寄せてくる鼻、鋼鉄の脚のようなバーディの跳躍、数多い馬の中でもっとも愛したバーディの自由な脚さばき、速駆けした草原や山の空間、そうしたものが走馬灯のように駆け巡ったことだろう。

彼女はいま永遠の旅に旅立とうとしていた。彼女はもはやどんなに小さな丘にも登ることはできない。彼女の弱々しい手は彼女が思い出していることを書き留めることはできなかった。一九〇四年十月七日、イザベラは息を引き取った。彼女の死亡記事にはこう載っていた。「イザベラ・バードは毅然として死を受け入れ、一種の喜びをもって最後の偉大な旅へと乗り出した」。この記事の通りだったたと思う。イザベラは自分でいつも言っていたように

「生まれついての旅人」であり、話を上手に語り、後戻りすることなく、長居して嫌われるようなことは絶えてなかったのである。

訳者あとがき

本書は、十九世紀後半に世界の旅行家として一躍名を馳せたイギリスの女性探険家イザベラ・バードの研究家として第一人者と目されているイギリスのパット・バー著 *A curious Life for a Lady—The story of Isabella Bird* の邦訳である。

原著者のパット・バーは一九三四年生まれ、バーミンガム大学を卒業後、夫のジョン・バーとともに横浜と東京に三年間滞在し、その間に江戸末期から明治初期の日本を研究し、その成果をまとめてロンドン大学で修士号を取得している。一九六七年、*The Coming of the Barbarians* を、一九六八年には *The Deer Cry Pavilion* を刊行した。これらの翻訳は『夷《い》狄《てき》襲来』、『鹿鳴館』という表題で出版されている（ただし現在はどちらも絶版）。その他にフィクションとして、*Chinese Alice*、*Uncut Jade*、*Kenjiro* などの小説の類がある。

さてこの原著書の題が示したように、確かにイザベラは異色であった。当時のイギリスはヴィクトリア時代の全盛時に当たっており、ヴィクトリア女王とほぼ同時代を生きたイザベラが時代の風潮をまともに受けていたのは間違いない。だが彼女は自国の文明化された社会によって押しつけられた束縛に激しく反発し、当時の慣例から大きく逸脱した旅をし、自分の感受性と見聞で得た豊富な知識だけを頼りにして、それを故国にいた妹のヘンリエッタ（愛称ヘニー）宛てに旅日記として送り続けた。それらが現在貴重な史料として今日まで残り、かつ面白い読み物としていまだに読みつがれている。彼女は八冊の著書を残したが、いずれも分厚なものであり、その中の何冊かは邦訳されている。パット・バーはこの本を書くにあたって、これらの八冊の本を読みに読んだものと思われる。ただし若年の頃に書いた二冊の本を除いて。というのは、イザベラの本が俄然生彩を発揮するのは、第三作『サンドウィッチ諸島の半年』からなのである。この時、彼女は実に四十四歳であった。彼女はそれまでの前半生をほとんど病弱のまま過ごし、とくに脊椎の痛みと鬱病を思わせる抑圧感に悩まされていた。それが旅に出ることによってまさに別人のように元気溌剌になり、さらには男性も惹きつけるほどの魅力を発揮する女性に変身するのである。絶頂への転換を経験する端緒になったのは後半生のことで、晩成型の典型的なケースだといえよう。

一般に伝記の類を読んで感銘を受けるかどうかの境界は、伝記作家がどれほどその対象に惚れ込み一体化するかどうかにかかっている。本書の書評で『イブニング・スタンダード』紙は、イザベラとパット・バーに何か共通点があることを示唆し、こんな風に書いている。「この本の著者のパット・バーは自分の価値基準を持っている。彼女とイザベラはお似合いなのだ。ともにその文体は新鮮で精力的、かつ目に見えるようであり、それが両者の本を魅力的にしている」。

ところで今から二十年近く前になるが、山形県の南陽市で開催されたイザベラ・バード記念塔の落成式にパット・バーが招かれて講演したことがある。講演後の雑談で彼女はしきりに本書（すでに出版されていた）の翻訳を私に勧めたが、その時にはこうした伝記よりもイザベラ本人の著書の方が面白いと思ったので、『ロッキー山脈踏破行』の翻訳を優先してしまった。その際、私はイザベラの八冊の原書を全部持っていったので、これらを面白い順に並べてほしいと言ったところ、彼女はまず『黄金の半島』、次いで『ロッキー山脈踏破行』、『サンドウィッチ諸島の半年』、『日本奥地紀行』の順に並べた。本書の前半にはこれらの四冊の本がすべて取り上げられている。といっても、本書はイザベラの著書の紹介でも解説でもない。

第三作以降の作品に共通するのだが、西洋という文明によって押し流され、次第に失われつつある自然が辛うじて残っていたのがマレー半島であり、当時のアメリカであり、サンドウィッチ諸島であり、日本で言えば奥羽地方と北海道であった。著者は、イザベラとともに失われてしまった自然とその中に生きる純朴な人々を郷愁の眼差しをもって見つめている。そして著者が留意した点で見逃すことのできない重要な手法として、イザベラ自身の著書と手紙の他に、彼女と同時代の人々が書き残した著書の断片、あるいは緒言、あとがき、余計なおしゃべりなどを活用したことである。これによってさらに明確に同時代の雰囲気とイザベラの異端、複雑に分裂したコンプレックスを窺い知ることができるかもしれない。本書を読めば、伝記の面白さというものを満喫できるものと思う。

先にも触れたが、イザベラが四十二歳まで病弱であったことは紛れもない。牧師であった父親から受けた厳格な宗教教育によるストレスと、馬に横座りになって布教について行った後遺症による背骨の痛みと執拗な鬱病に悩まされていた。彼女がそのままイギリスに居住していたら、後年のイザベラは当然ながら存在しない。危機を伴った旅というものがどれほど病いの治療に役立つのか、私からすれば想像もつかないが、イザベラは劇的に変化した。旅に出たときのイザベラとイギリスに帰国した後のイザベラは全くの別人である。

一八七四年、イザベラは帰国した。イザベラの身辺に人生の辛酸が襲ってきた。一八八〇年、最愛の妹ヘニーが病死した。イザベラの悲嘆と罪の意識はほとんど異常といってもいいほどである。翌年に妹の主治医であるジョン・ビショップと結婚するのだが、このときすでにイザベラは五十歳、ビショップは四十歳である。年齢の差は愛情によって補えるかもしれないが、イザベラが夫に真の愛情を感じたのは夫が不治の病いに冒されて余命いくばくもなくなってからのように思われる。夫が亡くなったのはイザベラが五十五歳のときであるが、その五年間が夢のように楽しかったとは到底思えない。彼女は一定の空間に縛られるのが苦痛なのである。

妹と夫を亡くしたイザベラは、再び鬱病になりかねないほどの罪の意識に苛まれるが、それを忘れようとするかのように講演活動と看護術の会得に没頭した。インドやチベットに行って夫と妹の記念病院を設立しようとしたのである。

一八九〇年、五十九歳のときに彼女は紅海から黒海まで、ペルシア、アルメニア、トルコへの旅を試みた。ここから旅から旅への人生が再開される。カシミールとチベット、ペルシアとクルディスタン、朝鮮、中国と旅をし、最後に故国イギリスに帰るのだが、最後の章の見出しは「束縛」というものである。その間の旅を簡単に記すと、一八九四年、時あたかも日清戦争の騒乱時に極東の旅に出発し、横浜、神戸、朝鮮、満州、ウラジオストックを経て上海から揚子江をさかのぼり、ソウルで新年を迎えた。一八九七年、上海から帰国、海外生活は三年二ヵ月に及んだ。一八九八年に『朝鮮紀行』、翌一八九九年に『揚子江峡谷とその奥地』が出版された。

一九〇一年、六十九歳になったイザベラはタンジールに出発し、モロッコを旅して半年後に帰国した。一九〇三年、病いに臥し、翌年十月七日エディンバラにて死去、享年七十二。

馬から下りたイザベラはあまり魅力がない。キリスト教の布教に熱中し、貧民の救済活動などに従事するが、真面目一筋でひどく堅苦しい。ところで、この本の面白さの一因に著者パット・バーの強烈な個性があげられよう。同性でなければ気がつかないような辛辣な眼差しがほの見える。たとえばイザベラの容姿について、こんなことが書いてある。

「やや感傷的な描写であるが、それに以下のような事実をつけ加えてもとくに失礼には当たるまいと思う。実際の彼女は前歯が突き出ており、友人の一人が言うには、『イザベラの話し方は静かでゆっくりしているので、あれほどの才能の持ち主でなければかなり退屈な印象を与えたかもしれなかった』とのことである。それに敢えて加えれば、彼女の身長は四フィート十一・五インチしかなく、これは自己申告によるものだから本当であろう」

身長が低いことが旅の障害になるわけではあるまい。さらにこんな箇所もある。

「しかしイザベラがこうした高い知性と無私の精神という才能に恵まれていなかったのは、悲しいことではあるが事実である。彼女は強固な意志を持っていたが、かなり自己中心的な女性であり、単純に自己本位の楽しみに没頭する性癖があって、どれほど高い教養と無私の精神で克服しようとしても無理というものだった」

こういうことは同性でなければ言えるものではない。ともあれ、人の評価がまちまちなのは止むを得ないが、あまりに完全無欠な人というのは面白くないものである。イザベラの美点をあげればきりがないが、その反面、妙に頑固だったり無反省に断言することもあったようである。宗教に関しての言動も矛盾している。キリスト教と仏教とイスラム教の対立などは、現地で見た稀有な体験を活用すれば格好なテーマなのだが、枝葉末節にこだわって風俗描写を含めた詳細な報告書のような印象を与える。だが、考えてみれば無理もない。病弱で外へ出たがらないヘニーが、元気一杯の姉から届く手紙を眼を輝かせて読んでいるのを予想して書いたものと比較することはできない。晩年に刊行された二冊の著書は、以前に刊行した四冊の本に比べれば、それほどの生彩はない。

だが通読して分かることは、イザベラが心の底から旅を愛した天性の冒険家だったということである。死の床にあってイザベラの脳裏に走馬灯のように浮かんだのは旅の思い出であり、そこにはハワイ諸島の青い洞窟やヌブラ渓谷の果樹園、ジム・ヌージェントの金髪と片面だけがハンサムな横顔、ジャングルに潜んでいる虎の黄金の眼、父親に肩車されていた日本の子供、好きだった馬に乗って速駆けした草原などだったに違いない。

二〇一三年九月　　小野崎晶裕

日本語訳されたイザベラ・バードの著作

『イザベラ・バードのハワイ紀行』近藤純夫訳、平凡社、二〇〇五

『ロッキー山脈踏破行』小野崎晶裕訳、平凡社（平凡社ライブラリー）、一九九七

『アメリカ合衆国における宗教の諸相』高畑美代子・長尾史郎訳、中央公論事業出版、二〇一三

『日本奥地紀行』高梨健吉訳、平凡社（東洋文庫）、一九七三、（平凡社ライブラリー）、二〇〇〇

『バード日本紀行』楠家重敏・橋本かほる・宮崎路子訳、雄松堂出版、二〇〇二

『イザベラ・バード「日本の未踏路」完全補遺』高畑美代子訳注、中央公論事業出版、二〇〇八

『イザベラ・バードの日本紀行』（上）（下）時岡敬子訳、講談社（講談社学術文庫）、二〇〇八

『完訳　日本奥地紀行1　横浜―日光―会津―越後』金坂清則訳注、平凡社（東洋文庫）、二〇一二

『完訳　日本奥地紀行2　新潟―山形―秋田―青森』金坂清則訳注、平凡社（東洋文庫）、二〇一二

『完訳　日本奥地紀行3　北海道・アイヌの世界』金坂清則訳注、平凡社（東洋文庫）、二〇一二

『完訳　日本奥地紀行4　東京―関西―伊勢　日本の国政』金坂清則訳注、平凡社（東洋文庫）、二〇一三

『新訳　日本奥地紀行』金坂清則訳、平凡社（東洋文庫）、二〇一三

『チベット人の中で』高畑美代子・長尾史郎訳、中央公論事業出版、二〇一三

『中国奥地紀行』（1）（2）金坂清則訳、平凡社（東洋文庫）、二〇〇二、（平凡社ライブラリー）、二〇一三、二〇一四

『朝鮮奥地紀行』（1）（2）朴尚得訳、平凡社（東洋文庫）、一九九三、一九九四、（ワイド版東洋文庫）、二〇〇九

『朝鮮紀行』時岡敬子訳、図書出版社（海外旅行選書）、一九九五、講談社（講談社学術文庫）、一九九八

『イザベラ・バード　極東の旅』（1）（2）金坂清則編訳、平凡社（東洋文庫）、二〇〇五

KODANSHA